本书为岭南师范学院2023年赋能基础教育高质量发展筑峰计划项目——出版基金专项项目结项成果（项目编号：JCJYCB202310）

人工智能视阈下的
基础教育法律问题专论

郑文姣　著

WUHAN UNIVERSITY PRESS
武汉大学出版社

图书在版编目(CIP)数据

人工智能视阈下的基础教育法律问题专论 / 郑文姣著 . -- 武汉 : 武汉大学出版社，2025.5. -- ISBN 978-7-307-24883-0

Ⅰ. D922.164

中国国家版本馆 CIP 数据核字第 20257UM835 号

责任编辑:李彤彤　　　　责任校对:汪欣怡　　　　版式设计:马　佳

出版发行：**武汉大学出版社**　　（430072　武昌　珞珈山）

（电子邮箱：cbs22@ whu.edu.cn　网址：www.wdp.com.cn）

印刷:武汉邮科印务有限公司

开本:720×1000　　1/16　　印张:13.75　　字数:221 千字　　插页:2

版次:2025 年 5 月第 1 版　　2025 年 5 月第 1 次印刷

ISBN 978-7-307-24883-0　　　　定价:68.00 元

目　　录

引言 基础教育、人工智能、人工智能教育 三者概念的厘清

在展开本书论述主题之前，我们需要首先厘清三个核心概念，即基础教育、人工智能以及人工智能教育，只有明晰了以上这些概念，才能帮助我们更深入地理解基础教育与人工智能的关系以及基础教育与人工智能教育的关系，从而在更严谨的框架范围内探讨人工智能时代下我国基础教育领域的立法改革问题。

一、基础教育的概念

长期以来，基础教育既被理解为人在心智启蒙到成熟阶段所接受的系统性教育，也被视为国民教育制度在特定发展时期的具象化呈现。作为国民教育体系的重要组成部分，基础教育涵盖了学前教育、义务教育和高中教育三个阶段。基础教育既指一种特定的教育阶段，又指一种独特的教育理念。中外教育学者对基础教育的内涵一直有着清醒的理性认识。

关于基础教育，由知名学者顾明远主持编纂的权威工具书《教育大辞典》将其定义为："基础教育亦称为国民基础教育，是对国民实施基本文化知识的教育，是提高公民的基本素质的教育，也是为继续升学或就业培训打好基础的教育。"①此表述将基础教育的目标锁定在塑造未来公民的基础素养上。柳斌在《关于基础教育的思考》一文中，对基础教育作了如下界定："基础教育是对儿童和青少年实施的一定年限的一般教育或普通教育。"②柳斌提出，基础教育旨在提升国民素

---

① 顾明远主编：《教育大辞典》，上海教育出版社1998年版，第627页。
② 柳斌：《柳斌谈素质教育》，北京师范大学出版社1998年版，第110~111页。

质，它涵盖广泛，不拘泥于特定方向或领域，涵盖基础思想品德和基础文化知识。基础教育并非针对特定职业技能的培养，而是构成国民教育体系的基础部分，它致力于为各个行业和领域奠定坚实基石。柳斌的观点着重突出了基础教育的普及性，强调了基础教育旨在为个人的未来生活做准备，而非仅仅为了职业发展，是一种面向大众的普通教育。

1971 年，瑞士的查尔斯·赫梅尔博士在其为国际教育局撰写的《今日的教育为了明日的世界》报告书中，提出了自己对基础教育定义的理解：（1）这是最低限度的成套教育。这里所讲的最低限度的成套教育在于强调教育内容应满足学习者全面成长的需求，向他们教授最基础的知识。因此，它涉及不同领域的基础学科，是对各个学科的基础知识和基本理论的普及教育。（2）基础教育不是一成不变的课程体系，它是变通的，与特定的文化背景相适应，它深深植根于特定国家的基础教育政策和理念之中。（3）基础教育不仅限于校园环境，而且还从家庭、社区甚至社会获得教育资源和信息。（4）获得教育并不受一定的年龄和地点的限制，受教育权是国家赋予公民的一项基本人权，由于并非每个人都能在特定时期及时而且自由地获得基础教育，因此，任何国家在任何情况下都不能剥夺公民接受基础教育的权利和机会，哪怕是成年人都有权利通过网络资源接受基础教育学习。查尔斯·赫梅尔博士还认为："根据目前的理解，基础教育是以各方面都具有极大的灵活性为特征的。应当把它正确地看作全面的终身教育制度的最初组成部分。"[①]

1974 年，联合国教科文组织就指出："基础教育是向每个人提供的并为一切人所共有的最低限度的知识、观点、社会准则和经验。它的目的是使每个人都能够发挥自己的潜力、创造性和批判精神，以实现自己的抱负和幸福，并成为一个有益的公民和生产者，对所属的社会贡献力量。"综观上述针对基础教育的各种定义，都是主要围绕它在整个教育体系中的根本地位和提供最基本教育内容的特性进行阐述的。

终身教育理念通过全球范围的广泛传播与应用，现已成为引领世界教育改革

---

①　查尔斯·赫梅尔：《今日的教育为了明日的世界》，王静译，中国对外翻译出版公司1983 年版，第 132 页。

潮流的主要思想。1990 年，联合国教科文组织、联合国儿童基金会、联合国开发计划署和世界银行在泰国宗滴恩联合主办"世界全民教育大会"，会议通过并发布《世界全民教育宣言：满足基本学习需要》。《世界全民教育宣言》将基础教育与终身教育紧密联系，极大地拓展了人们对于基础教育的认知维度。《世界全民教育宣言》也同时极大地提高了对基础教育的要求：（1）要求它适应"儿童、青年和成人基本学习需要的多样、复杂以及变化着的特性"；（2）在教育年限上也比过去延长了，基础教育包括"学前教育、初等学校教育、青年和成人扫盲教育以及一些社会教育"；（3）对基础教育的"资源水平、制度结构、课程和通常的传授体系"等方面的要求也比过去高得多；（4）该宣言特别强调将基础教育纳入终身教育体系之中，强调基础教育对学习者整个人生发展的重要性，而不能狭隘地理解为其只在一个人的某一个人生阶段发挥作用和影响，这一观点极大地丰富和深化了基础教育的内涵。

同时，终身教育理念也对各国基础教育的变革产生了重要影响。观察目前在全球范围内终身教育理念指导下教育体系变革的格局，可以明显看到，终身教育的这种教育模式对于学制教育，尤其是对中小学教育阶段产生的影响是显著的。部分国家，例如美国和日本，正积极主动地对基础教育的结构布局和政策导向进行改革。1991 年，美国推出了《美国 2000 年教育战略》，其中明确指出应当激发所有学生的学习热情，确保他们踏入教育殿堂时满怀求知欲望。同时，该战略还强调每一个教育机构都有责任培养学生应对生活挑战的潜力。其中就蕴含着关于终身学习的价值观与方法论。不仅如此，美国各州立法也规定了学校需致力于优化教学与学习流程，并基于终身学习的理念进行内部体制改革。在 20 世纪 80 年代，日本的临时教育审议会针对基础教育改革提出了四个核心原则：崇尚个性、推进国际化、促进信息化以及转向终身教育体系。此外，他们还针对中小学教育体制改革提出了建设性的意见，主张构建一种弹性且开放的学制，以此来适应终身教育时代的到来。日本致力于改革的核心目标是摒弃历史上过分强调考试和书面成绩的"学历社会"弊病。日本期望构建一个自主学习热情高涨、精神富足且能够适应现代社会变迁的"终身学习型社会"，这被日本视为其教育改革的终极目标。

虽然终身教育理念已得到大规模的传播与推广，但关于终身教育究竟是一种价值性的理念还是实体性的体系的相关理解仍然没有达成一致认识。2019 年中共中央、国务院印发《中国教育现代化 2035》，其中明确提出了"构建服务全民的终身学习体系"的愿景。2020 年 9 月，习近平总书记在教育文化卫生体育领域专家代表座谈会上的讲话中再次强调："完善全民终身学习推进机制，构建方式更加灵活、资源更加丰富、学习更加便捷的终身学习体系。"2021 年十三届全国人大四次会议表决通过的《中华人民共和国国民经济和社会发展第十四个五年规划和 2035 年远景目标纲要》(简称"十四五"规划)也再次明确指出要"完善终身学习体系，建设学习型社会"。不仅如此，《中华人民共和国教育法》第十一条规定："国家适应社会主义市场经济发展和社会进步的需要，推进教育改革，推动各级各类教育协调发展、衔接融通，完善现代国民教育体系，健全终身教育体系，提高教育现代化水平。"

从以上我国教育领域的战略部署来看，终身教育在中国的发展与实践不仅体现为一种价值性理念，更通过法律制度建设与实践指导得以落实：一方面持续推进终身学习法律制度体系的建构和完善，另一方面为各个教育主体的实践活动提供指引。通过整合各种教育资源、消除各种教育障碍、理顺各种教育关系，我们旨在构建起一种新型的教育形态——在每个个体有需要的时候，这个教育体系就应该为处于人生任何阶段的个体提供适宜的教育或学习机会。① 我国在深入推进基础教育改革的实践过程中，亦吸收了终身学习的理念。北京市早在 2007 年就已经明确提出："将终身学习理念融入幼儿教育至高等教育以及后续教育的各个阶段和领域。"有一批中小学校已经在该理念的指导下探索出各具特色的学习型组织的创新路径。

因此，从理念、制度和实践三个层面上综合分析，关于终身教育的体系化构想不能只是停留在成人教育领域，不能将基础教育从终身教育体系中分离出来而看作是彼此脱节的两个体系，未来我国基础教育的发展必然要置于终身教育的理念和框架下来推进。

综上所述，基础教育是国民教育体系中不可或缺的奠基性教育。它的内涵经

---

① 参见吴遵民、法洪萍：《终身教育背景下基础教育的改革现状与发展路径》，载《人民教育》2021 年第 12 期，第 41 页。

历了一个逐步深化发展的过程，从教育全球化和终身教育的视角考察中国的基础教育，其应当包括三个方面的内涵：一是目标的基础性。基础教育是对公民传授最基础的知识、技能以及社会规范的教学，其目的在于满足人们最迫切的学习需求，为个人的长期成长和持续学习奠定基石，并非仅仅为了升学或就业而设立的基础课程。二是受众的全民性。基础教育的受众不仅涵盖了幼儿与青少年，也包括基础学习需求未得到满足的成年人。三是结构的多样性。基础教育从时间上涵盖学前教育、义务教育以及高中教育等多个阶段，从空间上涵盖了学校教育、家庭教育、社会教育等多个场域，在类型上则包含了普通教育、职业教育以及特殊教育等多种类别。①

因此，中国基础教育的基本特征应该包括以下三个方面：第一，基础教育属于一种普通教育。基础教育远远超过某一教育阶段的概念范畴，它实为对个人终身发展产生深远影响的普通教育，致力于传授普及性的文化与科学知识。第二，基础教育是一种全面教育。基础教育与素质教育密切相关，素质教育是基础教育的本质属性。基础教育不仅仅是传授知识或技能，它是一种旨在提高公民基本素质的教育，一种德智体美劳"五育"融合的教育。② 第三，基础教育是一种奠基教育。基础教育在国民教育体系中处于奠基地位，它对其他教育起支撑作用并为终身教育奠定基础。

二、人工智能的概念

人工智能（Artificial Intelligence）简称 AI，是计算机科学领域的一个子学科，致力于通过计算机及其相关技术来模仿、增强和拓宽人类的智能。其核心追求是设计能模拟人类智能行为的算法和系统，使计算机能在解决问题的过程中展现出与人类相似的思考和学习能力。人工智能的研究目标是通过制造智能代理来实现人类智慧的各种能力，如语言理解、问题解决、学习、认知和决策等，因而该领

---

① 参见侯怀银：《从终身教育视野审视基础教育的地位和作用》，载《教育科学研究》2023 年第 7 期，第 1 页。

② 参见石中英、董玉雪、仇梦真：《从"五育并举"到"五育融合"：内涵、合理性与实现路径》，载《中国教育学刊》2024 年第 2 期，第 65～69 页。

域的研究内容包括机器人、语言识别、图像识别、自然语言处理和专家系统等。人工智能的应用广泛，如自动驾驶、语音识别、智能家居等。①

从智能水平来划分，人工智能分为弱人工智能与强人工智能。其中弱人工智能是指经过训练并专注于执行特定任务，但是不能理解人类智慧，能在某一领域或方面模拟人类智慧的智能；强人工智能是指能够完成任何人类智慧所能完成的任务，并且能够理解人类智慧的智能。与弱人工智能不同的是，强人工智能是一种更加通用、灵活、智能的人工智能系统，它可以适用于更多的场景和任务，并且具有自我意识，可以像人类一样具备广泛的智能能力，例如自我规划、学习、推理、创新、思考、理解、沟通以及解决问题等，但这种强人工智能目前仍然处于理论研究阶段，尚未实现。本书所指的人工智能是教育人工智能，即专门应用于辅助基础教育教学、学习、评估、管理和改善基础教育过程并提高学生学业表现与效果的特定人工智能技术和设备。它在目前乃至未来一定时期内仍属于弱人工智能的范畴。

此外，根据具体技术的不同，应用于基础教育领域的常见人工智能技术包括自然语言处理、机器学习、计算机视觉、语音识别、知识图谱等；应用于基础教育领域的常见智能设备设施有智能教育机器人、智能黑板、智能终端、智能答疑系统(基于人工智能技术的在线学习平台)和智慧课堂系统(集成了多种智能设备和应用的教育信息化平台)。

三、人工智能教育的概念

从研究的不同视角来看，人工智能教育是融合了教育工具与教育内容的综合性概念；从工具意义而言，人工智能教育是利用人工智能赋能的教育(即称之为智能化教育)，在这一概念中，人工智能是提升教育效能的教学工具；从内容意义上来讲，人工智能教育指以人工智能为学习内容的教育(即称之为智能科技教育)。其中，智能化教育利用智能感知、教学算法和数据驱动决策等前沿技术，对学习者、教师、课程内容、教学媒介及学习环境进行自主分析，进行精确的教学介入，促进定制化的学习体验和大规模的教育教学，构筑一个智能化的教育生

---

① 范煜：《人工智能与ChatGPT》，清华大学出版社2023年版，第8页。

态圈。该理论与实践致力于提升学习者的智能素质并达成教育的高效率。而智能科技教育主要通过设立专门的人工智能技术课程，达到传授人工智能知识、培养人工智能应用技能和塑造人工智能伦理情感的目的。通过对比可知，智能化教育主要提倡人工智能与教学活动的深度结合，并倡导借助人工智能推动教育的革新，这包括构建智能化教学环境、探索教学模式、完善相关体制，以提升教学成效。智能科技教育则专注于培养适应未来智能社会所需的智能素质，涵盖了从基础到高级的各种人工智能学科知识、技术技能以及情感态度的培训。① 由此可见，智能化教育与智能科技教育这两者共同实现了人工智能在教育领域中的实践应用层面与理论学习层面的统一与融合。

从人工智能教育与基础教育的关系来看，人工智能教育已经融入我国基础教育的改革进程中，不仅给我国基础教育的形态和教育具体内容注入了新的活力，而且变革了传统基础教育的教学方式、学校管理模式和教学质量与考核评估体系，带来了新的挑战和思考。然而，人工智能教育并非对应我国整个教育体系中的某一个特定阶段，它反映的是人工智能在教育领域中的应用形态，其辐射和影响包括基础教育在内的所有教育阶段和领域，如高等教育中的本科教育、研究生教育等，因此，不能将人工智能教育看作只有在基础教育中才存在的现象。此外，基础教育也无法完全用人工智能教育来涵盖，基础教育的外延具有广泛性和多面性，基础教育中的教育内容不仅有人工智能素养的学习，还有德智体美劳多种知识、能力和品格的学习，而且人工智能在基础教育中的应用要秉持必要性和相称性原则，因而并非基础教育的所有教育场景和角落中都会存在人工智能的应用。更何况，基础教育中受教育者的主要群体是未成年学生，因此，人工智能在基础教育领域的应用需要更加科学谨慎，注重科技伦理和基础教育的客观规律性。由此可见，人工智能教育的法律规范可以调整和解决包括基础教育在内的教育领域中有关人工智能应用的一般性或共通性法律问题，而对于人工智能在基础教育领域应用而产生的个别特殊性问题，还需要基础教育自身的法律制度来加以回应和调整。

---

① 参见彭绍东：《人工智能教育的含义界定与原理挖掘》，载《中国电化教育》2021 年第 6 期，第 49~50 页。

第一章　我国基础教育法与人工智能的关系概述

作为引领新一轮科技革命和产业变革的重要驱动力，人工智能催生了大批新技术、新产品、新业态和新模式，也为教育现代化带来更多可能性。① 习近平总书记强调："中国高度重视人工智能对教育的深刻影响，积极推动人工智能和教育深度融合，促进教育变革创新。"人工智能的迅速发展正广泛影响我国包括基础教育在内的所有教育领域，深刻改变了传统意义上的一些教育理念、教育内容、教学方法、教学评价方式和考核机制，更影响着现有的基础教育法律关系。基础教育不仅教育主体的范围扩大了，而且其中的权利义务内容也发生着改变。我国政府高度重视人工智能与教育的融合发展，不仅体现在国家对建设人工智能相关专业和培养人工智能人才的高度重视，还体现在国家重视利用大数据与人工智能来改革现有的基础教育制度和教育生态圈，努力使我国社会主义现代化基础教育走上高质量智能教育发展之路，形成智慧与温度并存、技术与人文并存的新型教育生态。

第一节　人工智能融入我国基础教育的现状

当前全球主要国家纷纷重视利用人工智能技术推进教育教学创新，探索教育新模式，开发教育新产品，形成智能教育体系。在科技与教育双向赋能的历史新阶段，我国正在研究和探索如何充分利用新一代智能技术，构建适配、精准、分

---

① 参见吴丹：《人工智能促进教育变革创新》，载《人民日报》2022年12月22日，第05版。

层的智能教学形态，实现"五育"（德智体美劳）融合的核心素养教育，进而推动新时代教育高质量发展。

一、人工智能在我国基础教育领域的应用场景

构建高质量教育体系是新时代我国教育事业的发展目标。随着中共中央、国务院印发《深化新时代教育评价改革总体方案》，中共中央办公厅、国务院办公厅印发《关于进一步减轻义务教育阶段学生作业负担和校外培训负担的意见》与教育部等六部门印发《关于推进教育新型基础设施建设构建高质量教育支撑体系的指导意见》，人工智能正与课堂教学、教师发展、"双减"推进、区域治理、教育新基建等深度融合，促进精准教学实施，推动教育从"数字化"向"数智化"转型。从人工智能教育现有的应用场景来看，主要体现为以下几个方面：

1. 为学生构建大型线上学习系统，提升学生学习效果

将机器学习与互联网融合，打造线上自主教学平台，方便学生合理安排时间进行有效学习。此外，智能学习环境可以方便获取学习者的过程性学习数据，运用技术可以系统分析学习者的学习规律，从而构建个性化学习系统，激发学生的自主学习动力。通过对学生的学习特点和个性化差异建立知识图谱与学生画像，为每个学生适配到科学的学习方法和相应的学习资源，设计和制订有针对性的教学内容，进一步激发学生自主学习的意愿。

2. 实现教学成果的智能测评，提升教学质量

自动批改作业 App、拍照搜题以及口语测评等就是利用大数据分析技术对学生学习情况进行对照分析与科学评价，从而快速且精准地定位教学问题，提升教学效果。此外，学生在收到自己成绩单的同时，还可以获得一份系统而全面的评测报告单，报告单上分析了学生对于不同学科的知识点及能力点的掌握情况，而且帮助学生制订了未来的学习计划，更加高效地提升学习成绩；对于教师而言，则可以掌握学生整体的学习情况，从而对自身的教学方式及教学内容进行优化，提升教学的科学性及有效性。

3. 教师主动适应信息化与人工智能等新技术变革，积极有效地开展教育教学活动

智能技术的运用与教育理念的变化拓展了教师专业发展的内涵，教师智能研

修、智能教育素养提升与教师智能助手等应用已体现出区域性推进的特征。在解放教师资源方面，教育机器人已成为必不可少的教育设备。

4. 进一步落实"双减"政策，促进学生创新能力的培养

"双减"的核心是减少学生的重复性、机械性学习任务，从而有更多的时间去发展自己的兴趣爱好，在这个过程中进行创造性学习，培养创新能力。因此，人工智能技术可以与学校的教学、教研和教学管理深度融合，可以改变基础教育形态，从而打通教学、教研和教学管理之间的壁垒，建立一体化综合性的管理测评机制，依托物联网体系中的各类智能设备，采集校内外各类场景的综合数据，辅助实现"五育"并举。根据不同学生的特点进行精准教育、启发性教育与探究式教学，与学生个体接受的校外教育资源有效对接和组合，促进青少年多元智力养成与个性化成长。

5. 指导区域教育治理，推动教育治理能力现代化

以数据驱动、人机协同、高效合作为理念，指导区域教育治理，提升区域教育服务供给水平，促进区域内各级各类学校的教育教学数字资源互通与开放共享，实现教育管理数据化与教育决策科学化，推动教育治理能力现代化。

6. 提升教育新型基础设施建设，让校园服务更便捷

人工智能作为我国新型基础设施建设涵盖的七大领域之一，正通过提升教育领域内的教、学、管、评、研的智能化水平，为我国相关教育主体提供更加灵活与个性化的服务。高校和中小学正在大力开展的智慧校园建设，也是在构建校内教育新基建的基础上，打造智能互联与数据贯通的系统方案，使校园服务更便捷、校园应用更"智慧"。①

当然，技术是人工智能的核心，但技术不是对教育产生影响的唯一要素，知识、认知和设计三要素相结合才能对学习产生深远影响。更重要的是，进行基础教育的根本目的是需要在追求教育公平的前提下塑造受教育者科学的三观，计算教育主义若将任何生动的教育现象符号化，则很难认识到教育中的真问题。因此，人工智能的教育场景研究要遵循公平原则和真理与价值并重原则。

---

① 参见李福华、张琪：《教育数字化转型大家谈：构建人工智能教育学新形态》，载《中国教育报》2022年9月29日，第07版。

　　未来，随着基于大数据的智能在线学习教育平台和教育分析系统的进一步推广和普及，越来越多的教育活动被数据化，对原始数据的采集、训练与挖掘既是未来智能教育的核心，也将会促进有效建立以学生为中心的教育环境，以及提供精准推送的智能教育服务。利用人工智能技术重塑基础教育体系之后，无论是人才培养模式还是教学方法改革都将焕然一新，智能学习、交互式学习的新型教育将孕育而生。① 未来的人工智能应用场景将从单一场景向多场景甚至全场景拓展，场景驱动的智能服务将日益丰富并得到大规模推广应用。

二、人工智能融入我国基础教育制度的发展现状

　　我国早在 2010 年通过的《国家中长期教育改革和发展规划纲要（2010—2020年）》和 2016 年印发的《教育信息化"十三五"规划》就强调从基础设施建设、对优质教育资源的开发利用和国家管理系统三个方面统筹规划教育信息化进程，至2020 年基本已经建成了覆盖城乡各级各类学校的数字化教育服务体系。但教育信息化不等同于人工智能时代下的智慧教育，教育信息化的概念起源于 20 世纪90 年代，目标在于在教育领域中运用现代信息技术来促进教育的改革与发展，而智慧教育则是把科技和教育进行了高度融合的结果，是教育信息化全面和深化发展的最高阶段。适应人工智能时代的智慧教育需要具有以下几个场景特征：每个学生都有一个数字画像；每位教师都有一个人工智能助手；每一门课程都有知识图谱；每一所学校都是虚拟学校的组成部分；每一种学习都会被记载；支持面向人人的个性化学习；每个人的学程都是定制的；每一种学习方式都被尊重；每一场教育都注重协作共生；每一个家庭都形成独特的教育场；每一种教育装备都趋向智能化。② 综上所述，所有场景的实现才可以称得上真正的智慧教育。

　　当今时代是人工智能时代，实现智慧教育是基础教育现代化的重要标志。提

---

　　① 参见朱光辉：《智能在基础教育中的创新应用》，载《物联网技术》2020 年第 3 期，第57 页。

　　② 参见吕玉刚：《数字赋能未来人才培养的"十个场景"》，载微信公众号：https：//mp. weixin. qq. com/s？_biz=MzU3MDAyNzkzNg==&mid=2247521543&idx=1&sn=6e3d7e7ef7f757b0b4aa766cfdbc81e6&chksm=fcf76fc8cb80e6dec5d2364b595beaac15ee683f9db6235180af78c58f4d3652b69082719b35&scene=27，最后访问日期：2024 年 3 月 10 日。

升学生的人工智能素养被纳入国家战略规划，国家连续出台重要文件，优化政策支持环境，强化全社会对基础教育智能化改革重要性和必要性的认知。继我国于2016年颁布《"互联网+"人工智能三年行动实施方案》后，2017年7月，国务院印发《新一代人工智能发展规划》，其中明确提出利用智能技术加快推动人才培养模式和教学方法改革，实施全民智能教育项目，在中小学阶段设置人工智能相关课程，逐步推广编程教育，鼓励社会力量参与寓教于乐的编程教学软件、游戏的开发和推广。同时还支持开展形式多样的人工智能科普活动，鼓励广大科技工作者投身人工智能的科普与推广，全面提高全社会对人工智能的整体认知和应用水平。[1] 在《普通高中信息技术课程标准(2017年版)》中，将"人工智能"设定为选修模块，人工智能、物联网、大数据处理等内容已正式进入了全国高中新课程标准。

2018年教育部印发了《2018年教育信息化和网络安全工作要点》，旨在推进信息技术在教学中的深入普遍应用。另外，教育部印发《高等学校人工智能创新行动计划》，其中规定在中小学阶段引入人工智能普及教育，构建人工智能专业教育体系。之后，教育部印发的《教育信息化2.0行动计划》对人工智能与教育的融合发展进一步做出明确规划，要求加强学生信息素养培育，完善课程方案和课程标准，充实适应信息时代、智能时代发展需要的人工智能和编程课程内容。[2]

2019年教育部办公厅印发《2019年教育信息化和网络安全工作要点》，该通知正式启动中小学信息素养测评，并推动在中小学阶段设置人工智能相关课程，逐步推广编程教育。除此之外，2019年中共中央、国务院印发的《中国教育现代2035》聚焦教育发展的突出问题和薄弱环节，重点部署了面向教育现代化的十大战略任务，其中，加快信息化时代教育变革是至关重要的一个方面。另外还包括，构建智能化校园格局，全面打造一体化的智能教育、管理与服务综合体系。采用先进的科技手段，加速改革人才培养的模式，达成大规模教育与定制化培育的和谐融合。推动教育服务模式的创新，构筑数字化教学资源的协同开发与自由

---

① 详见《新一代人工智能发展规划》，载教育部网站：https://www.gov.cn/zhengce/content/2017-07/20/content_5211996.htm，最后访问日期：2024年3月10日。

② 详见《教育信息化2.0行动计划》，载教育部网站：http://www.moe.gov.cn/srcsite/A16/s3342/201804/t20180425_334188.html，最后访问日期：2024年2月12日。

交流平台，优化收益分配机制、加强知识产权的法律保护以及构建全新的教育服务监管体系。促进教育管理模式的转型，加速构建适应现代需求的教育监管与评估机制，实现管理的高度精确化和决策过程的理性化。① 随后，中共中央办公厅、国务院办公厅印发了《加快推进教育现代化实施方案（2018—2022 年）》（以下简称《实施方案》），要求各地区各部门结合实际认真贯彻落实。

2020 年，教育部办公厅印发《2020 年教育信息化和网络安全工作要点》，该通知要求继续推进中小学人工智能教育课程建设、应用与推广工作，发布中小学人工智能教育课程包（初中版和高中版）和支持服务系统并推广应用。并且《中小学教师培训课程指导标准（专业发展）》将 STEM 教育纳入研修主题。2021 年《全民科学素质行动规划纲要（2021—2035 年）》要求激发青少年好奇心和想象力，增强科学兴趣、创新意识和创新能力，培育一大批具备科学家潜质的青少年群体，为加快建设科技强国夯实人才基础。此外，中央电化教育馆于 2021 年组织编制了《中小学人工智能技术与素养框架》，提出了在中小学阶段开展人工智能教育教学应培养的学生核心素养基本内容与要求，希望为有关单位和学校编写相关教学材料、开设相关课程和开展相关教学活动起到参考作用。不仅如此，教育部于2022 年正式印发了《义务教育信息技术课程标准（2022 年版）》，其中包含课程性质、课程理念、课程目标、课程内容、学业质量、课程实施以及附录。前述所有这些努力都见证了我国在顶层设计层面逐步将中小学人工智能教育纳入国家战略范畴的历程。

三、人工智能融入我国基础教育的实践发展现状

自人工智能融入我国基础教育领域以来，不仅在国内基础教育的各种场景中应用日益广泛和深入，使教育生态发生了数字化和智慧化的根本性变革，而且积累了一定的人工智能教育的中国经验、中国技术和中国方案。我国不论是官方还是民间一直以来都积极向国际社会分享和推广中国在这一领域的发展成果，引领和促进了国际人工智能教育的交流和合作。

---

① 《中国教育现代化 2035》，载中央人民政府网站：http：//www.gov.cn/zhengce/2019-02/23/conent_5367987.htm，最后访问日期：2024 年 2 月 12 日。

（一）国内实践发展现状

如前所述，人工智能教育包括智能化教育和智能科技教育两大组成部分。智能化教育与智能科技教育都有各自不同程度的实践发展。

首先，从我国智能化教育的实践现状来看，近年来我国大力推进教育信息化，致力于打造以信息技术为基础的新型教育教学模式、教育服务提供方式以及教育管理新体系，推动信息技术与教育教学深度整合，从而实现以下几个目标：第一，教学、训练、考核、评价、管理各个环节都能得到人工智能的助力，使教师能更有效、更轻松地进行教学；第二，结合虚实融合多场景教学与协同育人的模式，让学生能获得更好的学习体验，学习效果更好；第三，海量的线上数据和日益强大的算力，让学校管理变得更加精准。具体而言，我国大力支持学校充分利用信息技术开展"人工智能+"的复合型人才培养模式与教学方法改革，逐步实现信息化教与学应用在师生中实现全覆盖。在创新人工智能时代教育治理新模式层面，我国稳步实施基于大数据的教育管理能力提升计划，促进利用互联网等信息技术手段，实现教学活动的全面升级。

目前，我国正在加快推进智慧教育创新发展，已经创建了18个"智慧教育示范区"，并在全国范围内设立了88个国家级信息教学试验区，此外还推进了国家虚拟仿真实验教学项目的建设，并实施利用人工智能助推教师团队建设的行动计划。该行动已经启动了两批"人工智能助推教师队伍建设试点项目"，致力于打造一个以互联网为基础的教育支持服务平台，全力推动"三通两平台"建设（"三通"是指宽带网络校校通、优质资源班班通、网络学习空间人人通，而"两平台"是指教育资源公共服务平台和教育管理公共服务平台）的深入实施。① 除此之外，包括中共中央网络安全和信息化委员会办公室（以下简称中央网信办）在内的八个部门还联合认定了一批国家智能社会治理实验基地，其中包括19个教育领域特色基地，致力于研究在人工智能时代背景下各种教育场景中的智能治理机制；与此同时，科技部等六部门共同发布一份通知，将智能教育纳入首批人工智能示

---

① 参见王立芳：《加大融合，教育信息化"转段升级"》，载《中国商报》2019年2月28日，第01版。

范应用场景，旨在探索出一套可以复制和推广的经验，人工智能与教育的结合，正不断激发新的创意，为教育的创新变革注入了强大的动力。

不仅如此，社会各界都在积极合作，共同推进教育数字化、教育智能化，推进学习型社会建设，不断加强教育改革与创新。不少教育和科技界的数字巨头企业也都在加快人工智能教育方面的投资力度，特别是以新东方、百度、科大讯飞、北京世纪超星等为代表的一众企业都在充分发挥自身优势，率先领跑智慧教育。这些企业不仅仅提供强调内容或技术的教育平台，而且利用人工智能技术构建新型教育场景，以"人工智能+教育"构建教育生态圈，为用户提供个性化的学习服务和智能化的交互体验，为学校和其他教育机构提供"AI+教育"解决方案。不仅如此，中小学校或其他教育机构与前述教育科技数字企业之间的校企合作成为较为明显的实践趋势，这种合作利用校企各自的优势进行资源、数据和利益共享，从而形成了具有自主知识产权和自主特色的"人工智能+教育"新模式。

其次，从我国智能科技教育的实践现状来看，随着《新一代人工智能发展规划》的颁布，教育部启动了义务教育课程修订工作，在初中和小学阶段将人工智能教育内容纳入《信息科技》课程中。随后，教育部宣布计划把人工智能课程纳入高考范围。在国家战略的助推下，我国基础教育阶段的人工智能教学迅速展开，各地教育机构自上而下都在积极推进人工智能的教育课程。深圳市教育局挑选了一些学校作为人工智能教育的试点，尝试建立政府与产业界共同推动中小学人工智能教育的模式。在教育机构内部，中国人民大学附属中学汇聚了来自多元学术领域的全职教育工作者，构建了一个既分层次又跨领域的 AI 教学框架，这个框架包含了超过 20 门与机器人技术、数据探索、计算机成像以及自动化驾驶等相关联的课程。[1]

从 2022 年开始，教育部实施国家教育数字化战略行动，将教育数字化、智能化手段深度赋能人才培养体系、教学教育改革及社会服务创新，并正在努力推动京津冀地区协同发展，努力使京津冀成为先行区、示范区。因此，推动人工智能在义务教育领域的深度应用，构建具有自己特色的中小学人工智能教育生态体

---

[1] 参见卢宇、宋佳宸：《中小学人工智能教育的现状、实施和发展》，载《人工智能》2022 年第 2 期，第 9 页。

系和人工智能课程体系，也是目前各省基础教育发展的重中之重。综上可见，不论是从顶层设计层面、资金支持层面，还是实施载体层面，我国在人工智能教育领域的发展上已经奠定了坚实的根基，并展现出显著的竞争力。

然而，就将人工智能课程纳入基础教育来看，在资本的驱动和教育竞争焦虑的影响下，也出现了一些问题。比如，人工智能被窄化理解为编程、创客或者是机器人，国家义务教育阶段课程标准付之阙如，专任教师队伍专业化程度较低，课程教材等资源配置质量良莠不齐；学校教育受到校外培训挤压的同时又严重依赖于校外力量，学校教育社团化、小众化，择优倾向严重；区域差异、城乡差异、校际差异及性别差异较大；教学评价单一化、竞赛过早介入和功利化并存等问题凸显。人工智能基础教育随着其重要性的提升，愈发呈现出工具化、资本化、分层化和功利化的倾向，这显然与人工智能基础教育的初心和科技向善的价值理念相违背。

因此，我国应通过多种方式包括教育法律制度层面的引导，增强人们对人工智能基础教育厚基础、重实践、强思维、求创新这些核心目标的关注和理解。①人工智能教育不应只是部分学生的特长、部分学校增加知名度和品牌效应的项目、部分地区的优先权，而应是面向所有学生的普及教育、扎根于日常课堂教学中的必修学科。越是欠发达地区，越应落实人工智能相关课程的普及化开设和差异化教学，并将其作为促进公平、提高学校吸引力的抓手。

（二）国际合作与交流现状

从人工智能教育的国际民间合作与交流情况来看，从 2020 年至 2023 年，由北京师范大学和联合国教科文组织教育信息技术研究所联合主办的全球智慧教育大会已经连续举办了四届，该大会始终以促进全球教育的开放合作为己任，为国际社会开展智慧教育交流与合作搭建了重要的平台，并且在大会的推动下成立了旨在促进各国智慧教育的发展和推动新一代信息技术与教育的融合和创新的全球智慧教育合作联盟（Global Smart Education Network，以下简称 GSENet）这一国际

---

① 参见王学男：《我们需要怎样的人工智能基础教育》，载《光明日报》2021 年 2 月 3 日，第 2 版。

组织。在 2023 年的全球智慧教育大会上，GSENet 共同发起了"全球智慧教育战略倡议"。

此外，相应的国际组织代表还有世界慕课与在线教育联盟，其成立于 2020年 12 月 11 日，由来自六大洲 14 个国家的 17 所大学与 3 家在线教育机构共同创立，旨在携手应对新冠疫情背景下智能互联网时代对全球教育带来的机遇与挑战。联盟秘书处设立在清华大学，并由清华大学担任联盟首届主席单位。世界慕课与在线教育联盟自成立以来，致力于推动高质量慕课和在线教育发展，促进教育技术的创新，扩大国际双边及多边合作，为实现联合国可持续发展目标作出贡献。而由世界慕课与在线教育联盟和联合国教科文组织教育信息技术研究所联合主办的世界慕课与在线教育大会于 2022 年 12 月 8 日至 9 日召开，大会以"教育数字化引领未来"为主题。其智慧教育分论坛在北京举行，以"智慧教育赋能多样化综合学习体系"为主题，围绕数字素养与胜任力变革、数字化教与学生态构建、共建共享数字教育平台等议题开展深入研讨交流，并举行了中国高等教育学会智慧教育研究分会筹备启动仪式。[1] 2023 年 5 月 30 日，世界慕课与在线教育联盟举办了"领航人工智能驱动的高等教育数字化转型"在线教育对话系列首场活动。[2]

从国际人工智能教育的官方交流与合作来看，为了响应联合国教科文组织的倡议，促进教育领域的国际交流，中国教育部与联合国教科文组织合作，自 2019年起已连续举办了四届国际人工智能与教育会议，相继制定了一系列重要法律文件，也确立了人工智能教育的基本治理原则和伦理要求，为成员国制定本国的人工智能教育政策和法律奠定了较为坚实的基础。另外，2023 年 2 月 13 日—14日，由教育部、中国联合国教科文组织全国委员会共同主办的首届世界数字教育大会在北京举行，会议积极推动各方对话和交流，呼吁共同推动消除数字壁垒，促进资源开源开放、共享与共建。会上，中国教育国际交流协会会长刘利民联合

---

[1]　参见嵩天、吴英策、刘媛：《智慧教育赋能多样化综合学习体系——2022 世界慕课与在线教育大会分论坛三综述》，载《中国教育信息化》2023 年第 1 期，第 111 页。

[2]　《清华大学联合主办 2023 年世界慕课与在线教育联盟首场在线教育对话》，载清华大学网站：https://www.tsinghua.edu.cn/info/1176/104319.htm，最后访问日期：2024 年 3 月 10日。

相关单位共同发起成立"世界数字教育联盟"倡议。刘利民代表所有发起单位诚邀全球各方，共同参与联盟建设，携手推动数字教育资源共享、互联互通，共同应对教育领域面临的挑战。本着"自愿、平等、互利共赢"的原则，联盟致力于建立全球数字教育合作伙伴关系，与教育技术组织合作建立联络网，分享各国在数字教育领域的经验，共建具有活力与韧性的教育。①

第二节　人工智能与我国基础教育的辩证关系

对人工智能与基础教育两者关系的考察，不能脱离对两者各自特点的分析和研究。基础教育的宗旨在于培养受教育者的智力和行为能力，即包括感知、行为、记忆、思维和语言五个方面的智能，也就是全面提高人的素质，或者说提高其智商和情商，以便使其未来在社会上更好地生活、学习和工作。② 基础教育从其本质上看属于知识普及性教育，侧重体现的是教育的公平性问题，其中不仅包括广大的农村地区或者偏远地区能否公平实际享受到受教育的权利，还包括教育资源和升学机会能否公平享有，尤其是人工智能技术赋能基础教育后产生的相关网络教育平台资源和智能教育设备设施能否被公平获得。然而，只要教育考试制度不改变，整个教育体系从根本上而言就是筛选体系，即从考试中层层筛选出符合国家需要的人才。因此，在基础教育中始终要面临教育公平和教育效率的矛盾相互交织的局面。如何在教育公平这个基础上体现效率，如何从效率上反向推进教育公平，这一直是基础教育领域持续深入研究的命题。此外，基础教育中主要以学校的正式教育、课堂教育为主，以课外学习、家庭教育、非正式学习为辅，学校的管理者和老师的一项重要工作内容是贯彻落实政府主管部门的各项政策要求；对学生的教育、培养和效果考查理应体现在知识与能力、方法与过程、情感与态度等多个维度，而在实际的教学实践中重点关注的是学生在常规考试和升学

---

① 教育部：《世界数字教育联盟倡议发布》，载《贵州开放大学学报》2023 年第 1 期，第43 页。

② 参见贾积有：《人工智能与教育的辩证关系》，载《上海师范大学学报》（哲学社会科学版）2018 年 5 月，第 25 页。

考试中的表现；学校课堂教学日程安排紧凑、不容出错，这些都体现了学校作为教育主体角色在关注每个学生个体成长和个性化差异方面的局限性。

与此同时，近年来许多家长非常重视孩子的教育问题，或亲自辅导或请校外线上线下辅导机构来辅导孩子，投入了大量的时间、金钱和精力。基础教育中学校对学生起到的影响已经在明显下降，而家庭教育的影响力日益凸显。家庭教育在小学和初中教育中的影响更为明显，到了高中教育阶段，由于家长辅导孩子的学习较为吃力，家庭教育在高中阶段教育中的影响比重相对有所下降，因此，综合小学、初中和高中不同阶段，从外部因素对学生综合素质提升的平均影响比重来看，学校教育占到40%，社会教育或校外教育培训机构教育占到了20%，而家庭教育则占到了40%。由此可见，家庭教育在我国基础教育中已经成为不可或缺的重要一环。此外，基础教育阶段的学生处于身心成长、习惯养成的重要阶段，个体在学习态度、自制力等多个方面差异较大，这就需要家长不仅仅关注学生的学业表现，也要关注学生的身心健康和思想状况。在人工智能时代背景下，家长更要关注学生是否存在对人工智能过度依赖而产生学习异化的现象，以及是否存在沉迷虚拟世界而逃避社会现实交往与情感交流的倾向。

人工智能技术要在基础教育领域应用并赋能基础教育，还要充分考虑人工智能技术本身的特征：需要一定的硬件设备和软件系统的支撑，很多情况下这些硬件、软件系统价格不菲；功能比较强大，在讲解知识、批改作业、评测学生等方面可以替代部分教师的工作，会降低教师的存在感；可以对学生实施一定程度的个性化教学，但是需要搜集学生在学业、行为、学习风格甚至情感方面的大量数据，而且对数据的广泛代表性、准确性和真实性有着较高的要求。[1] 此外，人工智能一般侧重于作出事实上的判断，而对于价值判断和价值引导的问题却无能为力；人工智能不能及时识别学生的情感状态和情感需求，不能给予及时恰当的情感反馈。

如果要用一句话概括人工智能与基础教育之间的关系，那就是两者是一种双向共生、协同发展的关系。一方面，人工智能技术的应用在促进基础教育的创新

---

[1] 参见贾积有：《人工智能赋能基础教育的路径与实践》，载《数字教育》2020年2月20日，第3页。

发展上会带来一定的助益；另一方面，基础教育本身也在促进人工智能技术的发展。

一、人工智能对基础教育发展的促进

我国的教育系统长期以来存在一些较难解决的问题，比如，教育资源的分配不均衡，教育实践应试倾向明显，对受教育者独特性的成长需求缺乏关注，过分偏重实体课堂教学，无法兼顾课外的时间。然而，人工智能与基础教育的深度整合，却能充分调动两者的长处，为破解这些教育难题带来新的可能性。

首先，我国教育目前面临的主要挑战是发展不均衡，尤其在教育资源分配方面，呈现出明显的城乡和区域性差异。在人工智能时代背景下，政府致力于通过数字化教育资源的构建以及增强数字教育服务的供应能力，实施教育信息化的策略，以期减少不同地区间的教育质量差异，进而推动教育机会的均等化。人工智能技术拥有突破时空限制的强大功能，一方面，它能迅速整合地区间不均匀分布的优质资源；另一方面，智能平台能够为农村和西部等发展滞后地区的学生提供均等的教学资源，实现教育资源的共享。

其次，将人工智能技术融入基础教育之中，将导致教育目标转向注重学生非智力品质的塑造。个体发展所必需的素质主要可划分为显性和隐性两大类。我们将学生的基本学习技能，如阅读、写作和计算等，称之为显性素质。而将其内在的反思能力、坚定的性格、社交技巧、领导才能、想象力、创新能力、情感智慧、道德观念和恰当的价值观等，归类为隐性素质。当前的基础教育更侧重对知识和考试技能的考查，对学生综合素质的评价往往体现为结果性评价，这种考核的方式和内容都是基于传统工业时代对于职业能力的硬性要求，但这些硬性要求很容易被人工智能所替代，甚至人工智能比人类做得更快速、更稳定、更准确、更不知疲倦，因此，将人工智能融入教育体系后，教育的目标应该转变为更加注重培养学生的隐性素质。隐性素质正是人类与人工智能的根本区别，展现了人类智能无法被人工智能完全替代的独特优越性。[1]

再次，人工智能技术的运用使得个性化教育具有了实现的可能性。传统的校

---

[1]　参见蔡连玉、韩倩倩：《人工智能与教育的融合研究：一种纲领性探索》，载《电化教育研究》2018 年第 10 期，第 29 页。

内班级授课制是源于工业时代对技术劳工的大量需求，而且这种制度与长期以来的教育资源紧张密切相关，往往一个班级不得不容纳 50 名甚至更多的学生。在这种批量化生产模式下，学校教育只能照顾到部分学生的学习情况。随着人工智能时代的来临，叠加中国目前的生育率趋势，我们可以观察到接受基础教育的人数显著减少。因此，小班授课模式预计将逐步成为基础教育中教学结构演变的方向，这为走向定制化教学提供了机会。在这个学习过程中，创新知识、协作构建与交流共享将扮演关键角色。整个教育过程将从遵循统一规范的模式转向更加个性化的模式，这一转变对唤起学生的学习兴趣、展现他们各自的潜能、迎合各种成长欲望，以及培养独到的品格至关重要。

最后，人工智能技术的融入促进了基础教育领域的线上线下整合，使得传统的面对面教学与数字化的网络教学无缝结合，从而模糊了现实教学与虚拟教学的界限，实现了二维的教学模式，即虚拟与现实的结合。人工智能技术不仅能全面记录学生在课堂上的动态，为个性化的线上线下辅导提供数据支持，同时，以模拟教学和沉浸式学习为特色的虚拟教室也在逐渐变成现实。学生在领略教师的基础理念阐述之余，借助人工智能在教室内感受三维动态教学的乐趣。除此之外，学生还可以在人工智能教育资源平台选择适合自己的线上课程与教师，足不出户就可以获得一对一有针对性的指导，从而提高学习的效率和效果。在这种双维度教学中，线上教学为线下教学注入了生动的场景与乐趣，增强了课程的现实感和扩展力。在线下教学中，教师更加注重与学生的互动提问，激发学生思维，引发学生深入的思考与情感共鸣。线下教学为线上教学带来了更深层次的实践价值。

此外，在人工智能赋能教学的变革过程中，形成了学生、同伴与教师一体化的新型学习共同体，教师不再是学生对立的个体，而是作为共同体的一分子与学生并肩学习。他们得以透过学生的眼光审视学生的学习进展，洞察实施的教学技巧、手段是否能够实现既定目标。同时，教师还能有效利用众多数字化辅助工具，在学生遭遇难题和挑战时，提供精确的激励和支持，并给予及时的反馈；而学生也不再是孤军奋战，他们能够及时向教师和同伴报告个人的学习状态，共同评论学习成果，还能够持续地利用数字化的学习工具和资源，探索新知识、新概念、新资讯或提出新见解，协同解决相关的社会实际问题。①

二、人工智能给我国基础教育带来的考验

当然人工智能对我国基础教育不仅仅是赋能和创新，人工智能技术全方位、多层次对我国基础教育深度渗透的同时，基础教育也面临着一定的考验。

第一，传统的教学模式亟待重构。在教育领域，现代信息技术的融入，尤其是人工智能技术的推动，促使传统的"人—人"交互模式转变为"人—机—人"模式。这种转变中，"机器"融入了人类的智慧因素。原本由教师主导和执行的教学环节和内容，逐渐由人工智能或机器替代，这不仅提升了教学的精准度，还增强了其动态性和时效性。在这种情况下，原有教学结构的稳定性、秩序性和持续性遭受冲击，导致原本以"人—人"为基础的互动方式需要经历全面的重新构建，以顺应人工智能对教育领域造成的深刻影响。不仅如此，未来的基础教育模式势必从以教为中心转变为以学为中心，因此将更加注重学生的启发式教育。启发式教育主张通过互动交流和平等讨论来启发学生对学习的兴趣，激发学生独立思考的热情，培养学生的创造力和独立解决问题的能力，只有这样才能使受教育者随机应变、审时度势，从而适应未来急剧变化的人工智能时代。

第二，教师的思想观念急需转变。在人工智能时代，教师不仅要树立终身学习的理念，学习先进的信息技术和利用网络教育资源，并把终身学习与终身教育置于同等重要的地位，而且要主动适应信息技术变革，主动了解和关注大数据、人工智能等前沿知识，辩证看待人工智能的发展，走出自己的舒适区，接受新事物。教师要改变以自己为主导地位的理念，树立与学生平等合作的理念，借助人工智能新技术，利用自适应学习资源，为学生制订个性化的学习目标，提供全过程多维度的伴随式评价等。教师之间可以协调互助，将自己的实践成果、经验教训、教学办法随时分享在网络平台上，及时获得同行的反馈，从而提升教师的课程设计能力、理论素养和信息素养。②

---

① 郝志军、杨颖东：《人工智能与教学的合理性融合：优势、挑战与策略》，载《人民教育》2022 年第 10 期，第 52 页。

② 参见姜丽：《人工智能时代基础教育之变与不变》，载《现代基础教育研究》2019 年 9 月第 35 卷，第 24 页。

第三，教师的社会角色需要重塑。在人工智能时代，知识本身的膨胀速度已经迅猛超越了普通个体吸收知识的速度，将所有知识通过教育传授给学生的美好愿景变得不再可行。教师在人工智能的辅助下，实现了教学活动中对知识与技巧的传授更加迅速、精确和高效。例如，系统能够自动为学生推荐学习资料，生成练习题目，以及批改作业；它还提供智能化的学习评估和反馈，以及创建仿真的学习环境。如何在教育过程中有效地融合教师与人工智能的教学能力，以便更好地提升教学效果，这是教师面临的一项前所未有的实践命题。因此，教师仅作为知识传递者的地位正在动摇，他们被迫重新审视和塑造自己的角色，掌握与人工智能协同教学的技能，这是每位教师亟须解决的紧迫问题。具体而言，教师如何科学合理地利用数字资源与工具激发和提升学生在人类情感、创造力、灵活性和人际互动等方面的能力和素养，如何在人工智能的助力下仍然较好地维系师生之间的关系，如何给予学生情感、心理上的帮助和价值引领，这些都是值得教师探究的问题。

第四，学生对技术的过度依赖。无论是教师主导的还是融合线上线下的教育模式，都要求学生展现出极高的积极性和自律性。特别是当学生从书本上的知识学习转向电子设备内的数字化学习，沉浸在现实与虚拟交织的学习情境时，维持一种清晰的现实感知尤为重要。随着智能化技术在教育领域的全面融入，学生可能对数字宇宙产生极度依赖，进而陷入虚拟世界，混淆他们的真实身份。基础教育中的学生都是未满十八周岁的未成年人，他们的自制力、意志活动的自觉性和持久性有待提高，专注力仍然是有限的。从民法意义上看，他们均属于无民事行为能力人或者限制民事行为能力人，其辨别能力、预见能力和控制能力都并不成熟，也没有独立承担民事责任的能力，更容易依赖和迷恋数字工具或者电子产品，数字工具本来用以提高学习效率和效果的功能不仅没有实现，反而分散了他们的精力，浪费时间。

第五，人工智能技术融入教学，在为学生实现即时化、精准化、个性化学习提供便利支持的同时，也蕴含着学生成长的技术性风险。算法的精准推断可能导致算法偏见或歧视，限制学生自由选择的能力，降低他们自主决策和承担责任的意愿和胆量。长此以往，学生可能会被机器算法控制和奴役。同时，对人工智能的过度热衷和盲目追随，尤其是智能评估、智能推荐等技术的个性定制化，可能会让学生陷入"信息孤岛"（也称为"信息茧房"）和束缚于"局限性共识"，使得他们落入自我设限的困境，不愿与社会交流，进而缺失团队协作和合作意识，妨碍学生的自我提升和全面发展。

第六，教学伦理秩序将重建。在智能化的时代背景下，人机协作教育模式正在重塑教学伦理的格局。在此模式下，教师、学生与智能机器三者之间的互动关系，对传统的以教师和学生为主体的教育伦理结构提出了新的挑战。在教育环境中塑造新的社交准则，以便人类之间、人工智能之间、人类与人工智能之间、人工智能与自然之间、人工智能与社会之间实现和谐互动，对沿袭至今以人类为中心的传统教学道德理念造成了显著影响。人工智能在教育领域的广泛运用，其日益增强的独立性可能对人类的主观能动性带来一定的瓦解，未来或许会导致技术对人类的反向驯化现象。另外，教师可以通过利用广泛、持续、全面的人工智能辨认、评估和解析工具，轻而易举地对学生进行严格监管，这可能会使学生的认知发展陷入僵化，并削弱他们的主体性，从而有可能违背教学旨在促进个体健康发展的根本目标。不仅如此，人工智能的主要基础是大数据，在教学活动中产生的形态、行为、成绩、情感与交互等方面的数据将被人工智能系统收集、存储和使用，众多的数据采集很可能会给学生心理与精神层面造成压力，也存在个人隐私和信息的泄露风险，会对学生的健康成长产生一定的负面效应。[1]

虽然人工智能可能给基础教育带来前述考验，但是依据马克思主义观点，人工智能的社会作用是否充分发挥，主要取决于背后的社会关系。人工智能终究还是机器属性的，本质是人为制造的，要为人类服务，它不能完全取代教师的作用，无法改变基础教育的本质。在人工智能时代，基础教育仍将关注中小学生核心素养的培养和全面发展的需求，师生对话交往的传承关系也不会改变。[2]

三、基础教育对人工智能技术的发展具有反哺作用

人工智能与基础教育两者之间之所以是一个双向关系，就在于基础教育对人

---

① 参见郝志军、杨颖东：《人工智能与教学的合理性融合——优势、挑战与策略》，载《人民教育》2022 年 10 月 18 日，第 53 页。

② 参见姜丽：《人工智能时代基础教育之变与不变》，载《现代基础教育研究》2019 年 9 月第 35 卷，第 26 页。

工智能技术的发展具有反哺作用。基础教育通过构建知识基础，培养逻辑思维能力、批判思维能力以及创新能力，增强社会责任感，提升技术接受度和培养未来从业者等多种方式，对人工智能的发展起到了重要的反哺功能。

(一)建构人工智能知识基础并进行逻辑思维训练，鼓励批判性思维

基础教育为学生提供了数学、科学和计算机基础知识，这些都是理解和开发人工智能技术的核心组成部分，而且，基础教育中引入编程课程可以帮助学生掌握编程语言和算法设计，这是开发和维护 AI 系统的基础。与此同时，基础教育通过逻辑推理、问题查找与解决等课程，培养和发展学生的逻辑思维能力，这对于理解、设计算法和机器学习等人工智能技术至关重要。此外，基础教育鼓励学生在使用教育人工智能工具中发展批判性思维能力，引导学生不依赖人工智能，不将人工智能工具作为唯一的学习手段，不迷信人工智能输出的某一个结果或结论，要主动运用多种方法来验证结论。这对于评估人工智能技术的有效性和可靠性至关重要。

(二)培养人工智能开发和设计中的创新能力

一方面，基础教育中强调的探究式学习和项目驱动学习能够激发学生的创造力，促使他们在未来的人工智能领域进行创新，并且通过基础教育参与主体对人工智能技术应用的意见和建议的回馈，有助于人工智能开发商开发新的 AI 应用和改进现有技术，从而实现技术不断地更新迭代。另一方面，基础教育推崇的跨学科课程设置，如全球普遍重视的 STEM 课程设置(将科学、技术、工程和数学四个学科知识与技能有机融合)，能够让学生看到不同学科如数学与艺术、科学与社会之间的联系，从而促进他们创新思维能力的培养。

(三)提升学生对人工智能技术的接受度

当前，数字鸿沟是国家在保障公民受教育权中所面临的一个重要问题。在基础教育领域中，数字鸿沟体现为三级鸿沟：一级鸿沟即物理鸿沟，具体表现在某个地区是否接入互联网、个人是否拥有可供使用的人工智能设备或工具；二级鸿

沟即技能鸿沟，具体表现为群体和个人是否掌握使用互联网有关设备的技能；三级鸿沟即个人是否能将互联网技能转化为正向收益，将其用来学习和工作，而非仅用于娱乐。① 其中，数字鸿沟中的一级鸿沟可以通过加大国家对公平优质数字教育资源供给来弥补。而通过基础教育引入编程以及人工智能相关课程，能够让学生更早地接触和理解这些技术，尤其是帮助学生理解数据的重要性以及如何有效地处理和分析数据，从而提升他们对人工智能的接受度和兴趣，使他们具备使用和理解人工智能工具的能力。而数字鸿沟中的二级鸿沟的消弭恰恰是需要依靠基础教育在培养学生的数字素养和数字技能方面发挥其重要作用来实现。

（四）强化社会责任感的培育

对于数字鸿沟中的三级鸿沟，基础教育可以通过社会科学和道德教育，引导学生树立强烈的学习使命感和社会责任感，关注和警惕人工智能的伦理和社会影响，从而使他们有意识地去预防游戏成瘾、视频迷恋、虚拟社交依赖和数字学习异化等现象，遵循人工智能技术的正当程序原则和技术伦理规范，培养他们成为负责任的技术开发者和使用者。

（五）有助于培养未来从业者

随着人工智能技术的发展，许多工作种类和工作内容将会发生变化。基础教育可以帮助学生适应这种变化，基础教育的课程中引入的程序设计、数据分析等内容，可以帮助学生掌握基本的技术能力，为他们未来的职业生涯做好准备。不仅如此，基础教育中所包含的职业教育能够帮助学生认识到人工智能领域的职业机会和职业前景，从而激励他们在相关领域继续深造。

总而言之，通过这些方式，基础教育为人工智能的未来发展奠定了坚实的基础。随着人工智能技术的不断发展，基础教育也会进行改革与完善，以确保学生能够在人工智能这一领域得到蓬勃发展。

---

① 参见陈鹏、于茜蓝：《教育数字化赋能受教育权时代内涵、法律风险与规制》，载《中国教育学刊》2023 年第 4 期，第 44~50 页。

第三节　人工智能视阈下的我国基础教育
立法现状及评析

一、人工智能视阈下的我国基础教育立法现状

我国基础教育法律制度体系是与基础教育法治建设活动相关的法律法规、规章、行政规范性文件、司法解释等一系列行为规则的总和。如果从分析实证主义法学的视角来看，法仅限于国家法，国家法是一个由国家立法机关制定并由国家强制力保障执行的规则体系，它的存在和效力不依赖于道德或正义的价值判断，是国家意志的集中体现。而如果从社会法学角度来看，社会法学不是从法的本质出发，而是从法的特征和作用来看待什么是法，那么法不限于"硬法"，而且包括"软法"。所谓"硬法"是通过国家立法程序制定并能够依靠国家强制力来保证实施的法律规范。前述四个层次的法律规范就属于"硬法"的范畴。而"软法"是指那些难以或者不能运用国家强制力保证实施的具有公共规制性质的规范性文件或者惯例。①

（一）人工智能视阈下我国基础教育法中的"硬法"

从效力层级来看，我国的基础教育法中的"硬法"主要包括宪法、教育法律、教育行政法规和部门规章以及与基础教育有关的相关法律这四个层次。

1. 宪法

《宪法》规定了我国教育的社会性质、目的任务、结构系统、办学体制、管理体制，公民有受教育的权利和义务。任何形式的教育法都不得与《宪法》相抵触，否则便是违宪。

2. 教育法律

我国教育法律主要包括《教育法》《教师法》《义务教育法》《民办教育促进法》

---

① 参见孙逸啸：《自媒体时代互联网治理的现代化——以自媒体的传播规律为视角》，载《社会治理法治前沿年刊》2018年1月，第440～454页。

《学位法》《家庭教育促进法》《职业教育法》《国家通用语言文字法》等十一部法律，其中《教育法》是我国教育事业改革和发展的根本大法，它规定了我国教育的基本方针、基本任务、基本制度以及教育活动中各主体的权利、义务等，也是制定其他教育法规的基本依据，而前述其他法律则是与《教育法》配套的单行教育法，是根据《宪法》和《教育法》确立的原则制定的，用于调整某类教育或教育的某一具体部分的教育法律。

3. 教育行政法规与部门规章

我国基础教育领域中国务院制定的行政法规主要以《教师资格条例》《幼儿园管理条例》《学校体育工作条例》《学校卫生工作条例》《中外合作办学条例》为代表，而教育部的部门规章主要包括《学生伤害事故处理办法》《中小学幼儿园安全管理办法》《国家教育考试违规处理办法》《实施教育行政许可若干规定》《教育行政处罚暂行实施办法》。据统计，我国国务院教育行政法规和教育部部门规章将近有200部。①

4. 我国与基础教育有关的相关法律

与我国基础教育有关的法律主要包括《未成年人保护法》《民法典》《数据安全法》《网络安全法》《行政复议法》《行政诉讼法》《刑法》等。其中，我国《民法典》和《个人信息保护法》对隐私权和个人信息权做出了具体规定，从而为基础教育领域中教育个体的个人隐私权和个人信息权保护提供了法律依据。《网络安全法》第四章规定了网络信息安全，而《未成年人保护法》第七十二条规定了个人信息处理的规则，并明确规定未成年人的个人信息保护受法律保护，还规定了网络产品和服务提供者负有规避未成年人沉迷网络的具体义务。我国的《行政复议法》和《行政诉讼法》则关涉到为人工智能应用于基础教育领域产生的法律纠纷提供了行政复议和行政诉讼的法律救济渠道，而我国《刑法》对人工智能教育应用的回应主要体现在规定了侵犯公民个人信息罪。

从上述可见，我国的教育法律体系和教育制度已形成基本框架。2020年11月，习近平总书记在中央全面依法治国工作会议上提出，要总结编纂民法典的经验，适时推动条件成熟的立法领域法典编纂工作；《教育部政策法规司2021年工

---

① 数据来自在北大法宝数据库中对教育行政法规和部门规章的检索结果。

作要点》提出要启动教育法典的编纂；2023 年 9 月 7 日发布的《十四届全国人大常委会立法规划》要求"积极研究推进环境(生态环境)法典和其他条件成熟领域的法典编纂工作"，将"教育法典"蕴含于"其他条件成熟领域的法典"之中；2023年 11 月 24 日，教育部在中国政法大学举行了"教育法典编纂工作启动会"，组建课题研究组，正式启动教育法典编纂工作。目前，立法机关和教育主管部门正积极推动教育法典的编纂工作，学者也积极参与其中，从而实现立法与学理的良性互动。

我国正在着手进行的教育法典的立法编纂工作是基于体系化的方法，补充欠缺的部分，解决疏漏和制度之间的错位与冲突。通过教育法典化，理顺教育法律关系，明确各自的权力、权利、职责、义务和相应的法律责任。从形式到内容，全面构筑科学的教育法律体系。① 具体到我国的基础教育领域，则应实现在未来教育法典的宏观指导下，理顺基础教育各个单行法律之间的适用关系，更科学地贯彻教育法的基本精神和原则，更好地推动我国基础教育在新时代的高质量与协同化发展。而在教育法典正式公布与实施前，我国目前的基础教育领域则应在进一步完善《教育法》的前提下，以《教育法》为指导来理顺基础教育单行法、教育行政法规、教育部门规章以及相关法律之间的适用关系。

当然，我们还应当看到，在当前人工智能时代背景下，目前的教育立法中仍欠缺的领域包括高中教育法、研究生教育法、老年教育法、终身教育法、特殊教育法等，此外，还应研究制定环境教育法、人工智能教育法、跨国教育法等，以适应生态文明转型的需要，应对人工智能时代教育的规制等问题。而具体到我国基础教育领域，高中教育法应归属于基础教育法律体系中的空缺，需要弥补相应空白。由此可见，我国基础教育法律制度体系不仅存在修改完善现有规范的空间，还有补充立法空缺的空间。

(二)人工智能视阈下我国基础教育法中的"软法"

根据"自治"标准和"国家强制标准"两项标准，我们可从法源上将"软法"分

---

① 参见高利红：《百年中国教育立法的演进——以教育主权和受教育权的双重变奏为主线》，载《新文科教育研究》2022 年第 1 期，第 55 页。

为三种基本形态：国家立法中的柔性规范、政治组织创制的各种自律规范以及社会共同体创制的各类自治规范。① 而其中国家法中的柔性规范，又可以分为：法律法规和规章中旨在描述法律事实或者具有指导性、号召性、激励性、宣示性的非强制性规范以及国家机关依法创制的诸如纲要、指南、标准、规划、裁量基准、办法等大量的规范性文件。② 从性质上来考量，"软法"可以分为国家"软法"、政治组织"软法"和民间"软法"三大类。③ 从我国基础教育领域的软法来看，其集中表现为以下几个方面的形态：

其一，教育部及地方各级教育部门发布的规范性文件（其中不涉及教育部发布的部门规章），具体内容涉及办学标准、教学规范、评估办法与专业标准、学术规范、评审制度、发展规划等。在实际工作中，规范性文件的数量非常庞大，是行政运行的重要依据，最典型的为前述有关教育部门规章的具体实施办法，就属于规范性文件的范畴。

其二，作为我国执政党的中国共产党党内法规也属于教育法律制度体系范畴。党内法规的适用范围虽然是在中国共产党党内，并非像国家法那样由国家强制力保证实施，也不具有一国范围内的普遍约束力，但是仍然起到规范社会行为、调整社会关系的作用，在一定范围内具有普遍的约束力和强制性，党内法规这一软法是一种强调执政党自我约束的"坚硬的软法"。从效力上看，党领导立法与法律优先原则辩证统一，党内法规不得与宪法和法律相抵触；在不违背法律原则的前提下，党规严于国法。④因此，党内法规与我国的国家法相互衔接和相互协同。事实上，我国存在着相当数量的与基础教育法治内容有关的中国共产党党内法规。我国是始终坚持中国共产党领导的社会主义国家，我国基础教育法治工作当然也要始终坚持中国共产党的全面领导不动摇，因此，我国将始终坚持党对教育工作的领导作为基本原则和指导思想写入了基础教育法律法规文本之中，

① 参见沈岿：《自治、国家强制与软法——软法的形式和边界再探》，载《法学家》2023年第4期，第35~40页。
② 罗豪才、宋功德著：《软法亦法——公共治理呼唤软法之治》，法律出版社2009年版，第287页。
③ 马长山著：《迈向数字社会的法律》，法律出版社2021年版，第214页。
④ 参见魏艳：《党内法规研究现状及前瞻》，载《重庆交通大学学报》（社会科学版）2019年第4期，第9页。转引自周望：《论党内法规与国家法律的关系》，载《理论探讨》2018年第1期，第22~31页。

充分发挥党领导的政治优势，并且始终加强党组织建设对我国基础教育法治工作的指导。

其三，我国基础教育领域存在众多自然科学素养类、人文综合素养类和艺术体育类的相关协会或学会，还有旨在提升教师素养和教学质量的大量学术性社会团体，这些社会组织也制定包括章程、行业规范、标准指南在内的自治性规范。除此之外，基础教育领域存在大量的网络数据库、电子书资源、网络教学平台、教育管理网络服务平台、教育资源服务平台等数字教育领域的商业经营者，如维普网、万方网、中国知网、未来学堂、青书学堂等，这些经营者在提供数字教育服务的过程中同样也制定自我管理规范。

在基础教育领域中，硬法的作用是通过立法和强制执行力确保人工智能教育的合法性和规范性，软法对人工智能教育也发挥着重要作用，只是有着不同的体现。其主要表现在以下几个方面：软法通常具有较高的灵活性和适应性，可以根据快速变化的人工智能技术和教育需求来进行调整，避免硬法带来的僵化问题。同时，软法具有指导性和前瞻性，可以为人工智能教育提供指导性框架，帮助学校等教育机构和教师在没有明确法律规定的情况下，制定符合伦理和社会需求的教学标准和规范。此外，软法的非强制性特点可以鼓励学校等教育机构尝试新的教学方法和内容，促进教育创新，提升人工智能教育质量。

其中尤为突出的是，基础教育领域的网络商业平台的自我管理规范不再是对教育"硬法"的单纯填补性功能，而已经产生实质性飞跃，形成了在教育法治过程中具有建构性的影响力。这是由于随着人工智能时代的到来，"硬法"不能也不应该在人工智能技术发展面前随机应变，只能将更多机会留给教育网络平台经营者自治，面对基础教育领域中的人工智能新技术、新业态、新模式和新产业的不断涌现，教育"硬法"无法及时回应并有效规制，而教育网络平台经营者的自律性"软法"可以率先厘定私人权益关系、规制教育关系，具有建构新制度和新秩序的功能。①

二、人工智能视阈下我国基础教育法立法现状的评析

通过对现有的所有关涉到人工智能的基础教育法律规范进行梳理，发现我国

---

① 马长山著：《迈向数字社会的法律》，法律出版社 2021 年版，第 215 页。

的基础教育立法较为滞后，对人工智能教育应用的法律回应不足。

（一）《教育法》相关条款过于单薄且操作性不足

通过第一章中对人工智能融入我国基础教育的制度概况分析，反映出我国已出台的与人工智能教育相关的所有文件均为党中央、国务院或教育部发布的有关教育改革发展的重大决定或政策。综观整个基础教育法律制度体系，只有我国《教育法》做出了概括性规定，其第六条规定："增强受教育者的社会责任感、创新精神和实践能力。"第六十六条规定："国家推进教育信息化，加快教育信息基础设施建设，利用信息技术促进优质教育资源普及共享，提高教育教学水平和教育管理水平。县级以上人民政府及其有关部门应当发展教育信息技术和其他现代化教学方式，有关行政部门应当优先安排，给予扶持。"但这两条规定较为宏观，只是国家的宣示性条款，对于县级以上政府的义务缺乏相应的程序保障，由于缺失法律责任的具体规定而造成难以追究相应法律责任的结果。此外，《教育法》没有对数据权、隐私权、个人信息权、著作权这些民事权利做出回应，无法与我国《民法典》等其他法律合理衔接，从而无法形成对民事权利有效保护的严密法律制度体系。

（二）教育单行法没有与《教育法》和其他相关法律有机衔接

我国教育单行法包括《义务教育法》《民办教育促进法》《教师法》等，其均没有对《教育法》第六十六条关于国家推动教育信息化的规定做出具体有效的制度设计，对信息化基础教育活动，特别是微观教育主体行为的统摄性不强，缺乏对具体教育实践的指导，教育法律的司法适用性不强，在遇到与人工智能有关的基础教育民事纠纷或行政纠纷过程中，调处现实纠纷的作用有限。此外，我国教育单行法也没有与相关法律如《民法典》《未成年人保护法》《数据安全法》《网络安全法》相衔接，对公平接受信息教育的权利、隐私权与个人信息权等具体权利类型的保护没有明确加以规定，没有制定出符合基础教育信息化发展实际情况的条款，导致地方教育系统没有足够重视，不能真正指导各个学校将人工智能信息化改革卓有成效地落地实施于基础教育领域，各个学校无法形成自己制度化的教改模式并长期运作。

（三）基础教育"软法"的作用有限

即便是考察基础教育的软法在我国当前人工智能教育实践的运行，其作用也存在一定的局限性。这种局限体现在：第一，软法的非强制性可能导致一些教育机构和个人对其重视不够，影响其在实践过程中的执行效果；第二，由于软法的制定和实施往往依赖于不同教育机构和地区的自主决策，可能会导致标准不一，影响教育质量的一致性和公平性；第三，软法缺乏强制性监督和评估机制，难以有效监控和评估其实施效果，可能导致实际执行中的走样和偏差；第四，软法的有效性在很大程度上依赖于教育者和机构的自律和意识水平，如果相关人员对软法的认知不足或不重视，软法的规范作用将大打折扣；第五，软法的实施往往需要额外的资源和支持，例如教师培训、课程开发和评估工具等，如果这些资源不足，将限制软法的实际效果。由此可见，基础教育领域的软法由于自身特点决定了它不能孤立作用于我国基础教育现代化法治建设中。

具体到我国基础教育网络平台制定的自治性规范这类特殊的软法，在规范人工智能教育的过程中也存在其特有的局限性。第一，任何基础教育网络平台软法的制定和运行天然带有一定的价值偏好，这种偏好有可能与公共利益相违背，也有可能与基础教育服务消费者的利益相悖，或者与商业伦理相悖。第二，基础教育网络平台既拥有制定平台规则的准立法权、管理平台的准行政权，更拥有解决平台纠纷的准司法权，因此，它既是裁判员，又是运动员，在这种背景下，其制定的"软法"有可能与国家的"硬法"发生冲突，尤其与《消费者权益保护法》《反不正当竞争法》发生冲突。第三，商业经营者在教育网络平台自治性规范的制定中占据绝对优势地位，教育服务的消费者虽然也是该"软法"的参与者，但是大多数时候只能同意这个经营者事先预设的"格式条款"，教育服务的用户或消费者才能登录或使用该网络平台。因此，用户或消费者仅仅是"软法"的遵守者，并没有话语权、解释权和裁量权，于是造成这种"软法"只是商业经营者的话语表达和其单方权益实现的维护秩序的工具。第四，基础教育网络平台自治性规范的公信力存在缺陷。其内容还不够成熟，比如对违约问题和损失的认定并非十分准确，也缺乏足够的稳定性，可能受市场支配力量的影响，有可能损害基础教育服务消费者的权益。①

综上所述，我国基础教育立法中有关人工智能的内容较为滞后与稀缺，体现在：第一，基础教育人才的培养目标没有适应时代形势向前发展，没有补充对人工智能伦理素养的要求和突出创新能力，相应的立法原则如以人为本的原则没有确立。第二，其对教育法律关系中类人机器的主体地位，教师、学生等法律关系主体应享有的新的权利内容（如接受信息教育权、不受自动决策权）没有明确涉及。第三，其对如何规范在线教育、教师发表网络文章能否作为职称晋升的依据、区块链技术如何运用于学业证书的发放、如何规避人工智能技术造成的伦理风险等问题没有做出法律层面的回应。第四，推进基础教育智能化改革的主体权责不明确。基础教育智能化改革区域推进涉及不同层级、不同类型的部门机构，这些机构或互不隶属、或承担不同职责，因而其责任边界模糊，容易造成权力和责任划分不清，导致区域基础教育智能化改革推进主体的执行力弱化。第五，基础教育立法中有关人工智能协同教育治理机制的规定并不完善。由于区域缺乏统筹协作的管理机制，不同部门之间缺乏有效的沟通和协作，各部门的工作相对分散独立，部门之间、学校之间呈现出"各自为政"的局面，导致区域内的基础教育智能化改革只能零星开展，无法产生辐射效应。②第六，如何进一步完善我国现有的基础教育"软法"的内容，如何克服基础教育"软法"的固有缺陷，如何实现我国基础教育"软法"与"硬法"协同治理，是塑造共建共享教育治理法治化格局和规则秩序的重要命题，有待我们加快这一领域的研究步伐。

第四节　我国基础教育立法在教育智能化改革中的作用和新需求

教育发展需要依赖法治的支持，而教育法的完备性被广泛认为是促进我国教育革新与进步的强大动力。教育法作为一个法律部门，其是由国家制定或认可，

---

① 马长山著：《迈向数字社会的法律》，法律出版社2021年版，第218~222页。
② 参见丁世强、马池珠、魏拥军、杜晓敏、王志乐：《中小学人工智能教育区域推进的困境与突破》，载《现代教育技术》2022年第11期，第77页。

并以国家强制力保证实施的有关教育活动的不同法律效力层级的法律规范的总称。随着我国社会主义法治体系的持续优化，教育法的制定也得到了强化，公众对教育法与教育发展之间联系的认知愈发深入。当前，我国教育基本法律制度得以确立，在义务教育制度、职业教育制度、民办教育制度、继续教育制度、国家教育考试制度、学位制度、教师制度、督导制度和评估制度等具体教育类型或领域已经有不同效力层级的立法规范。

一、我国基础教育立法在教育智能化改革中的作用

我国基础教育立法对基础教育中的人工智能应用创新和改革发挥了重要作用，这种作用体现在导向作用、调整作用和保障作用三个层面。

（一）我国基础教育法对基础教育智能化改革的导向作用

2019 年，习近平总书记在向国际人工智能与教育大会的贺信中指出，中国高度重视人工智能对教育的深刻影响，积极推动人工智能和教育深度融合，促进教育变革创新，充分发挥人工智能优势，加快发展伴随每个人一生的教育、平等面向每个人的教育、适合每个人的教育、更加开放灵活的教育。因此，在智能时代的背景下，深入探讨我国基础教育的创新与改革，成为我们研究未来基础教育的基本出发点。[①] 习近平总书记的指导强调了教育在当前时代的重任以及时代对教育的塑造作用。一方面，教育需致力于培育适应时代需求的人才；另一方面，时代的科技进步为教育的创新与改革提供了广阔舞台。在知识不断更新和广泛传播的智能化时代，教育范式的转型关键是实现从被动接受式的教学到主动探索式的学习的转变。形成以学习为动力的教育体系，构建以学习者为中心的新教育生态，构成了智能化时代教育变革的核心趋势。为了营造一个以学习者为核心，充满活力与关怀的基础教育新环境，我们必须充分利用互联网和人工智能的技术优势，革新教学和学习的方法，迅速推动形成一个支持随时随地学习和终身学习的教育框架。

[①]　参见关成华、陈超凡、安欣：《智能时代的教育创新趋势与未来教育启示》，载《中国电化教育》2021 年第 7 期，第 9 页。

2023 年 5 月 29 日下午，习近平总书记在中共中央政治局就建设教育强国进行第五次集体学习时发表的重要讲话是迄今为止关于建设教育强国最全面、最系统、最深刻的论述，也是习近平总书记关于教育的重要论述的最新发展。习近平总书记的重要讲话指明了加快建设教育强国的前进方向，对全面推进中华民族伟大复兴具有重要的理论意义和现实意义。基础教育是强国之基，它包括学前教育、义务教育、普通高中教育和普通职业教育，是提高全体国民素质、促进人的全面发展的关键阶段。[①] 基础教育搞得越扎实，教育强国步伐就越稳、后劲就越足。基础教育的高质量发展，需要完善立德树人长效机制，统筹推进义务教育城乡一体化发展，加快推进义务教育优质均衡发展，促进学前教育公益普惠发展，促进普通高中教育多样化发展，促进特殊教育适宜融合发展，加大专门教育扶持力度。在这次讲话中，习近平总书记指出："培养什么人、怎样培养人、为谁培养人是教育的根本问题，也是建设教育强国的核心课题。我们建设教育强国的目的，就是培养一代又一代德智体美劳全面发展的社会主义建设者和接班人，培养一代又一代在社会主义现代化建设中可堪大用、能担重任的栋梁之才，确保党的事业和社会主义现代化强国建设后继有人。"[②]

教育方针的定位，作为教育领域的首要议题，对教育事业的进步与成就起着决定性的作用。因此，我国基础教育法的首要职能在于引导我国在人工智能时代的基础教育前进道路。[③] 当前我国基础教育立法除了坚持教育的社会主义方向以外，还应该以受教育者的全面发展为基本方向，将不可被人工智能替代的创新素养、合作能力和正确的世界观、价值观作为基础教育培养的核心目标。同时，我国基础教育立法要改变割裂思维，尤其要警惕将人工智能与人类智能割裂开来的做法，即要在两者关联的意义上思考人工智能与教育的关系，发挥人类智能与人工智能各自的优势，让人工智能在正确的轨道上更充分地为我国基础教育服务。

---

① 参见周洪宇、李宇阳：《论建设高质量教育体系》，载《现代教育管理》2022 年第 1 期，第 6 页。

② 参见周洪宇：《加快建设教育强国，以中国式现代化全面推进中华民族伟大复兴》，载《中国青年报》2023 年 6 月 6 日，第 10 版。

③ 参见陈淑杰：《教育法与教育改革和发展问题研究》，载《今日科苑》2008 年第 10 期，第 26 页。

只有我国基础教育法明确了智能化教育改革发展的方向，才能在全国范围内有法律层面的强制适用效力，这种定位驱使教育管理部门和教育机构遵循立法的初衷和目的来改革和发展我国的基础教育，按照基础教育法所规定的行为规则进行教育活动，以此保证培养出能适应技术和产业快速迭代及经济社会急剧变化的德智体美劳全面发展的社会主义现代化建设人才。

(二)我国基础教育法对基础教育智能化改革中各种社会关系的调整作用

基础教育法扮演着在基础教育范畴内调整社会联系的角色，它有能力将教育互动和教育举止进行规范性融合与个别调整，实现教育领域以及其关联领域各种联系的适宜调整，并对各类行为实施规范化引导。该机制能够使教学活动被纳入一个受到国家确保的、定义清晰的范畴之中，从而引导教育革新有序地发展。教育法在教育革新过程中的调节功能主要分为静态与动态两类：静态调节功能是指教育法能够把那些有益于教育革新的社会关系和行为固定下来，给予合法地位，确保教育革新按照既定路径推进；而动态调节功能则涉及对教育革新带来的社会关系变化进行实时调整，这种调整是根据教育革新对社会关系的改变来进行的。

教育法律关系是对教育主体各种教育活动形成的社会关系的法学描述，指教育法律规范在调整教育主体的教育活动中所形成的教育权利和教育义务、教育权力和教育责任的关系。任何形式的教育法律关系，都建立在相应的现行教育法的基础之上。教育法的实现依赖于特定教育法律关系的确立。我国的基础教育法律关系是以我国的《教育法》为核心基础、以《教师法》《义务教育法》《民办教育促进法》为支柱，辅之以配套的行政法规、部门规章和规范性文件，同时还包括其他部门法中的教育法律规范，如《民法典》中关于教育侵权的规定、《体育法》中关于学校体育的规定。

我国基础教育法所调整的教育法律关系主要可分为以下四类：第一类教育法律关系是教育民事法律关系。它是由民事法律规范调整的平等主体之间的教育社会关系，包括人身关系、合同关系和知识产权关系。其特征是双方处于平等的地位，源于当事者的自愿意愿，在一定程度上表现出对等和补偿的原则，例如学校与教师之间签订的聘用协议、不同学校之间的合作教育等。第二类教育法律关系是教育行政法律关系。它是指教育行政机关在对基础教育实施行政管理的过程中与教育行政管理相对人之间形成的具有教育法权利义务内容的行政关系。它反映的是国家与教育之间的纵向关系，即国家如何领导、组织和管理教育活动，其本质是双方当事人之间存在行政上的隶属关系，其内容由行政机关单方面决定，行政管理相对人应予服从。① 基础教育法中的教育行政法律关系主要包括四个方面：基于行政处罚的法律关系、基于行政给付的法律关系、基于行政许可的法律关系和基于教育行政指导监督的法律关系。第三类教育法律关系是教育刑事法律关系。它是指对涉及刑事犯罪的学生和教师等教育主体，国家依照刑法和教育法规范进行罪名定性并对相应的刑事处罚种类和幅度予以裁决。例如，猥亵儿童罪、负有照护职责人员性侵罪、重大安全事故罪、贪污罪等。② 第四类教育法律关系是教育者与受教育者之间的特殊法律关系。在教学过程中，教师与学生之间的关系既不是基于平等权利和义务的民事关系，也不是指上下级之间的官方联系，而是一种独特的相互教授与学习的关系，教师传授知识，同时也在教学过程中得到成长。基于教育领域中存在的公共服务性质，以及教育工作者职业的近似公务员特征，有观点提出，此类法律关系应被视为准行政法律关系。

随着人工智能与我国基础教育日益深度融合，我国基础教育关系的各个层面和要素正在发生根本性的变化，比如对基础教育的主体是否包括智能机器人；基础教育中教育行政主管部门在推动基础教育信息化过程中从单一教育管理到教育服务者角色的转变中到底有哪些具体的义务，包括财政制度上要给予学校和社会教育机构哪些实质的财政支持；学校与学校之间、学校与科技公司之间、学校与社会教育机构之间就人工智能教育方面的横向合作以何种形式开展并且具体制度框架如何设计；教师与学生在智能化基础教育中相互的法定权利义务上有什么具体改变，这都是需要我国的基础教育法作出明确的规定，从而才能做到有法可依，才能使我国的基础教育智能化改革走上真正法治的轨道而不偏离正确方向。

此外，在当前基础教育智能化改革背景下，教育目标与性质发生了变化，更

---

① 参见马焕灵：《党的十八大以来中国教育法治新样态：理念、制度与行动》，载《现代教育管理》2022年第10期，第25页。

② 参见任海涛等：《教育法学导论》，法律出版社2022年版，第40~41页。

强调科技创新人才培养，从应试教育转向综合素质教育；政府从全部提供公益性公共产品向教育服务转变，各种准公共产品或私人产品属性的智能教育设备的大量出现和智能技术在基础教育领域中的广泛应用，促进了在原有教育体制之外数字化教育服务市场的形成，从而带来数字化教育服务市场如何规范管理的法律问题。此外，教育附加成果和权利范围发生了变化，学校或师生在利用人工智能技术时往往产生新的教学或管理数据，而新数据通过大数据的整合加工会带来新的利益价值，而这种利益往往体现为新的知识产权，那么这种权利的归属如何判定，具体利益需要在哪些主体之间进行分享都是全新的课题。

以上趋势反映出，现有教育行政管理模式与手段过于单一和机械，已不能适应基础教育智能化改革实践发展的需要，加快基础教育法治建设，实现教育主体的依法自治与规范发展，教育治理由单一的行政管理向多中心的公共治理和协同治理转变，将成为今后基础教育智能化改革的必然趋势和主要路径，因此，我国基础教育法需对其所调整的各类教育社会关系进行针对性地逐一回应，才能适应基础教育智能化改革的趋势并及时跟上其步伐。

(三) 我国基础教育法对基础教育智能化改革和发展的保障作用

早在 1993 年，中共中央、国务院印发的《中国教育改革和发展纲要》就明确指出："教育体制改革要有利于坚持教育的社会主义方向，培养德智体美劳全面发展的建设者和接班人；有利于调动各级政府、全社会和广大师生员工的积极性，提高教育质量、科研水平和办学效益，有利于促进教育更好地为社会主义现代化建设服务。"随后，中共中央、国务院分别于 2010 年和 2019 年印发的《国家中长期教育改革和发展规划纲要 (2010—2020 年)》和《中国教育现代化 2035》都再次强调了这一指导思想。为了贯彻该指导思想，需要众多要素协同作用。例如，整个社会必须高度关注并重视教育，确保其正确导向，探寻并遵循教育工作的内在规律，教育结构的优化及其发展速度应与社会经济的成长同步，而对教育行业的管理则需基于科学原则，实现高效率。然而这些原则、规律、管理方法均不具备法律约束力，唯有借助坚实的法律措施作为支撑，才能确保其得以执行。因此，只有基础教育立法才能规范基础教育智能化的实施并促进智能教育资源的公平分配，确保智能化改革与发展的正确方向和轨道，确保各地学生能够平等享受到智能教育带来的便利。基础教育法对基础教育事业的本质、重要性、资金投入、教师队伍等方面做了明确而稳定的界定，描绘了我国智能化基础教育改革和发展的路径。它的价值体现在确保教育行业内各社会关系参与者均在法律框架的严格秩序中运作，确保教育改革过程中形成的法律关系具备确定性，并在面对争议和纠纷时，能够明确辨别是非曲直。不仅如此，基础教育法的权威性和强制性能够消除那些违背教育规律的任意行为，并对违法活动进行惩处。此外，得益于基础教育法的稳定特性和其广泛的规范效力，它使人工智能时代下的我国基础教育的创新动向与教育的根本目标和方向保持和谐统一。

当前，随着新兴技术的飞速发展和迭代更新，涌现出许多投资教育领域的科技公司，为基础教育智能化改革发展提供了平台支持和技术支撑，但是这些公司在教育市场中的主体地位如何，其提供的信息化教育产品或服务能否得到与公共产品或服务同等的支持和保护，现行的基础教育立法应当规定却还没有予以明确规定。当涉及其与教育行政部门的行政纠纷时，能否得到我国基础教育法的公平救济，能否依法追究教育行政部门的行政法律责任，也尚有待澄清。此外，当学生在利用人工智能技术和设备时提供的个人信息甚至隐私被不当泄露，教育立法和相关其他立法能否提供切实可行的救济渠道，如何让维权真正落地，这些都是我国基础教育立法不容回避的问题，只有在教育法律制度体系中形成具有操作性的逻辑严密的责任追究机制，才能把基础教育系统中相关主体的权利维护落到实处。

总之，通过以上不同的作用，我国基础教育立法在推动教育智能化改革的过程中，能够为实现更高质量、更公平的教育体系提供有力支持，这对国家未来的人才培养和社会发展具有深远的影响。

二、我国基础教育立法在教育智能化改革中的新需求

尽管我国基础教育立法对教育智能化改革在应然上有着重要的规范调整和支撑作用，但随着人工智能技术在基础教育的嵌入越来越深入，不仅达到了两者融合，甚至达到了创新的程度。如果说融合只是量变的过程，而创新则是一种质变，体现着我国目前的基础教育模式和教育生态完全发生了转变。因而，在这一过程中立法者也要跟上人工智能时代发展的脚步，与时俱进，切实关注到基础教

育智能化改革中的新兴立法需求，才能对现有的较为滞后的基础教育立法进行有现实针对性的完善，最终形成健全的基础教育法制体系。

（一）我国基础教育立法必须适应学习的个性化、泛在化和全员化需求

在人工智能时代，学习呈现出个性化、泛在化和全员化的特点。首先，学习的个性化。智能适应性学习系统通过搜集并剖析学习者的教育信息，打造定制化的学习计划。诸如"可汗教育""沪江网"这类教育网络学习平台，能够依据学习者的具体情况进行个性化教学流程的定制，以弥补他们在知识领域的空白。其次，学习的泛在化。在过去，时间和空间是塑造教育格局的根本坐标。然而，随着网络时代的降临，学习的疆域已大大拓展，不再受限于课程的时间安排，也不再受困于校园的界限或国界的束缚。学习者依托智能设备，得以在全球任意地点无间断地接收教育内容。最后，学习的全员化。在在线教育空间中，倘若学习者不热衷于获取学术凭证，那么入学测验及课程考核均可省去，此举既促进了一生的学习，又有助于消除传统教育与职业技能培训之间的壁垒。只要学习者产生兴趣、理解讲授内容，就有机会接触到全球最前沿的学术动态。

综上所述，个性化、泛在化、全面化的学习趋势，促使教育立法对网络学习环境中的成就予以承认，并将教育范围的界定从传统的学校教育拓宽至家庭教育、社区教育以及终身教育，确保在家学习者与残疾学习者能得到教育机遇、资源及学业的官方认可。因此，我国的基础教育立法不能仅针对学校教育，而且还应该包括家庭教育、社会教育和终生教育，基础教育的学生也不应仅仅限于未满十八周岁的未成年人，对于文盲或半文盲人士，仍然可以通过社会学习和终身学习来获得基础教育的学业认证。

（二）基础教育立法需应对教师教学、作业评分以及考卷审核向智能化转型的现实需求

人工智能可以助力教师精确评估学生的学业成就、预测并合理配置教学素材、对学生实施个性化指导，还能促进教师之间的协作，优秀的教师可以借助远程与条件较弱的学校教师进行"双师"模式教学，从而提升教学效果。此外，人

工智能使教师摆脱了单调重复的体力工作，让他们能更多投入知识创新、与学生的互动等智慧和情感的活动中，实现从传统的教书向育人的转变，有效减轻工作疲惫感。值得注意的是，教育基础法律制定不仅应当促进课堂教学与评分自动化所需条件的形成，推进智能教学设施的建设，还要确保学生能享受情感教育的权利，同时避免受到自动决策的侵害。

（三）基础教育立法还需契合教育治理的智能化趋势

智能化的教育管理涵盖了学校内部治理的智能化以及政府对教育行业的智慧监管。通过智能技术的应用，教育机构能够对学生的住宿安排进行个性化处理，对学生缺席情况进行智能通知，对教育资助进行精确分配，对学生的心理健康进行评估以及对校园安全进行风险预控，从而推动校园管理的数字化进程。利用智能技术，官方得以优化学校分布规划，教育资源的合理分配得到升级，教师选拔机制得到创新，教育品质的监督评价和效能管理得到实施，并且推进了家庭与学校之间信息化合作途径及其内容的革新。然而，在推进教育治理的智能化演变过程中，不可避免地要累积大量的数据，对于基础教育的立法工作而言，确保这些数据的安全至关重要。①

总之，人工智能技术的应用为基础教育事业的发展提供了新的场景，教育场景从单一场景向多场景甚至全场景转变。面对千载难逢的历史性时机，应把握住人工智能时代带来的机遇，向全世界展现智能时代教育立法的中国方案。② 我国基础教育立法要引入人工智能的相关内容，并坚守人的主体地位，确认、保障新的教育权利，确保教育公平和自由，从而真正构建我国优质均衡的高质量基础教育体系。

---

① 参见管华：《智能时代的教育立法前瞻》，载《陕西师范大学学报》（哲学社会科学版）2022 年第 4 期，第 105~106 页。

② 参见管华：《智能时代的教育立法前瞻》，载《陕西师范大学学报》（哲学社会科学版）2022 年第 4 期，第 105 页。

第二章　人工智能时代我国基础教育立法目标和原则面临的考验

我国基础教育立法要符合基础教育科学中的个体认知和发展规律、教与学规律以及教育生态系统的演化规律。面对基础教育涵盖的学习、教学、教育评价、教育供给和教育治理这五大领域，人工智能提供了不同的技术融入方法。在人工智能时代背景下，我国基础教育已经迈向了智慧教育的阶段，基础教育智能化改革的实质是各主体、要素相互作用并产生适应性变化的过程。在这个过程中，各主体充分承担各自的职责、发挥各自的优势，形成基础教育智能化改革的合力。在人工智能融入我国基础教育的过程中，其给我国基础教育立法创造机遇，也给基础教育立法带来了新的考验。

第一节　我国基础教育立法目标面临的考验

人工智能时代一些简单的重复性的体力劳动和脑力劳动将被机器人取代，一些职业将会消失，部分行业和专业的边界将会模糊，很可能需要多方面的知识和能力来解决一个综合性问题。世界银行的《世界发展报告》显示，中国目前有55%~77%的就业岗位因为技术水平较低而被自动化技术或人工智能取代，而经合组织国家的就业岗位被自动化技术或人工智能取代的比率则在57%左右。今天的许多职业在未来不复存在，那么带来的一个突出问题是学生在基础教育中所学的为未来职业做准备的东西是否需要更新？到底什么东西才具有永恒的价值？基础教育到底应该为学生提供什么？这些问题都需要深入研究并给予明确回答。

人工智能是通过模仿生物智能的机制，在机械实体上重现人类的感知、记忆、思维、行为及语言技能的科技。人工智能技术的迅猛进步和普及，为公民素养带来了新的挑战，编程技巧、计算思维以及对智能化社会的深刻理解，已经成为学生在人工智能时代所需信息素养的关键要素。此外，人工智能的发展自带着两面性的影响：一方面，它为人类生活提供了极大的便利，凸显了理性思维与理性生活方式的重要性；另一方面，这一过程中往往忽略了意志、欲望、情感等非理性元素在人类认知与生活实践中占据的不可或缺的地位。因此，在某种意义上，人工智能迫切要求我们加强培育未来人才的情感意志等非理性品质。①

从国外对教育的目标定位来看，美国《国家人工智能研究和发展战略》提出为人工智能时代培养劳动力，不仅要为未来打造劳动力大军，也要为在职工人提供进修机会，以便让他们适应人工智能的新纪元。② 不仅如此，欧盟、日本等国家也都将基础教育的目标界定为"为人工智能时代培育劳动力"。它们不仅注重提升学生的认知技能，还重视非认知技能的培养。③

我国《教育法》和《义务教育法》都明确规定了基础教育立法的目标是为培养"德智体美劳全面发展的人"提供法律支撑，但这一提法较为笼统，而且仅仅着眼于受教育者个人发展目标这一微观层面。我们应该更进一步将教育的目标层次化和明细化，从宏观、中观和微观三个层面来确立我国基础教育立法的根本目标。

从宏观层面来看，我国基础教育立法的目标，应该是为实现我国整个基础教育的智能化、数字化和学习化而提供法律支撑。基础教育作为一种奠基性的教育，在人工智能时代下其整体的发展目标定位是朝着智能化、数字化和学习化转型。首先，基础教育应当借助人工智能和设施，搜集与学生学习行为或成长相关的数据，以便更准确地掌握学生的学习特性和进度，进而依据所获数据实时优化教学内容和策略。其次，基础教育应深度挖掘人工智能中的计算思维与数据思维，助力数字教育资源的发展。最后，基础教育的拓展需要提升学习的机遇。随

---

① 参见梁艳茹：《人工智能时代基础教育目标的定位》，载《当代教育科学》2019 年第 1 期，第 15~16 页。

② 参见黄秦辉：《人工智能时代教育的挑战及应对》，载《中国教师报》2019 年 6 月 19 日，第 3 版。

③ 参见高丽：《人工智能时代我国基础教育的现实挑战及路径选择》，载《当代教育科学》2020 年第 6 期，第 88 页。

着人工智能的进步，学习的便利性被极大提升，借助物联网及智能学习设备，学习活动得以不受时空限制地进行。在人工智能时代，作为教育机构的学校经历的最深远的转型在于，其核心使命从单纯为学生的未来职场生涯做准备，转变为致力于促进学生的终身教育和个人持续成长。

因此，在法律制度层面，我们要从基础教育智能化改革的整体目标和布局做好法律制度层面的支持，必须以人为本，从人的层面探寻人工智能技术与基础教育和谐共生的逻辑，正确认识人工智能技术在教育领域的可为和不为，判断技术的应然和实然关系，技术现代化不等于基础教育现代化，现代化的基础教育不意味着在所有教育场景中都要使用最先进的技术，而是要合理使用技术。我们要将人工智能技术融入基础教育场景中，并将其纳入基础教育立法的调整范围，从而确定人与人之间、人与智能机器之间、智能机器与智能机器之间的社会关系规范或行为规范。

从中观层面来看，我国基础教育立法要为基础教育阶段学生群体的发展而服务。首先，在人工智能影响下的未来基础教育体系中，学生群体将表现出高度的智慧属性，这成为基础教育阶段学生共有的一个显著特点。智能化的教学理念应将提升学生的认知与智力成长视为根本的价值观，旨在塑造掌握计算思维、工程思维、人工智能思维等核心思维能力的未来人才，构筑涵盖人工智能基础理论、方法技术与实际应用的全面教育体系。其次，在基础教育阶段，学生应当展现出丰富的多样性与个性差异，他们不应该趋于同质化，而是应该具备各自的独特性。在这个集体中，每个个体都应当有其独特的存在，而非雷同的复制品。在基础教育的阶段，学生们理应展现出一种寻求新颖和与众不同的心理特质和品质，他们极其关注自我，并通过多样的行为、言语和思考方式来突出自己的独特性。[1] 人工智能的进步使得基础教育更加定制化和多元化，但这并没有减少技术的本质控制欲，反而在某种程度上加剧了这一现象。如果我们不对技术加以约束，那么最终可能会陷入技术的操控之中。技术是服务于教育的，技术应根植于真实的教育问题解决，而非忽视教育的根本与人文主义关怀，否则将会导致教育

[1] 参见蒲戈：《教育的银弹：人工智能环境下未来教育的有效手段》，载《华东师范大学学报》(教育科学版)2017年第4期，第56页。

只是追随技术进步的被动适应。因此,技术的操控需让位于"人"这个教育的真正主体。

　　然而,人类对技术的驾驭并非摒弃技术本身,也不仅是运用技术来管控其他技术;它旨在实现在价值观的引领下,使技术趋向人性化、民主化及生态化的发展,进而实现人与技术的相互促进。人工智能在基础教育领域的应用有可能导致教育的本质扭曲,这种扭曲即教育异化。教育异化意味着当教育过程受算法控制时,它可能不再能触及学生的内心,也无法有效地塑造他们的价值观。启迪心智的进程,是已被知识熏陶的灵魂触动那些仍在探求知识之路上跋涉的灵魂,共同构筑心智的桥梁与共享价值观的实践。虽然人工智能在存储、搜索和执行方面表现出色,能够担当知识的传授者,然而它缺乏自我意识,对教育过程缺乏深刻理解,也无法体验到教育带来的感动,更不可能认识到自己在教育活动中的价值和成就感。教育过程中能够被数据化的仅是表层现象,而学生发展中的复杂性、非直线性、情感因素以及对于既定知识框架的创新和超越,是机器难以实现的。①与此同时,为了争夺学生在海量学习资源中的注意力,在线教育不得不将知识传授"轻量化、热点化、娱乐化",这背离了立德树人、培养个性的教育目的。因而,在我国的基础教育立法中一定要突出强调教育的价值培育功能,要从制度上保障教师与学生在基础教育领域中的主体地位,要在真实环境中、在社会实践场域下培养学生的好奇心、同情心、求知欲、想象力、创造力等天性品质。除此之外,要建立基于自上而下的社会关系模型,从技术专家、管理者、决策者、教育者到学习者等多层面共同实现人机协同发展,避免技术霸权。②

　　从微观层面来看,我国基础教育立法应该为我国基础教育阶段学生的个体发展实现以信息化素养为重点的复合型素质而提供制度架构。在人工智能时代,在坚持德智体美劳全面发展的基础上,基础教育微观目标应进一步突出一些新的内涵。比如有观点认为,"情感能力、信息能力、创新能力将成为人类最核心的能力"。③ 也有观点主张,"人工智能时代应该重点培养好学生的终身学习素养、计

　　① 参见唐汉卫、张姜坤:大数据教育应用的限度,载《华东师范大学学报》(教育科学版)2020年第10期。

　　② 参见申灵灵、何丽萍:《人工智能时代技术与教育共生的困局与出路》,载《高教探索》2021年第9期,第83页。

　　③ 参见王竹立:《技术是如何改变教育的?——兼论人工智能对教育的影响》,载《电化教育研究》2018年第4期,第61页。

算思维素养、设计思维素养和交互思维素养"。① 人工智能技术将会得到飞速发展和广泛应用,对未来工作者的素质提出了新的要求,学生的信息化素养诸如编程能力、数理逻辑能力、计算思维能力及对智能化社会的深度认知等,将是学生发展的重要内容与评价考量指标。

学生的信息化素养首先应该包括人工智能素养,联合国教科文组织在 2021 年国际人工智能与教育会议上明确界定了中小学人工智能素养应该包括以下几个方面:(1)关于人工智能的价值导向与基础认知,包含对人工智能在日常生活、教育过程及生产环节中可能产生的影响有初步认识,深入探讨人工智能的功能界限,分析其对人类有益的具体场景及应被质疑的情形,并研究如何运用人工智能促进公共福利;(2)数据处理能力,即了解人工智能在数据搜集、筛选、管理及分析上的技巧;(3)算法理解,包含对算法如何挖掘数据模式、构建数据关联并助力人机合作有一个基本掌握。② 除了涵盖人工智能素养以外,学生的信息化素养还应包括学生的创造能力、创新意识、团队协作能力、自控能力、选择能力、学习能力和基于技术应用的技术伦理素养。当代教育模式不再单纯强调学生对知识的机械记忆与储存,这种传统的做法主要是为了掌握生存所需的技能。相反,教育的新趋势在于培养学生在面对海量和多元的信息时,能够进行深入的批判性思考和选择。此外,重视学生通过团队合作来整合资源的能力,以及在与自动化技术竞争中保持并增强人类的爱心、同情与其他情感,成为学生能力发展的关键目标。③ 因此,在我国的基础教育立法中对教学模式、教学方法、教学设计要做重要改革和调整,将启发式教育和互动式教育贯穿在教学活动的整个过程中,并且要进一步强化学生的道德、情感和价值观教育,以避免人工智能技术深入融入基础教育后造成的伦理风险以及学生价值观与社会群体意识的扭曲。

---

① 参见汪瑞琳:《人工智能时代需要培养学生怎样能力》,载《中国教育报》2018 年 5 月 18 日,第 1 版。

② 参见苗逢春:《从"国际人工智能与教育会议"审视面向数字人文主义的人工智能与教育》,载《现代教育技术》2022 年第 2 期,第 13 页。

③ 参见梁艳茹:《人工智能时代基础教育目标的定位》,载《当代教育科学》2019 年第 1 期,第 17 页。

第二节　我国基础教育立法原则面临的考验

基础教育立法的原则是指贯穿于基础教育法律规范条文中的立法精神和核心价值，它能普遍适用于基础教育立法、执法和司法全过程中，并普遍适用于基础教育领域的所有场景。传统的基础教育只是在强调人的因素，关注的只是人类智能的影响，但是在人工智能时代，基础教育立法不仅要关注人类智能与人工智能之间的相互关系，还要关注人工智能与基础教育的相互作用，应该重视和强调智能技术的应用在学习者认知发展规律、教与学规律、教育系统演化规律等方面的实践价值。人不可能排斥人工智能，而是要理解它、善于运用它。在把握基础教育规律的基础上厘清人与人工智能技术的关系，让技术更好地服务育人，创造人机协作更聪明、人机对话更友好的局面，要调动和凝聚各界力量，进一步推动人工智能与教育深度融合、创新发展，才能更好赋能教育现代化，培养顺应智能时代发展要求的创新人才。

目前我国基础教育立法的基本原则包括：教育的政治性原则；公平性原则（即公民依法享有实质平等的受教育机会、条件和结果）；教育的统一性与多样性相结合的原则；教育与终身学习相适应的原则。但是在智慧教育时代，基础教育的公平性原则正遭受重大挑战。曾有望借助人工智能技术，基础教育的数字化转型将不再依赖繁重的人力和物力资源，为边远地区构筑实体的校园或培育固定的教师队伍。取而代之的是，教育资源以数据形态可以随时被输送至任何渴求知识的角落。信息数据的即时传递特性，在时间和空间上消除了延迟和障碍，使得来自不同地域、不同教育机构的学子们能够同步享受到优质的教育资源，各个区域与不同教育机构中的学子们得以经历一致的教育评审与测验，这不仅提高了教育资源的分配效率，亦助力了教育公平性的进步。① 但是技术乐观派所宣扬的技术可以促进教育公平、提供优质教育资源的优势到目前为止并未凸显，技术甚至在一定程度上拉大了教育差距，地区之间呈现出明显巨大的数字鸿沟，优质教育

---

① 参见高丽：《人工智能时代我国基础教育的现实挑战及路径选择》，载《当代教育科学》2020 年第 6 期，第 89 页。

资源依然只属于少数群体。① 由于地区经济发展的不平衡以及低收入人群的存在，不同地区、不同学校的学生之间存在接触数字教育资源、产品以及平台机会的不同，而这恰恰导致了数字第一次鸿沟的出现。人工智能素养在不同地区、不同学校的学生之间也呈现出较大差异性，这不仅导致处于同一学习阶段的不同学生对于人工智能的价值导向和基础知识的理解和掌握程度不一，而且对于如何在具体教育场景中利用人工智能技术搜集、清洗、管理和分析海量数据的数据能力参差不齐，甚至包括理解算法如何发掘数据模式、构建数据关联并用以支持人机协作的这种算法能力也不尽相同，这就导致了数字的第二次鸿沟。如果说数字的第一次鸿沟是数据接触机会上的鸿沟，那么第二次鸿沟则是数据、算法设计和应用这种实践能力差异上的鸿沟。

除此之外，尽管人工智能在图像、语音和手势技术等方面可以为视听障碍者、语言学习障碍者以及有自己文字的少数民族群体（如藏族、维吾尔族、蒙古族）提供包容、平等的学习机会，但这些领域的商业获利微薄，相关技术研发和应用推广并未得到重视。尽管联合国教科文组织为了促进人工智能与教育的深度融合和相互增强制定了弱势群体的优先发展战略，我国也予以积极响应，然而，国家层面的相关专题立法和监管执法尚处于空白期或萌芽期。因此，我国借助人工智能促进针对残障群体与非主流语言群体的教育包容在我国的政策和法律实践中仍然处于较为边缘化的状态，进展并不显著，未来还有较远的道路要走。

前述现实迫切要求在我国的基础教育立法中赋予基础教育公平性原则新的丰富内涵，教育人工智能需平等地使所有与教育相关的主体获益，尤其是削弱乃至消除对教师和学生这两大主要教育主体的边缘化和歧视化。具体表现在：第一，在人工智能系统的开发、使用和管理过程中要确保公平。这不仅反映出智能教育产品的开发人员和实施者不能主观地确定技术在教育中的价值，而是应将人的成长需求作为技术构建与进步的内在要素。他们应当紧贴教育的本质和根本目标，并尊重个体发展需求，始终维护对人性中真诚、善良与美好的坚定信念。第二，

---

① 参见申灵灵、何丽萍：《人工智能时代技术与教育共生的困局与出路》，载《高教探索》2021年第9期，第45页。

智能基础教育需要确保不让特定个人或少数群体(包括残障人士、少数民族人士、文盲和年老的人等)遭受偏见、侮辱和歧视,避免将弱势人口置于更为不利的地位。在发生危害时,可以为用户提供有效补救。政府还可以提供机制,保障特殊群体的需求。第三,我国基础教育立法要从法律制度上明确规定。中央到各级政府一定要加大财政制度上的有关基础教育智能化改革的转移支付力度,地方各个相关部门要明确职责,相互协调,在科学研判的基础上,对基础教育智能化改革较为滞后的地区进行有针对性的资金、智能教学设备设施和技术方面的支持,并常态化地进行线上线下相关教学改革的讲座和培训,消除教师技能差异导致的"技能鸿沟"。通过人工智能赋能教师,依托双师模式,让偏远地区也能开设高质量课程。除此之外,引导基础教育智能化改革试点学校一对一精准带动,通过结对子的方式加快落后学校基础教育智能化改革的速度,并形成规模效应。

人工智能在深度融入基础教育的过程中,隐私和个人信息泄露成了最常见、最明显的伦理风险。因此,除了教育公平性原则需要被赋予新的内涵外,我国的基础教育立法还应该增加隐私和个人信息保护原则。我国基础教育立法应与《中华人民共和国数据安全法》《中华人民共和国网络安全法》和《中华人民共和国个人信息保护法》(以下简称《个人信息保护法》)相配套从而建立完善的教育类数据治理机制,同时考虑数据的质量和完整性,并确保对数据的合法访问。具体到法律领域,我国的基础教育立法应强调对人的尊严、能动性和自主权的保护。而隐私和个人信息保护原则的内涵应该包括三个方面的内容:第一,《个人信息保护法》第六条规定:"处理个人信息应当具有明确、合理的目的,并应当与处理目的直接相关,采取对个人权益影响最小的方式。收集个人信息,应当限于实现处理目的的最小范围,不得过度收集个人信息。"而且按照《个人信息保护法》的规定,不满十四周岁未成年人的个人信息以及包括生物识别、宗教信仰、特定身份、医疗健康、金融账户、行踪轨迹等信息,均属于敏感个人信息,只有在具有特定目的和充分的必要性并采取了严格保护措施的情形下,个人信息处理者才能处理敏感个人信息。处理敏感个人信息应当取得个人的单独同意,法律、行政法规规定的情况,必须是书面同意。因此,我国基础教育立法必须为个人信息的收集、处理、使用等设置边界。收集的师生健康数据、行为数据等应是基础教育目标必需的,数据处理过程应有利于改善受教育者的学习,对学生个人信息能不采集就不采集，能少采集就少采集，尤其是个人生物信息如人脸识别、肢体识别等信息。第二，《个人信息保护法》第三十一条规定，个人信息处理者处理不满十四周岁未成年人个人信息的，应当取得未成年人的父母或者其他监护人的同意，并应当制定专门的个人信息处理规则。同时，第十五条明确规定："基于个人同意处理个人信息的，个人有权撤回其同意。个人信息处理者应当提供便捷的撤回同意的方式。"这两个法律条文实质上赋予了未成年人的父母或其他监护人对未成年人个人信息收集与处理的同意撤回权。因此，我国基础教育法应当与之相衔接，要完善个人数据授权的知情同意以及同意撤回机制。第三，《个人信息保护法》第十条规定："任何组织、个人不得非法收集、使用、加工、传输他人个人信息，不得非法买卖、提供或者公开他人个人信息……"因而，我国的基础教育立法要与之相配套，明确反对任何窃取、篡改、加工、买卖、公开等非法利用个人信息的行为。

最后，值得我们关注的是，随着教育人工智能的发展，智能机器人或其他智能设备伤人事件在未来不可避免会发生，教育工作者或受教育者的人身权益有可能受到侵害，易引发不良的社会影响。而由于人工智能应用具有社会广泛性，人工智能侵权纠纷并非仅仅发生在教育领域，我国的教育立法不宜主动介入，而适宜在专门的人工智能立法中引入人工智能问责原则，并进一步通过制定民事领域的相关立法解释或司法解释来明晰人工智能教育产品设计者、开发者、管理者和使用者等主体的权责划分边界、法律责任认定和具体责任形式，从而解决人工智能侵权纠纷中的具体法律难题。

第三章 人工智能时代我国基础教育法律关系主体制度面临的法律风险

分析教育法律关系的要素，是教育法学研究的一个重要方面。教育法学的研究，实际上就是对于各个教育法律主体及其相互关系的研究，教育法律关系是一个较为复杂的法律关系体系，教育法律关系是指在法律规范调整教育领域社会关系的过程中所形成的人们之间的权利义务关系。需要明确的是，教育法律关系是基于法律规范的，但这里的法律规范不仅是指专门的教育法律，还包含与教育有关的其他法律。因此，教育法律关系具有广义和狭义两种含义。狭义的教育法律关系是以专门的教育法律为基础的，而广义的教育法律关系则是以所有涉及教育范畴的法律规范为基础的。[①] 具体到我国的基础教育法律关系，从广义上的角度理解，则应具备以下内涵：首先，它是以我国基础教育立法为主要法律依据，而具体立法是以我国的《教育法》为核心，以《义务教育法》《民办教育促进法》《职业教育法》《教师法》为支柱，辅之以配套的行政法规、部门规章和规范性文件，同时还包括其他部门法中的教育法律规范，如《民法典》关于教育侵权的规定、《体育法》中关于学校体育的规定。其次，基础教育法律关系具有综合性。在"公法私法化"的教育法治变革趋势影响下，基础教育法律关系的内涵越来越拓展，其既包括公法上的教育权力和责任，即教育行政法律关系和教育刑事法律关系，也包括民法上的权利义务关系，即学校、提供教育资源网络平台或智能教育设备的公司、教育培训辅导企业、教育中介机构、受教育者、教育者(教师与学校管理人员)、受教育者的监护人等具有平等法律地位的教育主体之间的教育权利义务关系，其中受教育者与教育者之间的权利义务关系最特殊，其并非双方权利义务

---

① 孙霄兵、马雷军著：《教育法理学》，教育科学出版社 2017 年版，第 369 页。

平等的民事法律关系，也不属于教育行政法律关系，而是一种"传道授业"、教学相长的特殊关系，从教育的公共性和教育者职业的准公务员性意义上来说，有人认定这种法律关系为准行政法律关系。

从教育法理学的基本理论来分析，教育法律关系包括主体、客体、内容三要素。教育法律主体是教育权利义务所附着的依据，而教育法律主体之间凭借教育法律客体相联系，联系的内容就是教育权利义务。其中，教育法律主体作为要素之一，起到了基础性与主导性地位，没有教育法律主体，教育法律关系就无从谈起。① 对于构建教育法律制度的整体框架和具体法律规则的设计具有引领性作用，因此，教育法律关系的主体地位研究显得尤为重要。

教育法律主体相较于其他法律关系的主体具有一定的特殊性，体现在主体结构的多边性、主体地位的交叉性、主体资格的限定性上。② 首先，主体结构的多边性源于教育法律关系的综合性，教育法律关系的主体涉及多方参与者，主要包括各级教育行政部门、教育类企业或公司、基础教育公办或民办学校及其他教育机构、教育者(教师、管理人员等)、受教育者(各类学生等)、学生家长以及社区等利益相关者，这些主体范围广泛、类别多样，彼此在不同层面和不同程度上均产生了一定的基础教育法律关系。其次，主体地位的交叉性体现在这些主体构成了广泛而多样的网络，他们在不同层次和程度上形成了复杂的基础教育法律关系。他们之间既有平等的横向法律关系，也有不平等的纵向法律关系。而且，这些纵向或横向的法律关系往往在同一个主体身上交叉体现，甚至在同样两个主体之间，因为法律关系内容不同，法律地位平等或者不平等的现象可能交错存在。最后，主体资格的限定性。基于基础教育在国民经济社会发展中的基础性地位，基础教育本身具有一定的能力要求和行业门槛。不仅对于学校有着办学资质的要求，而且对于教师的职业资格和能力考评均有较为严格的限制，对于受教育者而言，虽然小学和初中的入学没有特殊的限制，但是出于对特殊受教育者的保护仍需要进入到特殊专业学校学习，另外，高中教育的入学也开始产生了受教育者的

---

① 参见孙霄兵、马雷军著：《教育法理学》，教育科学出版社 2017 年版，第 219 页。

② 参见彭宇文：《教育法地位再探——兼论教育法学学科建设》，载《教育研究》2020 年第 4 期，第 130~131 页。

分流，只有部分学生能够进入普通高中接受教育。虽然随着智慧教育的推广和终身教育理念的深化，受教育者的范围不断扩大，教育主体的资格呈现出日益宽松和多元的趋势，但基于基础教育的本质属性，其具有的相对限定性仍是其区别于其他法律关系的重要特征。

伴随人工智能与我国基础教育日益深度融合，数字教育资源平台以及以人脸识别、声音识别和同步输出、图像分析、教学数据分析处理等智能技术在基础教育领域中已经广泛应用，我国基础教育关系的各个层面和要素正在发生根本性的变化，比如对基础教育的主体是否包括智能机器人；教师与学生在智能基础教育中相互的法定权利义务上有什么具体改变；学校与学校之间、学校与科技公司之间、学校与社会教育机构之间就人工智能教育方面的横向合作以何种形式开展并且具体制度框架如何设计。不仅如此，教育附加成果和权利范围发生了变化，学校或师生在利用人工智能技术时往往产生新的教学或管理数据，而新数据通过大数据的整合加工会带来新的利益价值，而这种利益往往体现为新的知识产权，那么这种权利的归属如何判定，具体利益需要在哪些主体之间进行分享。此外，基础教育中教育行政主管部门在推动基础教育智能化改革的行政治理过程中从单一教育管理到教育服务者角色的转变中有哪些具体的义务，包括财政制度上要给予学校和社会教育机构哪些实质的财政支持，教育行政部门在现代化治理手段和重点治理措施上有什么新的变化，另外，现有教育行政管理模式与手段过于单一和机械，已经远不能适应基础教育智能化改革实践发展的需要，加快基础教育法治建设，实现教育主体的依法自治与规范发展，由单一的行政管理向多中心的公共治理和协同治理转变，将成为今后基础教育智能化改革的必然趋势和主要路径，建立怎样的智能基础教育公共协同治理体系才能适应基础教育智能化改革的趋势，前述这些变化都需要我国的基础教育法对其所调整的各类教育社会关系进行有针对性的逐一回应，做出明确的规定，才能使我国的基础教育智能化改革走上真正法治保障轨道而不偏离正确的发展方向。纵观现有的学术文献发现，研究有关人工智能教育乃至智慧基础教育内容的绝大多数都是教育学领域的学者，他们普遍从教育学、公共管理学、政治学的研究方法来分析人工智能对基础教育的挑战及应对策略，但关于智能基础教育立法的研究从本质上讲是属于法学的范畴，而目前关于智能教育立法的研究明显滞后，少有法学界研究者的参与，因此，关于这一领域的法学研究几乎是空白状态，应当顺应智能时代的紧迫要求，深化对该项内容的研究。其中，学术界首当其冲的就是应当对于基础教育法律关系主体问题展开深入研究。

第一节　人工智能体在基础教育法律关系中的主体地位问题

一般来讲，只有能够与环境发生互动的人或物才能被称为智能体，现实中的智能体需要通过传感器来接受外界信息，并将这些信息加工后，再通过执行器对外在环境做出实时反应并随着环境的变化而自动调整，从而影响和改变着环境。这里的人工智能体，是指以数字计算机为核心的智能体，其"智能"属性建立在数字计算能力即算法的基础之上。我国《新一代人工智能发展规划》(国发〔2017〕35 号)将"明确人工智能法律主体以及相关权利、义务和责任等"作为发展人工智能的一项重要议题，其也是民法这一依法治国基本法的任务。探究人工智能体自身的法律主体地位问题具有重要的理论和现实双重意义。从理论意义而言，它从法理上为人工智能体享有权利、承担义务与责任构建了主体性条件，同时，由于人工智能的发展与应用牵涉到包括人工智能体的投资者、研发者、制造者、销售者、所有者和使用者等多方主体的利益，因此，只有明确了人工智能体的法律主体地位问题，才能厘清其与这些诸多主体之间的利益关系和法律关系，避免了法律关系复杂无序的境地，有利于顺利解决相关法律纠纷。就现实意义而言，人工智能体尤其是有较高技术风险与伦理风险的人工智能体的研发、生产和市场流通均需要得到法律的准许。只有明晰了人工智能体的法律主体地位，才能为人工智能体的研发、制造、销售和使用等环节奠定准入性基础。[1]

由于基础教育法律关系具有特殊性，对于人工智能体自身能否成为基础教育法律关系的主体这一问题不仅要从一般性问题入手，即分析人工智能体能否成为民事法律关系或刑事法律关系的主体，还需要结合我国基础教育的规律和具体教育场景论证赋予其教育法律关系主体地位的必要性和可行性。

---

[1]　参见马长山主编：《数字法治概论》，法律出版社 2022 年版，第 31~32 页。

一、人工智能体的法律主体地位的一般性问题

如引言所述，人工智能通常划分为弱人工智能和强人工智能，因而在弱人工智能与强人工智能的不同技术支持下分别产生了弱人工智能体与强人工智能体两种实体。判断人工智能体是否具备法律主体地位的实质性条件包括意志能力和物质性条件，而其中的意志能力就是为一定行为的能力，即能够把内在思想通过外在行为表达出来的能力。人工智能意志能力判断的本质在于：决定人工智能体发挥具体功能或完成特定任务的算法能否与设计研发者、生产者发生分离。如若人工智能体完全受制于既有算法，则它没有意志能力，但假如人工智能体可以摆脱算法的控制，能够自主地发挥特定功能，即具有某种程度的意志能力，法律便有赋予其主体资格的可能。① 作为构建法律主体地位的另一个实质性条件即物质性条件是主要指是否具备独立的财产，只有对特定财产享有独立支配和处分的能力，才能对自己实施的行为负责，法律才能创设含有财产内容的义务以及法律责任。当然，并非所有法律主体地位的赋予都同时包括了意志能力和物质性条件这两个条件，仍然存在一定的例外。例如，未满十八周岁的自然人有可能其自身并没有享有独立所有权的财产，但他们仍享有民事法律主体地位，享有民事权利能力，只是他们的民事行为能力受到了法律上的限制，被法律创设为无民事行为能力人或限制民事行为能力人，全部或一定范围的民事行为只能由其法定代理人代理，他们因民事侵权行为而产生的民事法律责任尤其是财产责任由其法定代理人代为承担。因此，在两个实质性要件中，意志能力相比物质性条件而言是更重要的不可或缺的条件，也是研究人工智能体能否成为法律主体的最为核心的问题。

由于弱人工智能作为人造物，贯穿的是人的意志，并且运行逻辑单一，智能领域较为固定，数据的输入与结果的输出事实上都是代码与算法相结合，无法摆脱算法的事先设定，无法与复杂无比的人脑相提并论，因此，弱人工智能体并没有意志能力，其并不具备法律主体地位而仅能作为权利的客体。对待这一观点，当今各国的现行法以及司法实践大多已经予以接受，不存在太多争议。而强人工智能体具有一定的自主意识和行动自由，因而在一般意义上探讨强人工智能体的

---

① 参见马长山主编：《数字法治概论》，法律出版社 2022 年版，第 37 页。

法律主体地位问题具有更重要的学术理论意义，而且这一问题是长期以来法学界争论较为激烈的焦点。

只有具备能够行使法律权利、履行法律义务和承担法律责任的能力，才能成为法律主体。人的抽象构筑成法律主体的根本内涵，这种对人的抽象展示了法律主体的总括性、抽象性和广泛适用性，从而让法律主体资格的开放性得以实现。法律主体理论发展的逻辑主线表现为，其逐步转变为以"人"的抽象为核心的理论框架，并扩展到类人的存在物，进而成为整个人类法律体系的核心组成部分。基于人的抽象的法律主体地位构建，不仅实现了将法人纳入法律主体的目标，非法人实体和动物等也被纳入这一框架，通过类人的抽象的方式，它们被立法拟制成了法律主体。依据此推理，强人工智能体同样有潜力被认定为法律上的主体，从而能够行使法律权利，并负有法律义务。法律主体分类的现代扩展，深刻地改变了人们对于自我本质的认知。然而，仅仅从这一角度将强人工智能体归入法律主体的范畴，并不能有效地解决由强人工智能体引起的法律难题。强人工智能体与众不同，不同于那些已经被扩展为法律主体的存在物如法人、非法人组织，它们与人类相似度极高，甚至具备某些人的外表特征和人格要素。人类一直以来以世界的主宰者自居，强人工智能体若获得法律主体资格，可能会颠覆人类作为世界主导者的观念，进而挑战传统的主仆关系。这种变革可能会导致人工智能体反过来掌控人类，从而对建立在人类中心论上的法律体系造成猛烈冲击。① 具体而言，强人工智能体从权利主体、义务主体及责任主体三个维度对法律主体理论造成一定的冲击。

首先，强人工智能体动摇了权利主体的构建基础。智能技术的崛起挑战了传统权利实体的根本架构。当代法律主体的理念根植于启蒙时代哲学中"理性"理念对人类的概括性提炼。强人工智能体正在模仿并转变我们对人类的理解，进而挑战权利主体的构造基础。当强人工智能体以类人的形象呈现时，这种冲突将趋于激烈。权利主体是权利的拥有者和行使者，权利的实施不等同于权利资格的简单拥有，对于权利主体而言，更重要的是体现为权利行使。只有亲自将权利的影

---

① 参见王勇：《人工智能时代的法律主体理论构造——以智能机器人为切入点》，载《理论导刊》2018 年 2 月，第 66~67 页。

响映射到现实的实践中，才是对主体权利的真正彰显。然而，法律主体资格要求法律主体必须具备"实体"要素，而目前法律所承认的实体仅仅包括自然人、法人和非法人实体，强人工智能体目前尚不符合这三种实体。如果要给强人工智能体一个合理的法律主体定位，亟须对"实体"要素进行调整。

其次，强人工智能体冲破了传统上基于"人"的义务。在现行观点之中，承担法律义务的主体只能是人类。所谓的义务主体，是指那些根据法律的规定，必须为或不为特定行为的人。通常情况下，法律义务的存在是以法律权利为前提的。在人工智能时代，在尚未赋予强人工智能体相应权利的情况下，对其施加义务是否过早？实质上，如果对强人工智能体不施加义务，则极有可能妨碍人对权利的行使。强人工智能体如果要与人类和谐相处，应该在保障人类安全的前提下，才能对强人工智能体进行设计开发和应用。因此，纵使它尚未获得法律主体地位，仍需负担相应的义务。

最后，强人工智能体解构了现有的责任主体理论。法律责任是对违反法律的行为所承担的第二性义务，意味着能对自己的行为负责，承担相应的法律后果。法律责任是责任主体不可或缺的要素之一。强人工智能体拥有自我决策的能力，并可能对人类的生命和财产安全构成威胁，那么它是否具备承担法律责任的能力？根据法律责任归属的法理学说，违法行为的后果应由施害者承受。若排斥强人工智能体来承担责任，那么这一理论体系或许将遭受崩塌的威胁。但若是强人工智能体被立法赋予法律责任，其在何种意义上是有责任能力的？是否将其视作财产形式的责任，抑或属于其他类型的责任？

然而，由于强人工智能体并没有对法律规范的认识和理解能力，让其承担法律责任没有任何意义。例如，让强人工智能体赔礼道歉或者判处刑罚，强人工智能体是机械体，施加惩罚也无法感知任何羞愧或痛苦，没有与人类相同的共情能力，也没有承担财产责任的能力，仍然无法避免再犯，反而会给自然人利用强人工智能体规避法律责任提供了渠道，因此，无论从预防还是惩罚的目的来看，强人工智能体本身承担责任达不到法律规制的目的,[①] 若排除其责任，那么谁能承担其行为的后果？可能是它的制造者、销售者、使用者，或者是第三方平台。与

---

① 参见黄绍敏：《特殊物格视角下人工智能法律主体资格的法理证成与规则展开》，载《中阿科技论坛》2022 年第 12 期，第 179 页。

以往的法律关系相比，强人工智能体的侵权行为更加错综复杂。如若强人工智能体不承担法律责任，可能会引发涉及众多责任主体的法律问题，并且难以准确界定。另外，关于强人工智能体之间的侵权行为，责任如何承担？此外，如果强人工智能体超出或摆脱人类的控制范围，实施有害行为，仅仅对其主人进行惩处，能否真正实现惩罚的目的？因此，整个责任理论的根基正遭遇被重塑的威胁。

对于强人工智能体能否成为法律主体这一问题，长久以来学术界存在两个不同派别：第一种派别为赞成派，该学派认为应该赋予强人工智能体法律主体的地位，在赞成派的学者中，有的学者是以人工智能体具有一定的理性意志作为论据；有的学者从西方哲学人本主义观点出发，以强人工智能体具备人的主体性因素为理由；① 有的学者是以"拟制人格说"对强人工智能体进行推演，认为强人工智能体能成为法人之外的另一种拟制人格；② 而有的学者是将机器人作为其"所有人"的代理人加以论证，例如 2017 年 2 月欧盟表决通过的《欧盟机器人民事责任法律规则》第五十二条即提出"非人类的代理人"的概念；③ 还有的学者是以"电子人格说"加以论证。④ 第二种派别为反对派，其认为强人工智能体不能成为法律主体，只能作为客体看待，其各种理由包括：强人工智能体并不具有人的理性；⑤ 不具有主体条件，⑥ 将其拟制为法律主体也并无实益，而应定为法律客体。⑦ 综合比较上述两种派别，我们应当以马克思主义哲学为指导方法，结合西方哲学人本主义观点和现代民法的法人拟制说理论，来认识和探讨强人工智能体

---

① 参见骁克：《论人工智能法律主体的法哲学基础》，载《政治与法律》2021 年第 4 期，第 110~117 页。

② 参见陈吉栋：《论机器人的法律人格——给予法释义学的讨论》，载《上海大学学报》（社会科学版）2018 年第 3 期，第 84~88 页。

③ The European Parliament Resolution of 16 February 2017 with Recommendations to the Commission on Civil Law Rules on Robotics(2015/2103(INL)).

④ 参见郭少飞：《"电子人"法律主体论》，载《东方法学》2018 年第 3 期，第 38~49 页。

⑤ 参见赵万一：《机器人的法律主体地位辨析：兼谈对机器人进行法律规制的基本要求》，载《贵州民族大学学报》（哲学社会科学版）2018 年第 3 期，第 147~167 页。

⑥ 参见龙文懋：《人工智能法律主体地位的法哲学思考》，载《法律科学》2017 年第 5 期，第 24~31 页。

⑦ 参见刘洪华：《论人工智能的法律地位》，载《法律与政治》2018 年第 1 期，第 11~21 页。

的主体地位。

从历史唯物主义观点来分析，马克思主义关于人的主体性的见解与西方人本主义学派紧密相连，前者脱胎于后者。尽管两者都着重于维护人的尊贵与价值，将人视为终极目标，马克思主义却更显优势。马克思主义不仅汲取了欧洲启蒙思想家的历史观，而且坚守唯物史观，运用唯物辩证法的历史视角审视人类的主体地位。关于人的主体地位的认识在唯物史观的洞见中得到了双重发展。其一是认知路径的提升，这涉及从人的本质到他们的价值观的转变。在确认人的重要性之后，人本身便成为衡量价值的准绳，这便是价值观形成的环节。其二是在新颖视角下来诠释人的主体地位问题，即从"实践"的角度来观察人类。

（一）强人工智能体不具有人格主体地位的价值和实践基础

强人工智能体并不具有人的价值观念，也很难理解人的价值观念。价值观念的形成受制于两项基本要素：内在需求与自我意识。内在需求是形成价值观的客观前提，展现为丰富多彩、内涵丰富且与时俱进的特质，这是价值观念形成的不可或缺的基石。而自我意识是价值观念形成的主观条件，涵盖了对个人所处的社会地位、行为、能力以及使命的自我认知。一方面，在理解人类的需求方面，无论是涉及高尚的国家情怀，中等层面的家庭关爱，还是个人的生命目标，强人工智能体均无法领略其深层含义；另一方面，强人工智能体缺乏自我意识，它的行动范畴早在创造之初便由创造者所设定。因而强人工智能体对需求和自我意识的理解很难产生，价值观念的培养已经超出了强人工智能体的顶层想象。

此外，与西方哲学中"我思故我在"的观点相对比，马克思主义提出了一个截然不同的理念。在马克思主义看来，人类作为社会性生物，只有在积极参与对客观世界的改造过程中，才能真正证实自我意识的实际存在。换言之，社会实践活动构成了人类的本质存在。强人工智能体，作为一种工具，缺乏人类所特有的社会实践活动本质，仅仅是人类在群体性和社交性互动中产生的新客体。人类的社会特性是强人工智能体所无法企及的本体论范畴。强人工智能体仅是孤立的分散的诸个个体，社会群体性的实践活动为人类所独有。① 由此可见，强人工智能

---

① 参见马开轩、刘振轩：《人工智能法律主体地位的法哲学反思》，载《学习论坛》2021年第6期，第124~125页。

体也不具有人格主体地位的实践基础。

(二)强人工智能体也不具有法人主体地位的拟制基础

法人属于民法拟制的法律主体,法人被赋予法律主体地位的逻辑在于:法人具有独立的意志;法人能以独立名义行使法律权利、履行法定义务,并凭借自身的财产独立承担法律后果;法人有独立存在的价值,能辅助自然人承担社会责任,创造社会文化价值。同样作为非自然人的社会存在,参考这种赋权逻辑来判断强人工智能体,其也不具备将其上升为法律主体的理论构成要件。首先,从意志能力层面分析,即便强人工智能体有可能摆脱既有算法,能够自主发挥特定功能,具有了某种程度的意志能力,但强人工智能在这种意志能力支配中缺乏情感和道德因素,只具备智商而没有情商,而且在面临涉及人类伦理的紧急情况时,强人工智能体无法自主判断并做出最合理的决策。并且,强人工智能体之所以能够进行一定程度的深度学习,其运行的前提仍然是依赖人对大数据的收集和整理,一旦离开了大数据的支持,所谓的深度学习也无法实现。其次,法律的本质是调整人与人之间的社会关系,而不是人与强人工智能体的社会关系,由于强人工智能体本身无法识别、理解法律规范背后的立法精神和意义,无法认识到自身的错误,让其承担法律责任没有实质意义,也无法实现预防和惩罚违法或犯罪的目的。最后,强人工智能体没有独立的财产,也没有法律主体需具备的与其活动主旨相一致的其他物质性条件如技能、身份等,更不具备理性意识去承担社会责任。

综上,在我国现有的法律体系中,我国对人工智能体的法律主体资格问题的讨论应以实定法解释论为基础,坚持人工智能为客体的原则。① 当然,我们应该看到按照人工智能的未来发展趋势,人工智能体摆脱人类的纯粹工具地位而成为强人工智能体是一个必然趋势。如果单纯类推适用自然人、法人等既有法律主体的理论均存在片面性,会忽视人工智能主体资格问题特有的法理考虑与价值选择,极易挫伤人工智能体制造商的积极性。因此,我们应秉持立法结构体系的开

---

① 参见陈吉栋:《论机器人的法律人格——给予法释义学的讨论》,载《上海大学学报》(社会科学版)2018 年第 3 期,第 78~87 页。

放性，将未来可能出现的特定情形下的强人工智能体通过运用拟制的法律技术认定为法律主体，将其视为类似未成年人、民事行为能力有缺陷的成年人等弱势群体一样的主体，从而为应对、引领未来人工智能产业的发展提供法律保障。强人工智能在何种情况下可以被视为民事主体，需要根据具体类型和司法实践的认识来决定。例如，某一个强人工智能体能够以不可预测的方式学习和适应其环境，可以做出自动化决定或者与第三人自主交流时，在其做出临时决定导致损害的情况下，由于人类无法准确预知人工智能系统针对某个问题的解决措施及可能造成的损害，强人工智能体的制造商或所有人本身对于损害的发生也并无过错，将这些责任归诸制造商或所有人明显有失公平，此时司法机关便可以通过拟制技术将其认定为民事主体。当然，司法机关做出这一认定的前提还包括该强人工智能体拥有一定程度的独立财产，这不仅是其从事某种行为的法律基础，更是其承担责任的法律保障，而这需要法律制度的进一步设计，未来或许可以通过人工智能费、税或者基金的方式为强人工智能体提供资金来源。①

二、基础教育领域中人工智能体的法律主体地位的具体问题

智能技术的融入，已经对既有的人类社会结构产生了显著影响，我们正见证由"人—社会—自然"构成的三元社会向融入了智能机器的"人—社会—自然—智能机器"四元社会的演变。不论是起源于先秦时期的"天人合一"思想，还是兴盛于宋明时期的"万物一体"观念，它们都着重提出了人际、人物、人与社会以及人与自然界之间的一种完整性、协调性和一致性的联系。在人工智能时代中，至关重要的是强调人类之间、人类与智能机器、人类与社会、人类与自然界，以及智能机器与自然之间的整体融合、和谐共处与统一发展。为了实现这一目标，我们必须明确人工智能体在教育领域中的角色，确保技术、教师、学生、以及环境之间达到一种和谐平衡。②

在基础教育领域，人工智能体已经进入学校、课堂。怎样给人工智能体在教育教学活动中定位？它是教学工具，还是机器人教师？它与传统教育教学设备的

① 参见马长山主编：《数字法治概论》，法律出版社 2022 年版，第 38 页。

② 参见杜静、黄荣怀、李政璇、周伟、田阳：《智能教育时代下人工智能伦理的内涵与建构原则》，载《电化教育研究》2019 年第 7 期，第 27 页。

不同点是"智"与"能"相结合，使它具有了人类大脑的功能。是否存在自主意识是人和机器的根本区别。应用于基础教育领域的人工智能体在未来较长期间仍然属于弱人工智能体阶段，这种人工智能体无法产生自主意识，难以构建对事物的深层认知，更别不用提塑造自己的主观世界。尽管在机器学习架构中融入了隐蔽层，但这也不过是试错而已。独立意识拥有自由性，可以自在地将符号与对象随意结合，这种自由联结的产物之一便是语言的形成。在构建语言社会的历程中，人们意识到了自我抉择的独立性，得以在善恶与对错之间做出挑选。而人工智能体自身既没有意识，也无法产生感动和教育的情感体验，更不能认识或生发价值，无法对现有知识体系进行突破和创新。人工智能体虽然能反映现实世界，却无法自发地向着善良之路迈进。换言之，它不能自行在周遭环境中筛选向善的因素，以经历和修炼作为通向德行的阶梯，反倒是存在被世间的负面影响所侵蚀的风险。人工智能体在设计者的评估和优化中受限，成为人类意图的扩展，其并非自主进化的生命体。既然不具备自主意识，人工智能体就永远是操纵者手里的工具。① 因此，这种人工智能体无法成为基础教育法律关系中的主体，只能继续作为学习或教学的辅助工具存在。

在基础教育立法过程中，人工智能体无法被视作法律意义上的"学生"或者"教师"。人生若要全面成长，必须广泛学习、培养美德以及坚守信仰。② 人工智能体缺乏道德和信念，对于其执行的任务一无所知，因而能进行"机器学习"，却无法成为学习者；人工智能体也不具备创造与怜悯之情，所以能够传授知识，却无法担任教育者的角色。美国的《教育职业行为准则》规定，教师必须坚信每个人的重要性及其尊贵，不应无理由地妨碍学生接触多元思想。③ 人工智能体无法产生信任，也谈不上真挚，更可能导致学生陷入知识孤岛。研究结果显示，教师被自动化替代的概率低至4%。④ 总之，在可预见的未来一段时间内，人工智

---

① 参见管华：《智能时代的教育立法前瞻》，载《陕西师范大学学报》（哲学社会科学版）2022年7月第4期，第108页。

② 参见［捷］夸美纽斯：《大教学论》，傅任敢译，教育科学出版社1999年版，第11页。

③ 参见肯尼斯·A.斯特赖克、乔纳斯·F.索尔蒂斯：《教学伦理》，黄向阳等译，华东师范大学出版社2018年版，第20~21页。

④ 参见吴河江、涂艳国、谭轶纱：《人工智能时代的教育风险及其规避》，载《现代教育技术》2020年第4期，第66页。

能体难以担任教育法律关系的主体，它仍然会充当学习或教学的辅助角色，而不会取得教师或学生的法律地位。综上所述，基础教育领域中的人工智能体并不符合法律主体的构成要件，在基础教育领域中，赋予人工智能体的法律主体地位既无必要，也无可能。

当然，人工智能体不被赋予法律主体的地位，并不意味着法律不对其进行规制，其应作为民事法律关系中的客体范畴加以规制。我国不仅应该制定和完善专门的人工智能法来对其加以规制，而且在相应的法律中包括教育立法领域中对涉及人工智能的场景也应该进行立法上的回应，补充完善相应的法律条文。民事法律关系的客体一般包括物、行为、智力成果和人身利益，学者王利明将民法上的物进行类型化区分，其认为，民法上的物具体可分为"伦理物""特殊物""一般物"三大类。"伦理物"是指具有生命伦理价值的物；"特殊物"是指具有特殊法律属性并应建立特殊法律规则的物；"一般物"是指除伦理物与特殊物以外的其他物。① 如前文所述，人工智能体不具备成为法律主体的条件，又不同于民法中的一般物和伦理物，因此，根据人工智能体的性质、特征以及它与人的关系将其纳入特殊物的范围比较妥当。

应将人工智能体定位为民法客体中的特殊物的原因在于：首先，将人工智能体定位为特殊物格，这样既划清了人与物的界限，回应了人工智能体法律地位的困惑，实现对人工智能体的特殊保护。其次，由于人工智能体具备了某些人格要素，在社会上扮演了一定的角色，将人工智能体定位为特殊物，能将其与一般物相区分，使现有人工智能体在符合人类最低伦理道德观的前提下，能够充分得到应有的重视。最后，将人工智能体界定为特殊物，有利于明确划分法律责任。人作为法律主体支配人工智能体所导致的损害后果，应该由人工智能体的设计者、制造者、所有者和使用者来承担。这样就可以避免有人利用人工智能体规避自己的法律责任，不至于让人工智能体成为违法甚至犯罪的工具，损害人类社会的公共秩序、公共利益以及道德风俗，使人工智能体的发展始终处于安全可控的范围内。②

---

① 参见杨立新：《民法物格制度研究》，法律出版社 2008 年版，第 41~47 页。
② 参见黄绍敏：《特殊物格视角下人工智能法律主体资格的法理证成与规则展开》，载《中阿科技论坛》2022 年第 12 期，第 180 页。

第二节　学生法律主体地位面临的法律风险

在特定的社会文化和制度环境之下，主体性意味着不受干预和不被支配，有能力去选择、有资格去践行、有勇气去承担自己认为重要的事情。在法律场域中，法律主体地位的确立依赖于法律明文规定。只有被法律明确赋予了主体身份，才有资格享受某种权利和履行某种义务，也才能够独立承担法律责任。具体到基础教育立法中，学生是教育法律关系的主体，具体体现为学生在教育环境中具有自主性、能动性和创造性，能真实自由地表达自己的意思，自主选择基础教育中的发展方向、路径和方式，有能力、有资格和有勇气独立实施自己认为重要的行为。

有学者认为，传统教学模式注重学生的学习结果、轻视学习过程，强调教师在教育教学中的主导作用，忽视学生的学习主体地位。[1] 但有学者提出了不同观点，认为从价值论的视角出发，传统教育并非不重视学生的主体性，而是由于学生的主体性被分解为不同的维度和指标，同时也转化为不同的政策目标，并以碎片化的方式存在于教育过程中，因此并没有使学生真正地实现自我主体性的建构和展现。[2] 但是前述的观点都是基于教育学的观点来阐述学生的主体性问题，从基础教育立法的层面而言，人工智能在一定程度上确实有助于强化学生的法律主体地位，具体体现在：其一是人工智能为学生的自我认识提供了精准的数据支持，增强了学生选择的自主性，同时，人机互动将会增强学生的主体能动性，促使学生更加自觉、积极、主动地认识客观世界，除此之外，人工智能能够实现"万物互联"，既可以实现客观现实世界中的人与人、人与物、物与物的联结，也可以实现现实世界与虚拟世界的联结，从而促进学生创新意识的觉醒、创新思维的形成和学生解决实际问题能力的养成;[3] 其二是人工智能能够深入挖掘和详

---

① 参见杨红兰：《人工智能时代学生学习主体性的复归与路径》，载《湖北文理学院学报》2022年第9期，第75页。

② 参见刘金松：《人工智能时代学生主体性的相关问题探讨》，载《现代教育技术》2021年第1期，第9页。

③ 参见杨清：《人工智能时代学生主体性发展：机遇、挑战与对策》，载《教育研究与实验》2023年第1期，第60~62页。

细分析关于学生学习过程与学习结果的数据，全面了解学生在学习中的表现、对知识的掌握程度等学习情况，同时还可以构建智能化的学习者模型，实现多元时空智能感知，尊重学生个性化差异，为学生的个性化学习提供重要支持，促进学生的全面健康发展；① 其三是人工智能与大数据技术的应用、网络学习平台的普及、自适应学习平台的发展等，为构建学习者模式提供了技术支持，在学习者模式中学生是知识学习的建构者、合作者、联结者，是学习的主体，有助于激发学生学习兴趣，促使学生积极参与学习过程，成为学习的主人。②

但与此同时，我们也应该看到，人工智能时代学生自由发展和多样化发展的主体权利还存在被人工智能技术隐蔽式剥夺的情况，导致对学生法律主体地位的内在机理和外在作用造成削弱。其主要表现在以下几个方面：

其一，人工智能技术在潜移默化中限制了学生的主观能动性。技术驱动的教育革新，以高效性和先进性，为学习者的成长给予了更为强劲的助力。表面上，学习者似乎获得了更大的自决权和自由度，然而，实际上，由于他们所能接触的内容并非由自己全权决定，所以这种看似的选择自由，本质上是被技术以一种隐蔽的方式剥夺了。由于人工智能技术背后隐藏着设计者的价值判断，学生所做的判断或选择往往是基于设计者的价值引导，另外，为学生提供的大数据往往只包含结构性数据，而不含非结构性数据如情绪或感情因素，无法全面评估学生的学习能力和状况，而且学生的具体能力和需求是实时变化的，智能技术的数据支撑、程序或模式往往赶不上学生自身的需求和能力的发展速度，因而学生的自主意识可能存在被人工智能蒙蔽的风险。

其二，人工智能技术可能会限制学生在个性发展上的多元可能性。智能系统在搜集学习者信息的过程中，会对他们的成长轨迹与演变趋势进行深入洞察，进而对学习者进行"分类标签"的操作，以便精准推送相关信息。这些信息不仅包括定制化的学习材料，而且会将含有特定历史观、民族观、生命观、价值观的内容精准推送给学生。这种高度定制化的服务，并不能拓宽学习者的视野，可能无

---

① 参见张进宝、姬凌岩：《是"智能化教育"还是"促进智能发展的教育"——AI 时代智能教育的内涵分析与目标定位》，载《现代远程教育研究》2018 年第 2 期，第 14～23 页。

② 参见杨红兰：《人工智能时代学生学习主体性的复归与路径》，载《湖北文理学院学报》2022 年第 9 期，第 76 页。

意中导致他们的思想变得偏执、孤立和极端。①

　　其三，人工智能有可能对学生的互动性造成误导。人工智能往往只需要简单的指令，就能得到明确的答案，相较于付出较多的劳动才能获得成果汇报的社会实践活动，学生更愿意利用人工智能简单快速地获取答案，这样会导致学生只停留在浅层次的学习上，而没有对知识进行深度比较、分析和加工。此外，人工智能能敏锐捕捉到学生感兴趣的内容，因而就只会持续推送这一相关内容，从而使学生对其不熟悉的知识领域缺乏进一步接触学习的机会，限制了学生的认识范围，导致学生产生认知偏见甚至信息壁垒。

　　其四，人工智能对学生的创造性可能造成阻碍。学生只有亲身体验，以切身感受为纽带，确立起与外界深刻且真挚的互动联络，才能在感悟生存价值的同时，促进创新成长。而过度的技术依赖淡化了学生与他人的人际交往和劳动社会实践，不仅使学生对客观社会的认识容易陷入片面化或狭隘化泥潭，而且也导致人文主义关怀、社会责任等人类只有在社会行为的参与中才能建立起来的社会属性得以丧失，学生的创新意识也会消解。② 如果学生沉迷于虚拟世界而不积极主动地参与社会实践，则对客观世界的感知能力日益钝化，缺乏感知问题存在的能力，并且虚拟世界毕竟无法百分之百还原客观世界的真实场景，后者比前者更复杂多变，因此，学生解决实际问题的能力发展也会受到阻碍。

　　综上，我国的基础教育立法亟须妥善处理学生与技术的关系，明确人工智能在与学生互动的具体方式以及在这个互动过程中人工智能扮演的角色和边界，恰当处理好人工智能工具性辅助与价值性辅助之间的关系，以保障学生主动与自由的法律主体地位。

第三节　教师法律主体地位面临的法律风险

　　教师这一概念特指那些专职于教学和教育任务的专业工作者，他们的职责不

---

① 参见刘金松：《人工智能时代学生主体性的相关问题探讨》，载《现代教育技术》2021年第1期，第8页。

② 参见杨清：《人工智能时代学生主体性发展：机遇、挑战与对策》，载《教育研究与实验》2023年第1期，第63页。

仅限于传授知识，更包括培育学生成为社会主义事业的积极建设者和未来的接班人，同时致力于提升整个民族的素质水平。只有教育法赋予教师在教育法律关系（集中表现为教师与教育主管部门的教育行政法律关系、教师与所在学校的民事法律关系以及教师与学生之间的教育法律关系）中的主体地位，其才具备法律上的资格去行使教育权利，履行教育义务。

教师所享有的权利和应承担的义务，源自其职业特有的属性，具体表现为：首先，这些权利和义务是在教学和教育活动过程中形成的，并且受到了教育法律法规的明确规定。教师在其中所享有的基本权利与义务，与宪法规定的每位公民所享有的政治方面的权利和承担的义务有所区别，它们是教育职业所特有的法律赋予的权益与职业所特有的法定义务。其次，教师在教育立法中的权利与义务与教师职务和职责紧密相连，这种关联在本质上代表着国家和社会的利益，具备公务属性。因此，它们不宜被轻率放弃。倘若教师可以任意抛弃对学子学业进步与个性成长的引导责任，以及对学生行为表现和学业成绩进行评估的权限，这实际上等同于未实质性履行教师职责。最后，教师的权利与义务通过一定社会物质生活条件能得以保障。各国教育法所规定的教师的基本权利义务内容，均与该国当时的社会经济发展状况、文化传承以及可确保的实际条件紧密相关。社会进步和技术创新影响了教育领域，导致对教师角色的权利和义务有了新的界定，这需通过法律条文的更新或调整来反映和实施。

2022年4月，教育部在《新时代基础教育强师计划》中强调进一步挖掘和发挥教师在人工智能与教育融合中的作用。随着智慧教育和智慧校园概念在基础教育行业中的持续普及，智能化已成为教育现代化的关键标志。在当代教育领域，智能化手段与装备正逐渐融入教学与校园管理之中，体现在如智能导师平台、自适应评估工具、互动教学游戏以及智能教学助手等方面。利用大数据的洞察力，能够精细勾勒出学生的学习习惯与需求，实现个性化资料的推送，帮助学生获取与他们兴趣相投的学习材料。这样，教师们就能够从那些冗长、单一且重复的教学任务中解脱出来，教师教育中"教"的成分即传授知识的部分逐步削弱，将精力专注于"育人"工作。由于可以接触到海量的在线学习资源，基础教育阶段学生通过网上自学也能获得不错的效果，再加上基础教育总体知识量并不是很大，特别是小学教育、初等教育阶段知识点的理解难度并不高，教师面对的学生往往大多都已经提前预习并掌握了知识点，因此，教师在行使具体课程教学的权利过程中遇到了尴尬困境，即是否对班上的所有学生仍按照正常的节奏来授课，这无疑对教师能否有效实施个性化教学带来较大的挑战。教师必须从一开始就要利用智能教学设备和平台，设计和发布不同难度层次的测评，来检验每个学生的具体学习进度和自学能力，然后根据测评结果掌握绝大多数学生的水平，根据这个水平来设计教案和教学具体环节，并对少数学习能力更突出或学习稍显滞后的学生给予针对性更强的个性化辅导。因此，人工智能颠覆了教师先"教"后"测"的教学顺序，而变为先"测"后"教"，而且教师在课堂上教的具体知识点并不多，更多地将时间和精力放在如何进行启发式教学、问题式教学和互动交流上。因此，人工智能影响和改变的是教师行使教学权利的具体方式和过程。

在教师"教书"权利弱化的同时，教师"育人"权利的重要性在智慧教育的大背景下更加凸显出来。基础教育的目标是培养有创新意识、有团队协作能力并且有人工智能伦理素养的德智体美劳全面发展的人才，强调社会主义核心价值观的树立和中华民族优良传统文化与美德的培养，但这些抽象的素养无法靠学生与冷冰冰的没有感情的人工智能之间的人机交互去实现，只能依靠教师与学生在线下面对面的互动交流才能实现。必须依靠教师的一言一行去影响学生，学生在耳濡目染下才可能形成以人为本的精神，才不至于过分迷信依赖人工智能而成为人工智能的附庸。此外，人工智能运用于基础教育有可能造成学生人际关系的封闭或疏离以及社交活动能力的弱化，而且人工智能无法关注照顾到学生的情绪、心理和感情，这就要求教师在行使育人权利时要及时关注学生心理健康和社会能力的发展，特别要重视引导鼓励学生多参加生动的校外社会实践。

教育实践构成了人格塑造的途径，人格塑造则是教育实践的目标，二者互为条件，遍及教育全程，并且是教师展现其劳动重要性及主体性的基石。现今，技术之"翼"减轻了教师传播知识的重要性，导致教育行为变得空洞无物，犹如陷入一个理想化的技术"乌托邦"幻想中，失去了其实际的教育价值。教授知识若退居教育互动的辅助角色，不利于学子们自主全面地成长，同时，也削弱了教师在传授知识、教导技能、解答疑难中的核心作用。因此，教师"教书"与"育人"

的权利义务在无形之中也被割裂开来，有悖于"教书育人"的本质内涵。①

　　教师专业资源的变化，威胁着教师的法律主体地位在基础教育实践中的实际彰显。对于教师来说，保持其主体地位所依赖的资源主要是心灵层面的，这涵盖了他们的学科知识和职业操守。在这个智能时代，知识以惊人的速度不断更新换代，教师所拥有的传统文化和实践知识可能逐渐变得不再重要，因为他们过往的经验在快速的创新面前正逐渐失去其价值。② 另外，网络的广泛扩散与资源的互通有无，使得大量优秀的教学资源得以向全球敞开大门，赋予了大众前所未有的获取知识的渠道。在科技不断迈向高峰的态势下，教师威严的地位被废除，其核心位置摇摇欲坠。在学生眼中，教师不再是那个神圣不可挑战、不容置疑的权威，教师自己也容易陷入他者承认和自我认同的焦虑中。另外，在人工智能的影响下，教学过程中师生之间的情感因素被边缘化，降低了师生间情感交流的可能性，更容易引发师生之间的信任危机。

　　此外，人工智能设备在学校管理中的运用使得学校对教师的监控更严密，操控着教师的行为举止，使教师日益成为"透明人"，公私界限日渐模糊，加剧了教师个人隐私和教学隐私被侵害的风险。并且，随着人工智能深度学习能力、自然语言处理等技术不断更新，其在自主性、协作性和精确性方面展现的"思考"与"行动"能力不断加强，在基础教育领域中，人工智能已经不仅仅取代了教师的机械性劳动，它常常也能够替代教师进行脑力工作。传统的教学设计是围绕教材、教师的知识储备、学生的课堂活动、学生的作业、成绩等元素出发，进行全局性、综合化、人性化的策划，并在教学过程中持续地进行优化和提升。在推移的时间里，教师不断地深入探索教育的艺术，将心灵感知与肉体实践紧密结合，借此锻炼并提高了包括综合分析、批判性思考以及创新在内的多项思维技能。③而如今人工智能提供的精准教学数据分析、个性化的教案设计使得教师能够"坐

---

　　① 参见孙瑞芳、滕洋：《人工智能时代教师主体性的遮蔽与复归》，载《教育研究与实验》2023 年第 1 期，第 54 页。

　　② ［德］哈特穆特·罗萨著：《新异化的诞生》，郑作彧译，人民出版社 2018 年版，第 123 页。

　　③ 参见孙瑞芳、滕洋：《人工智能时代教师主体性的遮蔽与复归》，载《教育研究与实验》2023 年第 1 期，第 56 页。

享其成",被动接受数据呈现出来的结果,而丧失了对数据本身的局限性或者可靠性的警觉与反思能力,教师的创新能力、批判思维能力、自主思维能力极有可能被削弱。

综上所述,人工智能可能使教师的自主思维能力无法被充分挖掘和调动,并且无法充分行使"教书"与"育人"的权利,履行相应义务,在一定程度上削弱了教师教育法律关系主体的地位,影响着教师职责的充分发挥。因此,在坚守人工智能技术或产品服务于培育人才的宗旨时,我们需确保教师在传授知识和解决问题的过程中,仍旧突出其在道德教化中的核心作用。

第四章　人工智能时代我国基础教育权利
面临的法律风险

　　教育法律关系的内容涉及教育法律关系中各方所具体拥有的权利与所必须履行的义务。教育权利是指教育法律关系中的特定教育主体，依法享有的可以为或不为一定行为，或者要求他人为或不为一定行为的资格。教育义务是指特定教育法律关系中的特定教育主体，为满足特定权利主体可以为或不为一定行为，或者要求他人为或不为一定行为而负有的责任。教育权利不同于教育权，教育权应被视为教育权利的子概念。换言之，教育权利涵盖了实施教育的权利（即教育权）以及接受教育的权利（即受教育权）。实施教育的权利束，主要由国家教育权、社会教育权、家庭教育权、学校教育权和教师教学权组成。其中，国家教育权、社会教育权和家庭教育权是基本教育权，而学校教育权和教师教学权则只是这些基本教育权衍生的权利。① 而受教育权则是教育领域所有权利的出发点和归结点，也是我国教育法典编纂的出发点和核心法律概念，而国家教育权、社会教育权、家庭教育权均是紧密围绕受教育权而展开，并以公民个人的受教育权的最终实现为目的。

　　在基础教育法学研究中，基础教育权利包括实施基础教育的权利和接受基础教育的权利，其中既包括公法上的权利即国家的教育主权和学校对学生的教学管理权这种准行政法律关系，又包括私法上的权利即自然人、法人和非法人实体在教育领域中的权利。其中，私法上的权利具体包括：社会组织和个人有权兴办民办学校并享有一定管理自主权；在家庭教育领域中，对未成年人具有抚养义务的人（主要指父母）对被抚养人的教育权利；学校中的教师对学生的教学自主权以

---

① 孙霄兵、马雷军著：《教育法理学》，教育科学出版社 2017 年版，第 304~305 页。

72

及公民个人(主要指在校学生)的教育权利。对于公民个人而言,他们的教育权利不仅包括受教育基本权利(主要涵盖受教育自由权与受教育平等权),还包括受教育一般权利,其中既包括其作为受教育者的人格权,还涵盖了人身自由权、人格尊严权、健康权、个人信息权、隐私权等子权利,也包括在其接受教育过程中享有的兼有人身属性与财产属性的复合型民事权利。

其中,受教育者人格权是指在教育法律关系中,受教育者专属享有的、依法支配自身人格利益并排除他人侵害的权利。该权利的目的在于维护受教育者的人性尊严与人格自由,保障受教育者的身心健康和自由发展,进而实现其教育利益。教育法中的受教育权这一基本权利的权利价值、权利形态与权能范围均与受教育者人格权密切相关。一方面,受教育权实现的最终价值目标是为了保持符合人性的生活条件、促进人格自由与人格发展。另一方面,受教育者人格权不仅是其依法支配其人格利益并排除他人侵害的消极防御权,更是其维护自身意志独立、人性尊严与人格自由,以享受教育利益,获得充分发展的积极主张,因此,受教育者人格权的充分行使也是受教育权实现的条件和手段。鉴于受教育者的人格权与其受教育权之间存在内在紧密的逻辑联系,对其规范与保护自然成为教育法的应有之义。从法律规范的文本来分析,我国《教育法》第四十三条对受教育者权利的规定承接了《宪法》第二章关于人权、人身自由、人格尊严和受教育权的规定和《民法典》人格权编、侵权责任编的相关规定,同时在权利救济方面,当受教育者人格权受损时,司法机关可直接援用《教育法》第四十三条或第九章关于法律责任的规定,追究责任主体的法律责任,从而实现对学生人格权的保护。由此可见,《教育法》对人格权性质的转化是学生人格权保护理论的基石,其强化了受教育者的人格利益,并将受教育者人格权问题纳入了教育法学的研究领域。[①]

第一节　我国公民受教育基本权利面临的法律风险

《中华人民共和国宪法》第四十六条规定:"中华人民共和国公民有受教育的

[①]　参见任海涛:《教育法典对学生人格权的体系化保护》,载《陕西师范大学学报》(哲学社会科学版)2023年第1期,第97页。

权利和义务。"《中华人民共和国教育法》第九条也规定："中华人民共和国公民有受教育的权利和义务。公民不分民族、种族、性别、职业、财产状况、宗教信仰等，依法享有平等的受教育机会。"而《中华人民共和国义务教育法》再次对受教育权进行了重申，其第四条规定："凡具有中华人民共和国国籍的适龄儿童、少年，不分性别、民族、种族、家庭财产状况、宗教信仰等，依法享有平等接受义务教育的权利，并履行接受义务教育的义务。"由此可见，受教育权既为宪法所授予公民的根本性权利，亦属我国基础教育法律中规定的受教育者应获得的根基性教育权利。

所谓受教育权，是对基本人权中的发展权的落实，是公民作为权利主体，为了人格的自我完善而享有的要求国家提供教育机会与设施，并不得侵犯受教育自由的基本权利。受教育权由两个核心要素构成：首先，每个公民都有学习的权利，这意味着他们可以自主选择是否接受教育，而不受外界压力的影响；其次，国家有义务提供教育设施和资源，培养教育工作者，确保公民能够获得接受教育的必要条件和支持。其中，前一个要素侧重反映的是受教育者的一种不受外部强制，而是依据自己意志做出某种关乎自身行动或状态的决定，反映的是国家公权力以及私主体的消极不作为义务，其不能对受教育权加以干预和侵害，体现的是受教育权的自由权属性和防御功能，而后一个要素反映了在公民实现受教育权的过程中，国家应积极对受教育权加以保障，确保公民从国家获得均等的受教育条件和机会，体现的是受教育权的社会权属性和受益功能。道格拉斯·霍奇森在《受教育人权》中认为，从现有国际条约以及地区性文件中来看，受教育权带有社会权与自由权的特征，但受教育权首先是社会权，需要国家提供必要条件才能实现。[①] 从我国《宪法》和教育法律法规来看，以《宪法》第十九条、第二十四条和第四十六条为例，其条文均在突出强调国家对公民受教育权的保障义务和公民接受义务教育的义务，凸显受教育权的社会权属性，而自由权属性则没有明显体现出来。

从受教育权的内容来看，有学者认为其应包括受教育机会权、受教育条件权

---

① ［澳］道格拉斯·霍奇森著：《受教育人权》，申素平译，教育科学出版社 2012 年版，第 56 页。

和受教育认可权(也称为受教育结果权);① 也有学者认为,受教育权至少囊括受教育机会平等权、享有教育资源权、获得物质保障权、获得公正评价权、获得学业证书学位证书权、享有教育申诉与诉讼权这些方面的内容;② 还有学者认为,根据现有的教育法律法规,受教育权大致包括学习自由权、终身受教育权、教育选择权、就学权、教育条件请求权、提请行政保护权、受教育者的身份保障权、教育完成权、教育参与权、教育收益权、校内救济权等系列权利。③ 而从立法赋予受教育者受教育权的目的和行使该权利的效果来看,主流观点则认为在我国基础教育领域中,受教育权包含三个方面的含义:其一是在义务教育阶段适龄儿童和少年享有接受免费教育的权利;其二是受教育平等权,其中包括教育机会的平等、教育条件的平等和教育评价的平等;其三是受教育自由权。选择接受学业的权利在基础教育的各个阶段均受到法律维护,然而其具体含义随着教育阶段的不同而有所变化。在义务教育期间,个体仅被赋予挑选私立学校的权利,而此权利并不涵盖在官方教育体系内对不同公立学校做出选择的权限。相对地,在非义务教育阶段,个人自由的范畴拓展,涵盖了是否接受教育的决定权,以及决定接受哪一类教育(例如职业技能培养或通用知识教育)和哪一所学校的权利。④

就受教育平等权而言,其首先表现为接受教育的资格平等。于我国而言,主要是性别平等、城乡平等、少数民族和残疾人的教育平等。其中,为了保障贫困人群的受教育权,除了义务制教育外,国家和社会还应提供各种形式的资助。早在 2011 年,财政部和教育部就联合发文建立了学前教育资助制度。在保障残疾人的平等受教育权方面,我国颁布了《残疾人教育条例》,并签署了《残疾人权利公约》,以法律制度保障残疾人享有平等接受教育的权利,禁止任何基于残疾的教育歧视,并且教育部制定了相应的课程标准和指导意见,国务院为督促省级人

---

① 任海涛等著:《教育法学导论》,法律出版社 2022 年,第 110~111 页;龚向和著:《受教育权论》,中国人民公安大学出版社 2004 年版,第 50 页。

② 余雅风、姜国平、罗爽等著:《教育法学研究》,福建教育出版社 2021 年版,第 95 页。

③ 参见王大泉:《论受教育权的权能与体系》,载《国家教育行政学院学报》2012 年第 12 期,第 58 页。

④ 参见申素平:《受教育权的理论内涵与现实边界》,载《中国高教研究》2008 年第 4 期,第 15 页。

民政府履职尽责，制定了相应的评估指标体系。其次，教育平等既是人的平等，也是知识内容上的平等。比如，一些地方编制了性别平等教育指导大纲或指南，以扭转教育内容中对女性的类型化排斥现象。最后，教育的平等权还体现在教育法保障公民有权终身接受教育，规定国家"为公民接受终身教育创造条件"。目前我国国家层面尚未制定终身教育法，但已有少数地方如上海、河北省、福建省已经进行了立法探索，事实上，慕课等教育方式在实质上给终身教育提供了机会，教育的内容更加开放，且容易获得，促进了教育公平。随着教育平等的法律保障水平不断提高，追求教育卓越已经逐渐成为教育平等的新内涵，形式平等向因材施教的实质平等过渡。随着人工智能时代的到来，教育范式开始转换，个性化教育成为可能。因此，我国应尽快研究相关立法，以保障新的教育技术能有效地应用于对每个人能力的开发和培养。①

而受教育的自由权就其本质而言，是权利人对自己人格塑造的权利，因此与人格权高度相关。我国通过齐玉苓这一典型案件确立了受教育权具有民事权利性质并可以追究责任人的民事责任的司法理念。而我国的《刑法修正案（十一）》对冒名顶替上大学进行了回应，从而使得受教育权成为刑法保护的法益，进一步加强了对受教育权作为人格利益的保护。教育自由表现为受教育者有权利选择接受何种教育。换言之，一个国家只有允许多种办学形式的存在，受教育者才能享受这一自由。虽然我国的义务教育及国家规定的特殊教育，不被允许采取中外合作办学的方式举办并自主地实施教育教学活动，但我国的高中教育和扫盲教育允许中外合作办学，国务院还通过颁布《中外合作办学条例》等一系列法规加以保障，我国加入世界贸易组织后，教育作为一种服务，国际资本被允许参与国内办学，虽然相关文件要求"增强政治敏感性，牢固树立教育主权意识"，但鉴于这些并非教育主权的核心权利，我国在这些方面做出了适度让步，允许国际化的教育机构在课程设置、教材选用、教学方法、教学语言等方面各有其特点。此外，自1982年国务院批准了《自费出国留学的规定》之后，出国留学人数也逐年攀升。我国的教育法、义务教育法以及民办教育促进法也承认了民办教育的法律地位，

---

① 参见高利红：《百年中国教育立法的演进——以教育主权和受教育权的双重变奏为主线》，载《新文科教育研究》2022年第1期，第52～55页。

规定了较大的办学自主权。因此，我国基础教育中民办教育的力量日益壮大，为受教育者提供了多种选择。综上可见，无论是中外联合办学和海外求学的制度保障，还是对民办基础教育的制度鼓励和扶持，无一不体现了我国对自由受教育权予以深入的贯彻落实。

一、公民受教育平等权面临的法律风险

在智慧教育时代，人工智能侵犯受教育权的形式首当其冲地体现为教育鸿沟。教育鸿沟来源于屏幕暴露的不足或过度。屏幕暴露不足是指学生因缺乏智能设备，无法获得教育资源，而屏幕暴露过度则是指学生滥用智能设备沉迷网络而放弃学习。[①] 屏幕暴露不足主要体现在：我国西藏、甘肃、四川、云南等中西部偏远地区或贫穷地区信息化基础设施建设比较落后，当地学校购买教学智能硬件设施与软件资源的经费缺乏保障，而受教育者自己也没有能力购买和获得智能设备，因此，这些地区的中小学生普遍无法享受到人工智能给基础教育带来的赋能，这与东部沿海地区或其他省会城市的青少年过于依赖智能设备导致长期沉迷其中形成鲜明对比，因而屏幕暴露不足导致了并非我国所有基础教育的受教育者都能依法享有运用人工智能技术与产品接受数字教育的同等机会，有违我国公民受教育平等权。此外，对于已有的人工智能教育条件，并非每个受教育者享有平等的利用权，在实践中，即便有学校建设有智慧教室或者投资购买了相关智能教学设备，但由于资源的有限性，往往优先让位于科技特长生或者科技创新班使用。

当然，人工智能对公民受教育平等权的冲击不限于此，公民受教育平等权不仅要求对人的平等，而且还包括教育内容上的平等，但就目前的基础教育实践来看，并非每个学校都开展了人工智能教育课程，即便有学校已经开设了这一课程，在课程体系、适用年级、教材选用、师资力量等方面也存在较大的差别，这使得同一年龄段中小学生接受到的在校人工智能教育的具体内容和难度上存在较大差异性。

人工智能时代除了对公民接受教育机会的平等权和接受人工智能课程教育内

---

① 参见管华：《智能时代的教育立法前瞻》，载《陕西师范大学学报》（哲学社会科学版）2022 年第 4 期，第 106~107 页。

容的平等权产生法律风险以外，还对由线上智慧教育带来的教育评价平等权产生影响。尽管 2022 年 6 月我国教育部基础教育司司长吕玉刚在新闻发布会上介绍：在我国，自 2012 年至 2021 年，小学的净入学率实现了显著的跃升，超过了99.9%，而初中的毛入学率则一直保持在 100% 以上的高水平。在义务教育的征程上，记录在案的脱贫家庭子女中途退学现象已成功杜绝，长期困扰我们的辍学难题终于迎来了决定性的克服。① 但在现实生活中，确实存在有极少数家长没有将孩子送到中小学接受正常的在校教育，而是通过对孩子进行家庭教育、让孩子进行线上学习或者带领孩子游历世界，这对我国未来的义务教育模式带来一定的影响。当然，基础教育的目标不仅仅在于学业课程内容的完成，还有更重要的社会性能力的培养、完整健全人格以及价值观的塑造，而后者无法靠单纯将青少年封闭在家庭环境中来实现。单从学业任务来看，我国现有相关立法没有对运用人工智能教育资源平台或工具而完成线上学习的学业成绩或学位明确给予承认。

二、公民受教育自由权面临的法律风险

近年来，教育发展面临着人民对优质多元教育的诉求与传统教育体系的教育资源供给不相适应的矛盾。人民对优质教育的追求愈发强烈，对教育选择自由权的要求愈发凸显。有学者提出保障受教育权应当以追求"教育自由""个性发展"为目的②，但受制于社会经济文化条件，受教育者的个性特点和利益偏好容易被忽视，受教育自由权难以实现。而当人工智能与教育越来越深度融合时，其对公民受教育自由权带来了新的法律风险。

人工智能侵害公民受教育自由权具体体现为教育操控。教育操控，指的是教育受到算法的操纵。依赖算法自动推送的信息妨碍了人工智能用户对现实社会的深入了解。通过精细化的信息筛选机制，算法给作为用户的学习者大量推送的都是曾经遇到或接触到的知识信息或观点，而鲜有异质信息、对立信息或者创新性

---

① 参见《最高检：打击"内鬼"泄露个人信息　教育部：小学入学率达 99.9% 以上》，载新浪网：http://k.sina.com.cn/article_6192937794_17120bb4202001uvvl.html，最后访问日期：2024 年 6 月 21 日。

② 参见陈·巴特尔、马慧卿：《新时代教育高质量发展中的受教育权保障》，载《人权法学》2023 年第 5 期，第 86~95 页。

观点，甚至相关网络评价都是根据学习者的个性分析自动被筛选出来，剥夺了学习者获取信息的自主权，限制了学习者探索未知知识或领域的无穷空间。因此，算法实际上在变相将学生的知识接触范围限制在一个相对有限的无形牢笼或"信息茧房"里，使得学习者成为"信息的囚徒"。

在目前的智慧教育场景下，学生的自主决策权受到一定程度的侵犯还体现在以下场域：人工智能教育产品及服务往往是学校以及老师指定的，往往老师为了教学的便利，指定的通常是唯一的产品或服务，例如指定了某一个特定的 App 软件或在线学习资源平台，并在上面布置作业并要求完成作业或打卡，学生自身并没有对人工智能教育产品及服务有自由选择的权利。事实上，不同学生具有不同的学习能力，这样一味限制无法实现个性化学习并真正提高学习效率。

此外，面部和语音识别技术让学校变成了一个无死角监控的牢笼，在持续不断的预测性干扰学习氛围中，学生的积极性和创造力被无情消磨；在对过去学习档案详尽审查的过程中，既定学习路径使学生无法摆脱。因此，过往绑架了未来，学生发展的广阔性与不可预知性受到固定化计算模式的限制。不仅如此，对人工智能的过分依赖会导致教育互动中师生之间的直接对话减少，从而缩减了教师和学生间的"主体间"联系，在此过程中，师生之间原有的关心、理解和密切联系被抹去，进而削弱了情感教育的有效性。教育环境中的师生均受算法操控，如同被线操纵的木偶。教师的职业技能逐渐衰减，而学生则被迫在课堂上展现"表演"技巧。教育的操纵性解构了教育的自主性，这种行为不仅损害了受教育者基本权利的核心——受教育自由权，同时也威胁到学生接受情感培育的权利。

三、人工智能对受教育基本权利概念内涵的扩张

传统的受教育权隶属于文化权利，它与人类社会进步紧密相连，扮演着不可或缺的角色，为个人发展提供根基与支持。[1]　审视《经济、社会与文化权利国际公约》及《世界人权宣言》等多项国际人权条约，可以观察到，在众多文化权利的分支中，受教育权经常作为一个独立条款被特别提出，并附有更详尽的说明。在

---

[1]　参见陈军：《文化基本权利研究》，载《广西大学学报》(哲学社会科学版)2014 年第 4 期，第 99~101 页。

我国，受教育权不仅被宪法中单独的条文所确认，而且受到一系列专门法律的保护，其被重视程度超过了其他的文化权利。究其原因是，受教育权不仅本身具有重要价值，还充当着维护其他文化权利乃至促进其他权利实现的辅助性角色。而且教育权利相较于其他文化权利更易在实践中得以实施，并可通过明确的国家义务得到稳固维护。

尽管在国际法及国内法层面上对传统受教育权做出了众多明文规定，但是鉴于人类社会持续演进，因此确保人的尊严、培养健全个性和获取基本生活能力的准则也会随之变化。完美捍卫教育权利的法律准绳无法一劳永逸地树立一个固定模式，因此，国际条约对缔约国施加的义务主要集中在确保公民享有平等的和易于获取的教育机会上。与此同时，国内法律在维护教育权利方面，更侧重于制定教育保障措施。在人工智能的革新浪潮中，受教育权所涵盖的范畴逐步在拓展，这一拓展则主要映射在内容和外部保障两个方面。

（一）受教育权涵盖内容的拓展

就受教育权的内容而言，评估一个特定的权利是否构成基本权利，主要依据两个关键准则：其一是该权利的基础性或不可替代性，其二是它是否被宪法正式确立。从不可替代性来看，传统的受教育权在教育的内容上更多地侧重于强调国家无偿提供平等的教育机会以及受教育者学习的平等权和自由权。然而，在现代社会，分工日渐精细，对个人专业素养的要求逐渐上升。若过分突出学习上的自由度，可能会造成公民在基本生存技能上的缺失，这进而可能会拖缓甚至阻滞社会的进步。因此，在构建教育体系时，必须设定最低限度的能力标准，这一标准应立足于根本，同时确保不会束缚学习者的独立性格及自主成长。在人工智能时代，公民必须掌握的"数字素养"不同于传统文明社会所必备的语言和文字能力，它更应该被视作基本生存技能，并且成为受教育权的最低保障标准。早在1972年东京会议中，联合国教科文组织将那些不能利用计算机进行信息交流、学习和管理的人群定义为"功能性文盲"。尽管"功能性文盲"并非仅仅因为人工智能的进步而产生，但以信息技术为核心的人工智能持续加剧了这一状况，使得那些缺乏获取通信技术和知识能力的人难以融入社会。通过比较不同国家对人工智能的远景规划，可以明显预见，在未来数十年内，那些"功能性文盲"将遭遇与传统文盲相似的困境。而且，由于人工智能的产生晚于法律，且获得与之相关的必要素养的重要性非经揭示就难以认识到，因此，"数字素养"这一内容必须以明示的方式体现于受教育权的内涵中。①

从各国宪法规定的法定性来看，为消弭数字鸿沟，一些国家如葡萄牙、古巴、委内瑞拉等已在宪法中明确将互联网服务纳入受教育基本权利保障范围。②由此可见，接受信息教育和数字教育从而具备必备的数字素养的权利逐渐成为受教育基本权利的组成部分。因此，受教育权在权利客体范围上增加了教育信息技术与数字技术这一要素。如果从受教育权历经的整个时间阶段来划分，受教育权可分为开始阶段中的受教育机会权、过程阶段中的受教育条件权和结束阶段中的受教育结果权。受教育机会权中机会的含义从传统的入校就学机会转变为入校就学机会与数字教育机会兼具；受教育条件权中的条件从"物理条件"向"虚拟资源"延伸，受教育者仅仅获得物理意义上的教育设施和资源在实质上并未完整享有受教育条件权，只有在物质条件的基础上还同时获得数字教育资源和设施才能在真正意义上享有该权利；而受教育结果权的评价方式也从单一的学业、学位纸质证书这一"结果评价"转化为"过程评价"，学习成果的证明方式更加丰富多样化，既包括纸质证明，也包括电子证书；既包括正式、正规教育的证明，也包括非正式、非正规或线上教育的证明。③

不仅如此，受教育权中的一个子权利即受教育平等权在权利内容上也包含了所有学生能平等接受信息教育或数字教育的机会和条件这一新内涵，而受教育权中的另一个子权利即受教育自由权还被赋予了新的含义，法律不仅赋予了受教育者在教育内容、教育形式、教育场域空间上的选择自由，终身教育则使得受教育权的时间跨度更大，而且受教育自由权尤其突出了学生应享有不受自动决策权，即学生不受算法的支配和操控，学生不是软件程序设计师的提线木偶，在需要做

①　参见朱家豪：《人工智能时代受教育权的国家义务》，载《湘江青年法学》（辑刊）2019年7月31日，第94页。

②　参见管华：《智能时代的教育立法前瞻》，载《陕西师范大学学报》（哲学社会科学版）2022年第4期，第109页。

③　参见刘璞、薛雅如：《智慧教育对受教育权的变革及其在教育法典中的表达》，载《湖南师范大学教育科学学报》2024年第3期，第107~108页。

出教育决策或选择时，软件程序不能自动按照学生的教育行为习惯轨迹与兴趣偏好等参数来自动代替学生做出决定或者进行数据预测暗示或引导，而是把掌控权交给学生自己。这一权利实质上是对受教育自由权内容的丰富和发展，适应了当前智慧教育的发展最新动态，为了真正落实教育以人为本的原则和尊重学生内心意志的真正自由。

(二) 受教育权外部保障措施的拓展

从受教育权的外部保障措施来看，依据宪法和《教育法》的规定，我国制定了《义务教育法》《职业教育法》《民办教育法》《教育督导条例》等法律法规来进一步保障公民的受教育权。这些法律明确了国家在教育领域中的尊重义务和给付义务，在人工智能时代，国家的尊重义务要求政府不干涉师生选择是否使用智能设备、接受智能服务；当然这个尊重是以确保师生掌握必要的数字素养、扫除"功能性文盲"为底线。给付义务则体现为国家有责任提供资金支持不同类型的教育。除了这两项义务之外，国家还有义务防止第三方侵犯公民的受教育权，并确保受教育权在制度和组织层面得到实施保障。

从传统意义上的公民受教育基本权的平等权和自由权两个层面属性出发进行探讨，我国在实施公民的受教育权方面，似乎不仅完美地实现了其防御性、受益性功能，还实现了其制度性、组织性、程序性保障功能。[1] 然而，在人工智能时代下，我国的智慧基础教育发展存在明显的地区结构和城乡结构发展不平衡的特点，特别是中西部地区的智慧基础教育的普及程度不高，发展程度也参差不齐，国家在智能教育设施、智慧教育网络资源以及人工智能课程教育的供给义务上与公民对公平优质基础教育的需求还存在一定的差距。而且，我国基础教育立法一方面没有规定当人工智能教育条件不具备或不充分时每个受教育者都可以平等地向国家主张教育条件建设请求权(主要包括教育设施建设请求权和教育财政措施请求权)，另一方面也没有明确规定有资格接受人工智能教育但无力负担教育费用的学生具有平等地享有从国家获得教育资助的权利。此外，当有人借助人工智能侵犯公民的受教育权时，现有法律应对存在不足，由于在司法层面受害主体难

---

① 参见张翔著：《基本权利的规范建构》，法律出版社 2017 年版，第 91 页。

以自行调查取证找到准确的过错方，受害主体无法准确启动行政申诉、行政复议程序或民事诉讼程序，即便范围能锁定为民事纠纷，现有立法对于此类特殊侵权行为的民事诉讼主体的举证责任、法院的依职权调取证据的情形、民事法律责任的具体形式和赔偿具体范围等问题没有明确完善的规定，存在程序性和制度性法律缺失，因而迫切需要我国基础教育立法在制度保障和组织保障层面上进一步拓展。

四、人工智能对受教育基本权利概念外延的扩张

在教育数字化、教育法典化和教育权利扩张化的背景下，由于受教育权这一概念的起源与义务教育的普及密切相关，受制于义务教育权利和义务的双重属性，因此，在时间上，受教育权这一概念本身难以建构"从出生到死亡"的终身学习；在空间上，难以包含"从学校到全域"的教育场所；在形态上，难以概括"从线下到线上"的深度学习；在内容上，难以覆盖主动学习、科研创作等宪法和教育法律赋予的权利。

此外，受教育权从范畴上分析也无法与国际条约中提到的"学习权"这一概念相对应。学习权是伴随学习型社会和终身教育被提出的一项权利，是教育者与受教育者关系地位转变的产物。20 世纪 50 年代，学习权的概念在国际社会被正式提出。1985 年，联合国教科文组织发表了《学习权宣言》，学习权被确认为一项基本人权，其本质是一项自由权，以受教育权、文化参与权、表达自由等为基础，并号召全世界的人民和国家与联合国共同促进和推动学习权的实现。有学者认为，学习权的提出是受教育权利相关理论的重大发展和突破，也是公民受教育权在学习型社会的体现。① 学习权的概念外延相较受教育权概念更为宽泛，其着重强调公民主动学习的权利，是受教育权的上位概念。②

但也有学者指出，受教育权作为与教育权直接对应的概念尚有不妥，学习权才是与教育权相对应的概念。这里的学习权指学习者不仅拥有接受教育的资格，

---

① 孙霄兵、马雷军著：《教育法理学》，教育科学出版社 2017 年版，第 321 页。

② 参见马雷军：《教育法典中教育权利核心概念重构》，载《教育研究》2024 年第 7 期，第 35 页。

同时亦拥有对教育内容的挑选权、对学习的自控权，以及利用这些权利来促进个人成长的自由。其理由有二，其一，受教育权从字面上来看，更加强调"接受""受到"这种被动的含义，难以涵盖主动的、自主的、单项的学习权利；其二，受教育权仅仅限于在各种形式的教育机构中通过教与学的模式进行学习的权利，对应的是学校教育体系，并没有对应终身教育体系，因此，理论上还应该增加自主学习权的概念，使之与受教育权概念并列成为学习权的下位概念，而学习权才是与教育权相对应的概念，这样才使得理论的建构上更具有严谨性。需要明确的是，这里的自主学习权不是指在传统学校教学模式中的自主学习，而是指权利主体摆脱了传统的教与学模式自身主动进行的学习，如利用图书馆、网络资源或讲座进行的学习等。①

上述观点有待商榷，学习权不宜取代受教育权成为教育法学研究的基本概念。理由在于：学习权概念的内涵与外延过于宽泛，权利内容不确定，不宜作为一个法律概念。学习权对教育自主性的过分强调，导致了对国家在教育领域中权力和职责的忽视，这与教育实践中受教育权的运行状况存在较大偏差。更何况在我国基础教育领域，受教育权占据无法撼动的地位，权利主体必须依赖学校这个教育机构的教学模式来进行学习，因而自主学习权几乎没有体现的空间；而反观受教育权，受教育权的英文翻译不应是"right to receive education"，而应该是"right of access to education"，因此，其英文字面上不应狭隘理解为"接受"的含义，而是指的一种"通路"或"路径"。受教育权是公民为了人格的自我完善而具有的基本权利，它不仅要求国家提供教育机会和设施，也强调国家不予侵犯其受教育的自由，其权利构造也具有积极的意义。② 因此，目前学习权概念只是预示着受教育权概念发展的方向，却无法取而代之。

基于上述分析，我国的公民受教育权概念的外延已经向主动学习权、举办教育权、科研创作权等权利拓展，从而与传统的受教育权一起构成个人教育权利集群。学者马雷军认为可以将受教育权、主动学习权、举办教育权、科研创作权、

① 孙霄兵、马雷军著：《教育法理学》，教育科学出版社 2017 年版，第 327 页。
② 余雅风、姜国平、罗爽等著：《教育法学研究》，福建教育出版社 2021 年版，第 101~102 页。

教育平等权、教育选择权等公民个人教育权利整合为个体教育权,从而与国家教育权、社会教育权、家庭教育权等教育权利并列构成教育法典中的教育权利体系,在教育法典的编纂中,应当将个体教育权作为核心概念贯穿教育法典立法始终,以保障个体教育权最大限度实现作为教育法典编纂的终极目标。[①] 马雷军所称的教育平等权实质是指前文所阐述的受教育平等权,而他所称的教育选择权即为前文探讨的受教育自由权,无论教育选择权还是教育平等权,从法理学和法哲学来看都已经涵盖在受教育权这一概念的内涵之中,是受教育权概念的应有之义。因此,受教育权这个概念外延的扩展范围只是拓展了科研创作权和举办教育权。

面对人工智能对我国受教育权产生的上述法律风险,我国现有的受教育权规范体系在应对这些法律风险方面却显得有些力不从心。其体现在以下几个方面:

第一,在我国基础教育领域内虽然人工智能教育具备学校这一明确的组织保障,有明确的受教育主体,但社会对于在校的人工智能课程教育内容体系没有达成统一的共识,教育部对人工智能教育内容也没有出台有法律约束力的统一的正式法律文件,在义务教育阶段,教育部制定的"课程指导标准"没有对人工智能教育课程体系进行全面科学的阐述,导致现有的基础教育领域的人工智能教育还在实践探索阶段,许多中小学校的实践做法不一,较为混乱和盲目。义务教育中"课程指导大纲"也没有规定作为国家义务存在的人工智能教育督导模式。

第二,虽然国务院常务会议早在 2019 年 8 月 29 日就提出要"加快建设教育专网"。我国《教育法》第六十六条更是明确规定了国家在保障公民接受信息教育权利方面的给付义务是"推进教育信息化,加快教育信息基础设施建设"。但是该条属于方针性条款,它属于法律原则性规定,不具备实际的法律约束力以及执法与司法层面的可实施性和监督性,单个的受教育个体无法向国家提出明确的特定化的请求权内容,也不存在相应的法律责任的规定。

第三,对于那些无法获得学校教育且缺乏其他学习渠道的公民来说,掌握人工智能相关知识是一项挑战,人工智能知识的专门性和排他性进一步加剧了这一

---

① 参见马雷军:《教育法典中教育权利核心概念重构》,载《教育研究》2024 年第 7 期,第 30 页。

挑战，使得这些公民的相关权益难以得到确保。尽管我国的《教育法》确立了针对离校人士的继续教育模式，可是放置于人工智能时代的背景下观察，目前我国在此方面的支持力度显然不够，加之缺乏相应的法律规范，因此未能构建起健全的制度防线。

最后，面对人工智能已经对公民受教育权造成侵犯的现实，我国尚未借助现有的行政规范框架和组织体系，结合人工智能的发展特点编制相关教材，通过行政手段开展扫除"功能性文盲"的专项教育行动，以求在短时间内提高公民的数字素养。①

因此，为适应权利保障诉求，我国基础教育立法价值取向应从传统上保障"以社会权为核心的受教育权"发展为"兼顾社会权与自由权属性的受教育权"，兼顾"教育机会均等"与"公平优质教育"，从"教育管理法"向"国家教育管理权与个人受教育权的平衡法"发展。教育法典的编纂应对智慧教育模式下受教育权的新内涵和外延作出回应，加大公平优质教育的制度供给；增加保障教育选择自由权的制度；确立数字教育保障制度和数字教育隐私保护制度；纳入非制度化教育与终身学习法律制度，保障教育活动中的自由权，实现人的全面发展。②

第二节　我国国家基础教育权面临的法律风险

国家教育权体现的是权利和义务的双重属性，即既包含国家有为公民提供教育机会和教育条件或设施的义务，也包含国家有权要求公民接受必要的基本教育的权利。因此，国家教育权具有供给和干预两种属性。其中的供给是指国家提供教育服务资源、产品和设施的能力，而干预是指国家对教育内容和教育方式进行的一定的控制。根据我国宪法规定，政府为九年义务教育制度提供完全和充分的物质条件和制度条件，这说明了在我国教育体系中，除了九年义务教育以外，学前教育、高等教育等其他教育并不是国家对公民的强制性义务规定，因此，国家

---

① 参见朱家豪：《人工智能时代受教育权的国家义务》，载《湘江青年法学》（辑刊）2019年7月31日，第96页。

② 参见刘璞、薛雅如：《智慧教育对受教育权的变革及其在教育法典中的表达》，载《湖南师范大学教育科学学报》2024年第3期，第106页。

教育权在干预属性中的强制色彩只在我国的义务教育中充分展现出来。在非义务教育领域中，国家只是给公民进行了授权和指引，为公民获取其他教育提供了机会和可能。在国家教育权的干预属性中，根据干预方式的不同，有学者提出了国家教育权包括强制性教育权力与基础性教育权力两种范畴。所谓强制性教育权力是国家强制要求公民接受某种教育，例如我国《宪法》第四十六条规定公民有接受教育的义务；而基础性教育权力则是国家贯彻到公民日常生活中的权力，主要为公民提供积极指引，告诉公民在教育领域中可以和应该做什么。①例如，我国《宪法》第十九条第四款(国家鼓励社会力量办学)、第二十四条(国家加强社会主义精神文明建设)。

一、我国国家教育权内涵与运行的变化

人工智能时代，海量数据和高效算法的信息技术催生了限制和控制个体的"数字权力"，数字权力是在数字化决策能力基础上产生的一种全新的权力形态。这种权力形态强化了权力的网络力量，提升了权力的行动力量，濡化了权力的强制力量，造成一种"超越国家"的理论假象。但数字权力在事实上并未改变权力的国家属性，只是拓展了权力的实施空间，造成了国家对数字社会的技术依赖，将从根本上重构国家权力与公民权利的关系。② 具体到基础教育领域，我们可以清晰地看到数字权力对基础教育的积极影响，它强化了国家教育权的权力末端和效用，增强了国家教育权的控制能力。政府和学校能够非常快捷地掌握有关教育的详细信息以突破层级权力递减的限制，如建设数字教育平台、建设智慧教育系统、建立学生数字档案、监控课堂过程、分析教学效果等。在这个过程中，通过精细解析的方式测量受教育者及教育过程，智慧教育可以基于受教育者的个别化、单体化而实现精准定制。③ 但与此同时，我们也应清醒地关注到数字权力给国家基础教育权的内涵和运行带来了一定的变化。

---

① 参见申素平、赵赫栋：《数字时代国家教育权与受教育权的关系审视——兼论教育法法典化的底层逻辑》，载《教育研究》2024 年第 7 期，第 25 页。

② 参见周尚君：《数字权力的理论谱系》，载《求是学刊》2024 年第 1 期，第 101 页。

③ 参见申素平、赵赫栋：《数字时代国家教育权与受教育权的关系审视——兼论教育法法典化的底层逻辑》，载《教育研究》2024 年第 7 期，第 22 页。

(一)我国国家基础教育权的内涵面临的新形态

在人工智能时代背景下,国家通过信息技术创造了权力运行的数字空间,而这个空间不是为了规定受教育者的义务,也不是为了要求受教育者做或者不做某种行为,而是为受教育者实现权利提供基础建制,因此国家教育权更多地呈现出治理性属性,对公民授权而非干预。即便在有限的干预场合中,国家教育权往往是在"给付"的同时融合了"干预",通过干预完成的给付和通过给付实现的干预同时存在。例如,国家对智慧教育平台、智能教育系统的提供是对受教育权的服务和产品供给,这种供给对受教育权确实产生了促进作用,但同时这种供给由于存在着算法规则而限制了受教育者能够接触到的信息内容和范围。

此外,国家教育权中的强制力有所淡化,软性教育治理形态被予以重视和凸显。国家教育权一般以强制力作为后盾,因此在诸多教育法律法规中规定了受教育者的法律义务及相应的法律责任,并且这种义务和责任的规定集中反映在学校教育和义务教育中。然而,除了学校教育外,国家还具有对公民进行道德教育、文化教育以及法治教育的权力,例如,我国《宪法》第二十四条就规定了社会主义精神文明建设,侧重于国家对公民的教化。[1] 然而,在人工智能的加持下,国家教育权摆脱了对权力强制性的过分依赖,其建立在对个体的身体、情绪、行为持续不断的观察分析上,能够通过大量的高精确度数据,对个体进行深度解析,进而重塑环境和个体。在数据和算法的结合下,国家教育权实施者可以对受教育者实施更为精准而潜移默化的权力,而这种以有效的收集、分析和处理数据作为国家数字治理的手段也可以称之为国家无形的、柔性的软治理形态。[2]

(二)我国国家基础教育权的运行面临被分化的风险

数字权力的扩张客观上使国家基础教育权不可避免地存在被分化的风险。一方面,数字权力使数字科技企业有机会分享甚至挤占国家教育权的运行空间,挑

---

[1]　参见秦小建:《精神文明的宪法叙事:规范内涵与宪制结构》,载《中国法学》2018年第4期,第40页。

[2]　参见申素平、赵赫栋:《数字时代国家教育权与受教育权的关系审视——兼论教育法法典化的底层逻辑》,载《教育研究》2024年第7期,第23页。

战我国国家教育权力的行使空间；另一方面，数字权力在一定程度上削弱了国家教育权的实施效果。

1. 数字企业分享数字权力，嵌入国家教育权的运行过程

人工智能时代下国家的权力是算力与数据的整合力与控制力，权力实施的过程需要与数字企业合作治理。但基于客观条件的限制，国家无法完全对数据进行专属性的支配，必须去依赖数字企业的技术和资源的相关支持，也无法不与这些数字企业分享相关数据，因此，国家在无形中不得不向数字企业让渡一部分权力。2022 年 3 月，教育部实施教育数字化战略行动，推出国家智慧教育平台，涵盖基础教育、职业教育、高等教育等各个阶段。但目前的智慧教育平台主要是对不同课程平台的整合，发挥着门户网站的作用，大部分课程平台或由数字企业主办或依靠数字企业提供资源或技术支持。正是由于这种支持，这些数字企业可以参与智慧教育平台建设，嵌入国家教育权的运行过程中，在一定程度上分享平台规则的制定权、执行权、监督权、处罚权，甚至有权管控课程内容和管理用户数据。[1]

站在人工智能的角度分析，人工智能技术凭借大数据处理、先进算法和云计算等关键技术领域的突破实现了飞速进步。与此同时，这一技术与移动通信技术的融合，更是促进了具有市场支配地位的数字平台及其应用在全球范围内的广泛扩散和跨界融合。在人类与科技的互动框架内，信息不平衡现象逐渐加剧，演变为数据掌控权的极端不对等和用户与政府对于算法及数据处理逻辑的无知。在云计算领域的独占企业，凭借其无可匹敌的计算力量，形成了一种难以扭转的压倒性不对称。当人工智能进一步应用于我国基础教育的数字化领域时，导致了私营数字技术提供商形成了以个人或集团形式存在的私有数字霸权，进而引发了企业炒作、算法歧视、教育不平等、数据隐私侵犯等伦理问题。

不仅如此，人工智能与数字技术的融合还导致了以全球领先的人工智能技术供应商为代表的数字私有治理体崭露头角，挑战着主权国家传统的教育权治理结构。国家教育权在实施过程中针对人工智能的价值目标是将人工智能视为共同数

---

[1]　参见申素平、赵赫栋：《数字时代国家教育权与受教育权的关系审视——兼论教育法法典化的底层逻辑》，载《教育研究》2024 年第 7 期，第 24 页。

字产品以最大化服务于公共利益，而与之不同的是，私有的人工智能开发商，尤其是掌握数字平台的实体企业，其设计、开发和商业运作人工智能的核心要务是以商人的盈利最大化为目的，不可能将国家利益和社会公共利益放在首位，因而其有一套独特的规范体系。智能系统常常在用户未充分了解且未给予明确许可的情况下，执行监控个人信息、辨认用户活动模式和对用户行为进行判定的任务。智能数字化平台的经营者在制定规则之外，甚至还担任着监管规则的角色。在用户之间、用户与供应商之间发生争执时，这些平台的经营者通常会立即作为调解员介入。有的经营者甚至已经建立了自身独特的在线争议解决机制，从而对传统的调解和诉讼争议解决方式产生了一定的挑战。

2. 数字企业拥有的数字权力削弱了国家教育权的实施效果

在互联网空间中，每一个主体都在生产和传播信息，都在参与"数字权力"的行使，其中，平台企业更是凭借其资源优势和技术能力形成了具有社会支配力的"私权力"，能够对受教育者尤其是未成年人产生深刻的影响。一方面，由于信息资源的来源的多渠道化和多样本化，基础教育的受教育者不再完全依赖教师、父母和其他传统媒体来获取知识，而是主动或被动地获取了海量的未经甄别的信息，并被内化为个人知识体系的组成部分，这无疑挤占了国家教育权的作用空间；另一方面，算法操纵、网络沉迷、不良信息等都会使未成年人对学校教育产生逆反和对抗心理，更容易去质疑教师输出的观点，甚至会产生未成年人犯罪等严重社会问题，妨碍了国家教育权的正常实施。

为了引导全球各国面对上述挑战，联合国教科文组织在2018年发起了关于制定全球人工智能伦理规范的倡议。在2021年11月的联合国教科文组织第41届大会上，《人工智能伦理问题建议书》得以批准，它向全球的政府和主权国家提供了据以遵循的全球人工智能治理立法的依据和指引。当然，该建议书的落地实施还须依赖国家层面对人工智能及数据隐私保护相关法律法规的建立健全。因而，教育领域的政策制定者迫切需要深化对人工智能应用带来的特殊伦理挑战的理解，并据此制定方针。①

---

① 参见苗逢春：《从"国际人工智能与教育会议"审视面向数字人文主义的人工智能与教育》，载《现代教育技术》2022年第2期，第10~11页。

　　站在国家的角度来审视，我国对教育领域的数字治理也呼唤着体现数字权利观、数字正义观和数字秩序观的新兴规范的出现。虽然早在 2021 年我国科技部就已经制定了《新一代人工智能伦理规范》，其中包含对人工智能伦理的禁止性规定和积极性要求，但是其并没有上升至法律层面，而且该伦理规范也不是专门针对应用于教育领域的人工智能，不能反映出教育行业的背景和特点，另外，我国虽然已经将人工智能法列入《国务院 2023 年度立法工作计划》，但并没有出现在 2023 年第十四届全国人大常委会未来 5 年的立法规划里，因此，我国教育法律规范的制定者亟须加快对人工智能在教育领域应用中的治理体系问题研究。

　　面对人工智能时代，我们需尽快完善我国基础教育立法。其中应该明确规定：第一，基础教育必须秉持共建共治共享属性，教育技术创新必须被纳入可共享的公共数字产品范畴；在加强数据信息权利保护的同时促进数据信息的流通和分享，不能任由私人控制和垄断，从而消除"数字鸿沟"与"数据孤岛"。第二，新技术在基础教育领域中的应用应遵循价值理性，明确其目的是尊重人、关怀人和促进人的发展，要树立技术人文主义和技术谦抑性的基本原则，以人为本、为人控制，服务于正确的教育发展方向，尊重每个学生的权利和需求的原则，以确保私人的人工智能技术供应商不利用隐形技术和算法侵害教育领域的相关权利。此外，立法要摒弃功利思维，避免数字技术简单地以成绩为量化指标、通过智能化设备对学生进行身心规训。第三，鉴于国家教育权包括强制性权力和基础性权力，为了保障国家教育权在人工智能时代的有效行使，一方面，我们要对强制性教育权力坚持法律保留原则和比例原则。[1] 对公民受教育权人这一宪法规定的基本权利的有关限制或强制性义务，必须由立法机关通过法律规定，行政机关不得代为规定，行政机关实施任何行政行为皆必须有法律授权，否则，其合法性将受到质疑。只有坚持法律保留原则才能遵守立法权与行政权的界限，依法约束行政自主权。当教育行政主体在实施具体行政行为时应有效地约束行政自由裁量权的行使，兼顾行政目标的实现和保护行政相对人的权益，如果行政目标的实现可能对行政相对人的权益造成不利影响，则这种不利影响应被限制在尽可能小的范围

---

　　[1]　参见郑晓剑：《比例原则在民法上的适用及展开》，载《中国法学》2016 年第 2 期，第 143~164 页。

和限度之内，二者应有适当的比例，从而维系国家利益、社会公共利益和私人受教育权益之间的平衡。另一方面，由于基础性国家教育权主要通过柔性的引导、隐性的软治理加以实施，对待基础性国家教育权，我们要进一步推动教育领域公共数据的开放、多方主体参与教育公共事务的机制和平台的建立。第四，要设立相关的教育类人工智能技术私人供应的市场准入门槛机制，并且为预防和化解相关的治理风险，应建立强制责任基金或保险金制度。第五，应构建指向人工智能算法风险消解的法制监管体系，通过法律技术化干预手段消除算法黑箱、算法偏见和算法错误。算法生成的结果表面上看似自主且无须人工干预，然而其本质依旧依循程序员编写的一套规则。尤其是当涉及收益函数的构建与处理时，这些规则凸显编写者的意识形态与价值取向，因此必须强化政府的监管职能和法律约束，防止在教育人工智能的应用过程中出现责任不明的制度性阻碍，① 将法的价值嵌入算法程序之中，将算法权力视为智能社会的要素并进行规范化。②

二、我国基础教育主权面临的具体挑战

国家教育主权即国家教育自主权，是一国在国际公法领域中的权利体现，是国家主权在教育领域的延伸，体现了一个国家在教育方面的自主决策权，涵盖一国内部的教育立法、司法和行政层面的独立治理以及有关教育事务的独立国际交往。教育安全在维护国家安全中占有重要基础地位，而维护教育领域的主权对于保障国家的教育安全至关重要，因而，在我国的教育立法中要强调对教育主权的维护。正因为如此，我国目前的基础教育立法总体上仍然属于公法性质的法律，公法仍占主导地位。在这些公法中始终贯彻着教育主权的宣示和行使，其中既包括核心层面的立法权、司法权这些刚性主权，也包括教育管辖权、投资权、运行权、产权、信息共享权这些弹性层面的教育主权。③

---

① 参见孟翀、王以宁：《教育领域中的人工智能：概念辨析、应用隐忧与解决途径》，载《现代远距离教育》2021 年第 2 期，第 62~69 页。

② 参见何明升：《中国网络治理的定位及现实路径》，载《中国社会科学》2016 第 7 期，第 112~119 页。

③ 参见罗希明：《国家教育主权研究综述》，载《广西教育学院学报》2012 年第 5 期，第 47 页。

在国际社会中，每当面临重要的国际条约缔结或技术革新时，教育主权在国际层面的实际让渡便会成为焦点，教育主权现实形态的变化也不可避免，无疑会引发对教育主权的研究热潮。学术界关于我国教育主权研究的上一次高潮，是在中国加入世界贸易组织(以下简称WTO)的时间段即2001年11月之后，作为服务贸易产业的教育产业也被裹挟进全球贸易的洪流，面临贸易自由化的冲击，学者们在当时的研究聚焦于以下几个核心问题：教育主权的概念、教育主权与教育产权的关系、教育主权的让渡以及我国的教育主权在WTO规则框架之下应被保护的策略。学者们研究的目的是为避免我国的教育主权被利用WTO规则进入中国教育市场的外国资本所控制，从而对我国的教育自主权造成冲击甚至瓦解。①

随着市场化、全球化的进程，私法因素开始萌芽，民办教育发展非常迅速，从1997年国务院颁布的《社会力量办学条例》到2002年我国颁布《民办教育促进法》，国家对私人投资的民法教育逐步松绑，给予了民办学校较大的自主权。此后，各地纷纷制定条例、办法等，推动民办学校的发展。这些立法基本上强调了民办教育的独立性、专业性、公正性、公益性，均要求民办教育机构采取法人治理结构，设置理事会或董事会。这些足见我国基础教育立法已经呈现出更多的私法内容。然而我们应当看到，国家对基础教育的绝对控制权虽然有所减少，但国家对基础教育的管理依然非常深入和全面。教育行政主管部门的监管范围十分广泛，比如义务教育阶段的教材审定、外籍教师的市场准入、国际学校的审批监管等也属于国家高度关注的管理事项。② 即便是在我国加入WTO之后，我国基于维护教育主权的原因对教育产业的市场开放仍保持非常谨慎的态度，除了对境外消费这一种服务类型的管制较为松动以外，对自然人流动、商业存在和跨境交付这三种服务贸易类型仍严格管制。具体体现在：在中国加入的GATS协议中，针对教育服务等九个领域对跨境交付未作承诺；在商业存在方面，允许中外合作办学，但未承诺给予中外合作办学以国民待遇，保留了对中外合作办学的审批权和定价权；在自然人流动方面，进行有条件教育主权让渡，既强调来华外籍教师的

---

① 参见陈彩伟：《我国教育安全面临的挑战分析及其对策研究——基于教育主权与信息主权双重视角》，载《中国教育信息化》2017年9月，第23页。

② 参见高利红：《百年中国教育立法的演进——以教育主权和受教育权的双重变奏为主线》，载《新文科教育研究》2022年第1期，第56页。

学历、职业资格和工作经验，又对其在华居住时间也有一些限制。①

在大数据和人工智能技术的推动下，教育领域经历了根本性的转型，其教育理念、教学方法以及教育格局均经历了革命性的演变。全球范围内，开放式课程资源（OCW）、公开讲座、大规模在线开放课程（MOOC）以及反转课堂等教学模式，伴随技术的不断进步和时间的流逝持续涌现，呈现出多样化和创新的特点。教育层次涵盖了从中小学到高等教育、研究生阶段以及成人继续教育的各个层面。在这个全球信息互联的时代背景下，不同国家在教育资源的传播力度上存在显著差异。以英美为代表的强国，以其独特的优势掌控并提供了那些富有国际竞争力及影响力的教育资源。这些国家拥有别具一格的教育影响方式、服务宗旨以及独具特色的教育内容、教学模式和课堂展现形式。尽管我国已经建立起一些与国际接轨的慕课平台，并在这些平台上开设了涵盖多个学科、多个层次的课程，力求在全球教育舞台上展现我国教育的特色和实力，但是我国在教育服务技术的发达和应用成熟程度上与英美国家存在一定的差距。具体而言，在我国基础教育领域中，教育主权所面临的挑战具体表现为以下几个方面：

（一）教育内容信息的审核工作变得更加复杂

教育内容，是教育者所要传递的知识，是实现教学目标的基石。任何教育内容，均无法脱离价值属性。教材内容的审视在全球各国均属不可或缺，不论是通过国家统一的审查机制，还是依托社会和家长的监督作用，此类做法关乎教育主权的根本构成。在现今时代，知识传授已不再仅依赖于物理媒介，相反，它通过更为潜在和更广泛散布的课堂影像、声频和图片等形式，直观地展现于学习者面前。这种教育资源的传输过程中嵌入的教学信息，往往难以接受有效的审核与评估。在教学活动中，文化的交流与传播是难以避免的，这包括不同地区和国家的价值观念和文化特色，特别是西方世界所倡导的"普世价值"观念，尤其是在历史、政治等人文与社会科学的教学内容中得以体现和传播。

---

① 参见李威、熊庆年、蔡樱华：《试论"慕课"条件下高等教育国际化中的教育主权问题》，载《高等教育研究》2015年第2期，第25页。

（二）多元化的信息传播途径使得学生群体变得碎片化，难以实现集中的监管和统一的管理

在这个几乎每个人都拥有手机的时代，学习资源可以通过许多不同的途径进行传播。学生既可以在国内外教学资源传播平台上学习，也可以利用一般的网站、社交软件学习。因此，教育内容和教育对象的分散性和潜在性，导致如果有危害到我国教育主权的教育内容和教育形式隐藏在无形网络中的某一个角落，难以被及时甄别和发现，而且由于传播速度快，波及范围广，要消除对学习者价值观上的负面影响较为困难。

（三）学校的信息安全性较为薄弱

信息技术的广泛应用已经引领我们步入了大数据时代。依托于对教育大数据的深度分析，我们得以让教育更加精准，进而有效地实现教育目标。教育记录蕴含着众多学生的学习经历、兴趣和学习评估等敏感资料。若这些信息被不当公开，学生可能会遭受重大干扰。此外，如果教育领域的信息安全出现漏洞，导致数据外泄或遗失，也将严重损害相关实体的市场竞争力，此现象不仅影响个体，亦可能波及至国家层面对教育行业的整体竞争力。

（四）教育领域的市场竞争进一步升温

教育领域是国民经济中一个不可或缺的板块，如果失去了对教育行业的引领和把控，那么国家的教育主权就无法彻底行使。在信息技术尚未高度发达之时，教育往往表现出一种地域性的隔离现象，各地的教育者和学习者通常会基于地理位置的便利性，选择邻近的教育机构进行教学和学习。信息科技的进步粉碎了这一障碍，这对优质资源的均衡分布大有裨益，从而推动了教育公正的进程。然而，从另一角度来看，那些在资本和经验上本已占尽优势的外国教育机构，有望以更迅速的手段，将他们的教学资源推送至全球各地。这对那些发展中的国家来说，可能会加大教育领域主导权的流失，进而导致教育主权的削弱。不仅如此，国际学术研究议题的设定大多数掌控在少数几个以英语作为交流媒介的国家之中，这些国家创办的期刊，以一种隐性但强大的力量引领着国际学术的方向，也

左右着内含于学术研究之中的价值，也给我国教育主权的维护带来一定风险。

（五）公民对于教育主权的维护警觉性较低

针对传统领域的主权问题，国民对于国土权威的维护感知颇为显著，他们具备辨别出任何侵犯国土权益言行的能力。然而，传授知识常如细雨滋润，悄然无声。在虚拟世界中寻求学问的个体，往往未能察觉到其观念和信仰正逐渐受到来自西方文化和价值观念的渗透。他们难以将教育的独立性与获取知识的便利性分割开来，常常因贪图学习的便利而未察觉到教育主权受到的暗中侵蚀。①

（六）我国基础教育数字主权对外国的"长臂管辖"和"规避管制"应对不充分

我国现有的立法并没有局限于从物理范围或地域上对网络安全主权的边界进行界定，以《网络安全法》《数据安全法》为代表基本上是从行为层面上予以规制，从而实现对网络空间治理权和数据权的保护，这种规制主要是对涉及网络和信息行为的各个层面（包括物理层、连接层、网络层、传输层和应用层）构建相应的规制方式，并且，在坚持属地原则之外还确立了效果原则，无论在境内还是境外，只要对我国产生社会后果，那就要纳入我们的法律规制。但是，仅仅依靠地域管辖权和效果管辖权还不能充分发挥我国这些相关法律的适用效果，无法充分保护我国的社会公共利益以及公民、法人和其他组织的合法权益。

究其原因在于，美国、澳大利亚、加拿大、英国以及一些欧盟国家，它们均采用长臂管辖的策略来维护它们的网络安全和空间安全。例如，欧盟的《通用数据保护条例》（英文简称为GDPR）就是一个典型，而美国则通过制定《澄清境外数据合法使用法》（也称为"云法"）来规避规制，因为该法明确规定美国执行机构可以直接获取境外数据包括境外有关基础教育的数据，同时应外国政府请求向其提供美国公司控制的非美国人数据（其中包括非美国人的个人教育信息）。如果说长臂管辖是把手伸到别国那里去"管"，则美国的这种规避管制是直接把手伸到

①　参见陈彩伟：《我国教育安全面临的挑战分析及其对策研究——基于教育主权与信息主权双重视角》，载《中国教育信息化》2017年9月，第23~25页。

别国那里去"拿"。

面对外国的长臂司法管辖和规避管制这些单边主义和保护主义行为，中国没有再被动应对，而是采取了更加主动和系统的法律措施，2020 年 9 月与 2021 年 1 月，我国商务部先后发布了《不可靠实体清单规定》与《阻断外国法律与措施不当域外适用办法》，而随之在 2021 年 6 月 10 日，全国人大常委会又公布了《中华人民共和国反外国制裁法》，这些法律规范标志着我国反阻断法律体系已经正式建立。但是我们应当看到，这些反阻断立法在适用过程中还可能存在着适用不充分或适用效果不佳的问题。此外，我国教育立法和数据立法中尚欠缺域外适用的具体条款与我国现有的反阻断立法体系相衔接，从而导致我国自身的基础教育数字教育主权的适用效力没有在国际社会层面得到明显增强，因而我国的基础教育法律还没有真正产生域外效力。①

上述这些挑战都强烈呼唤着我国基础教育法律要加强应对教育主权面临的智慧教育时代带来的挑战。随着数据跨境流动日益频繁，2023 年 5 月，我国国家互联网信息办公室出台《数据出境安全评估办法》（以下简称为《办法》），《办法》明确了重要数据的范围，若这些数据被篡改、损毁、泄露或被不当获取、利用，可能对国家的安全、经济秩序、社会秩序、公共卫生安全等方面造成损害。《办法》规定了数据处理者申报数据出境安全评估的法定义务及相关法律责任，坚持事前评估和持续监督相结合、风险自评估与安全评估相结合，其立法目的是为规范数据出境活动，保护个人信息权益，维护国家安全和社会公共利益，促进数据跨境安全、自由流动，切实以安全保发展、以发展促安全。《办法》显然对于维护我国基础教育主权安全具有重大意义，但遗憾之处在于《办法》的立法层级较低，仅为部门规章，并且其规范的内容仅涉及数据跨境流动环节的安全风险评估问题，现有的监管法律规范缺乏对与人工智能教育相关的智能教育平台和算法的跨境流动的监管内容。未来我国在制定数据权单行法应该在《办法》的基础上对数据跨境流动进一步规范，从而进一步维护和巩固我国基础教育领域的教育主权，确保数据主体的个人隐私和安全得到保障，同时促进教育数据的合法有序流动和利用。不仅如此，在我国目前正起草编纂教育法典的背景下，应该在其总则

---

① 马长山主编：《数字法治概论》，法律出版社 2022 年版，第 446~447 页。

编中将教育内容(包括网络教育内容)审查、教育传播渠道设定等内容集中统一规定，并进一步完善我国的《数据安全法》《国家安全法》和《保密法》等相关法律，为我国教育主权的维护提供法律依据，保证教育主权在具体执法中的合理性和可行性，以有力保护我国的教育主权不受损害。

当然，应对上述挑战不能单纯依靠法律制度的完善，需要各种因素多管齐下一起发力。比如：在信息技术领域，通过强化科学研究与开发，实施产业支持政策，逐渐掌控关键技术的控制权，这是我国信息技术进步避免受制于他国的关键路径。在教育领域内，提升教学内容的审查力度，对教学媒介实施更严格的监管，打造一个全国统一的教研信息发布系统，强化学习数据的保密性，通过财政资助、税务优惠及资本市场的倾斜支持，助力本土教育机构的成长；同时，注重培养公民在维护信息自主及教育主权方面的意识与立场。最后，在法律领域，我们还需强化我国现有反阻断法律体系的有效实施，补充教育相关立法中的域外适用条款，设法阻断外国的长臂管辖、规避管制的不当适用，增强网络空间主权的适用效力，加强国际合作，并积极参与国际规则的制定。

第三节　学校的教学管理权面临的法律风险

人工智能，作为以技术为核心的教学辅助工具，逐渐融入了教育生态体系之中，催生了教育结构的转型与革新。因此，有关"学校是否将消失""学生是否需要接受传统教育"等议题，一度成为热门话题，频繁引发讨论。某些学者提出"教育机构的衰落"的观点，他们主张："在虚拟教育环境中，由于其费用相对低廉且赋予学习者极大的自主性，学习者仅需支付少量的费用或者无须支付费用，便能接触到大量的高质量学习资源以及对其学习成果的认可。"学校教育，作为人才的培育摇篮，有别于社会教育、家庭教育以及其他教育途径，具备一套完整的教学和教育活动准则。教师按照既定目标，有计划、有结构地对学生的精神和体能进行塑造，引导他们的成长方向符合社会的期待。学校教育不仅仅是指导学生成为有才干的人，更重要的是引导他们成长为具备完整人格的个体。这一过程与人类社会的进步息息相关，并遵循其固有的规律和特质，不会因单一因素的变动而改变其本质。① 因此，就如人工智能无法替代教师一样，传统的学校教育也无可替代。当然，人工智能融入学校教学生态结构的趋势是无法阻挡的，除了人工智能应用给教师教学方式的巨大变革外，学校课程在未来将变得更加精品化、定制化、数字化和虚拟化。教育资源数据库将为学习者提供更加丰富、更加高品质的优质课程。可以预见，未来的学校将成为虚实结合体，实现全方位的学习，使混合现实的持续学习成为教育的新常态。

人工智能对学校教学管理的促进意义首先体现在其利用现有的庞大数据建立起多维计量建模，对管理的发展展开多维度、综合性的预测，确保学校管理层能够做出更加科学理性的决策，让教育管理工作更具有前瞻性。其次，人工智能促进了教育管理信息数据化、透明化的建设，减少了人为控制甚至暗箱操作的可能性。最后，人工智能还能建立起更加完善的教育管理监督和纠偏体系，让监督更加常态化，以便于管理者能够在第一时间发现管理过程中存在的问题，并且采取紧急措施展开纠偏，甚至人工智能系统还会自动选择解决办法，从而避免因为问题发现不及时或无法发现而造成的损失和风险，而且人工智能的数据化以及可视化还能够便于第三方机构的工作，让教育管理监测渠道得到拓宽，并且让教育管理的检测方式能够得到显著创新。例如对于学生考核的改革，人工智能的应用能够对学生学习能力和水平进行全方面综合性评价，避免了传统教育检测模式的单一化和片面化现象。

从教育法层面来看，学校的教学管理权是学校自主决策、自主管理、自主监督的权力，是学校在教育法律法规的框架内，根据教育规律和教学规律，自主制定教学管理制度和开展教学活动的权力。目前，我国基础教育立法中规定的中小学校享有的教学管理权力主要包括：其一，按照法律和政策规定，依法享有教学自主权，有权自主选择教学内容和教学方法，自主组织教育教学活动；其二，依法享有教学设施使用权，有权使用和维护教育教学设施；其三，依法享有教师和其他教育工作者的人事管理权，有权聘任教师和其他教育工作者，并对其进行考核和评估；其四，依法享有教育教学改革和发展的自主权，有权根据社会需要和

---

① 参见李泽林、伊娟：《人工智能时代的学校教学生态重构》，载《课程·教材·教法》2019 年第 8 期，第 40 页。

办学条件，自主开展教育教学改革和对外交流活动，其中就包括学校面对基础教育数字化改革浪潮积极探索、主动作为的权利。需要注意的是，学校在行使这些法定权利的过程中，不得损害学生和教职工的合法权益，要依法接受教育行政部门对其进行的监督和指导。

在学校的上述权利中，学校的自主教学权由其各个教师来具体行使，人工智能在教师教学中的应用主要体现在仿真教学实验、课堂教学、组卷和阅卷、作业测评和反馈等领域，而人工智能对教师个人教学权利的影响已在前述第三章第三节关于教师主体性地位的章节予以阐述，因而这里重点探讨的是人工智能对学校自身行使教学管理权过程中的影响，其中包括了学校在进行教学质量检测与评估、学生身体健康监测、学生心理疏导、学校行政管理、校园安全保障、人工智能专业教师队伍与人工智能课程体系设置等方面的权利行使及保障。

考虑到教育机构的日常管理通常聚焦于两大领域：一是构建健全的运行维护管理制度，二是培育高效的运行维护管理团队。其中，管理制度通常涵盖了教育设施的操作与维修规程、数字化信息资源的供给及使用准则、潜在风险的识别与控制制度、紧急状况的应对流程以及学校突发事件的响应预案等，[①] 我们可以从中提炼出人工智能对学校的教学管理权带来了以下方面的风险：

第一，人工智能教育在地区之间发展不均衡的态势对教育公平性造成挑战。人工智能教育需要解决教育资源分配不均、信息不对称等问题，保障教育的公平性和普及性。人工智能教育需要相应的教育资源，如计算机设备、网络连接等。但是这些基础设施在不同地区的不同学校中的分布并不均衡，导致教育资源的不平等。一些发达地区的学校更容易拥有先进的技术设备和网络，从而享受到更好的教育资源，而一些贫困地区的学校则无法顺利开设人工智能教育相关课程。

第二，学校对教育数据的所有权与使用权问题尚未明确。在人工智能时代，教育数据成为重要的资源，对于学校的决策、管理、教学等都起着重要作用。然而，在现阶段关于这些数据的权属尚不明确，探讨这些教育数据应归谁所有——是学校、教师、学生，还是应当作为公共资源，成为应用人工智能技术的根本性

---

① 参见冯大鸣、刘胜男：《指向人工智能与教育深度融合的学校领导变革》，载《中国教育学刊》2020 年第 10 期，第 25 页。

前提。无论是数据权法，还是人工智能法，我国在制度顶层均没有出台专门性的法律，具体到教育立法领域，我国不可能在没有数据权基础性立法的前提下对教育数据权属问题加以规定。在此背景下，国家应首先进行数据权立法，然后对教育立法加以修订完善，才能为人工智能技术在教育管理领域的发展提供制度保障。[①]

第三，人工智能应用在学校教学管理中带来数据安全和数据治理问题。首先，应用于教学领域的人工智能体系或辅助工具存在着教师和学生个人隐私可能遭暴露及个人数据可能被不当或不够周全搜集的安全隐患。在智能技术融入校园环境的过程中，要明确由哪个主体来授权搜集信息、数据的归属权归属于哪个主体、数据是否真实有效、是否存在将歧视性特征隐藏于数据之内的情况、是否有潜藏的操控成分。其次，在人工智能应用所涉及的环境构造极为繁杂，当人与机器之间的互动以及智能系统的不规则突发行为发生时，极有可能导致严重的安保漏洞。若教学领域的安全保护机制存在缺陷，教育应用型人工智能设备就极易遭受恶意侵入与操纵，进而可能被恶意分子作为违法或犯罪工具加以利用。即便没有被非法入侵和控制，也可能引发用于校园安保和教学的智能教育设备或设施因为技术故障而发生失控，从而使得师生或校外人员在毫无防备的情况下突然遭受身体伤害。这些都要求学校需要具备隐私保护和数据治理的能力。

但客观现实是，我国中小学校的数据治理能力普遍缺乏。这不仅体现在技术层面学校普遍没有建构完善的数据加密、数据备份等完整的数据管理制度，而且也体现在法律层面学校在依法推动教育数字化改革方面还存在制度缺失。我国目前缺乏顶层设计，尚未建立完善健全的人工智能教育立法体系，无法确保能够有效应对人工智能发展所带来的各种风险以及不确定性。[②] 在涉及因学校使用和管理人工智能而引发的安全事故问题上，在对外法律关系上是由学校承担无过错责任、还是由人工智能产品的生产商来承担无过错责任、还是由学校与生产商一起承担连带责任，这些问题无论在民法还是教育法中都没有明确规定，因而导致学

---

① 参见王艳霞：《人工智能时代学校管理变化研究》，载《信息与电脑》2019年第19期，第117页。

② 参见王好夜、李玲英、王青：《人工智能时代的学生教育管理工作变革》，载《才智》2022年第7期，第140页。

校对此没有引起重视。在学校内部的教育管理制度层面尤其是数据安全管理制度中也没有明确的职责分工和责任制度，如果人工智能系统在工作过程和管理中出现问题，学校已经承担了对外的法律责任，在内部追责上，谁来承担内部处分责任，是具体使用人工智能的人、还是有管理责任的学校主管校长，这些都体现出学校管理上的漏洞。

第四，人工智能使学校教育管理权的行使方式由锥体结构向扁平化方式转变。在智能技术的背景下，教育环境中的管理者、教师、学生、智能机器人以及相关利益方正经历一场深刻的生态变革。曾经，教育活动主要局限于管理层之间的交流，如今，这种交流形式变得多样化，涵盖了人机互动这一复杂新维度。此外，校园内的权力架构也经历了调整，权力不再仅仅集中在少数高层手中，而是更为分散地流向了包括教职工和学生在内的多方主体。得益于技术工具的应用，这些教育参与者得以更有效地捍卫自己的权利，陈述他们的根本需求。普遍的参与、自由发表观点、充分表达自我，为学生的主动学习开启了更多机会。[1]

第五，人工智能对学校教学管理权的行使效果可能产生不可预测性。人工智能的根本不足之处在于缺乏自觉的思维过程。目前，大部分人工智能都是程序员依据人类行为编写的，旨在模仿人类治理的算法。鉴于人工智能需要处理的状况具有广泛的多样性和不可预测的变异性，加上教育管理涉及的是具有独特个性的学生，人工智能在学校教学管理过程中具有一定的局限性，很难对理性和感性进行转换，无法根据事情的变化进行变动，进而在事件处理过程中容易出现一系列棘手的问题。

因此，在人工智能时代，学校应积极改革现有的运行维护管理制度，通过培训和岗位职责调整来整合和优化管理队伍建设，其中特别是要完善教育数据管理与安全规章制度。在学校相关制度实施和管理队伍建设过程中，学校应保持谨慎立场，不宜过分依赖人工智能技术，以防管理人员的专业技能因依赖自动化而退化。学校必须深刻认识到教师与人工智能的主次之分，仍要坚持将培养师生创新思维和批判性思维作为核心，确保教育管理的可持续发展。

---

[1]　参见杨晓莹、黄郑亮：《人工智能背景下学校教育现代化的可能与路径》，载《福建教育学院学报》2020年第7期，第26页。

第四节 基础教育领域隐私权面临的法律风险

在基础教育领域中，除了需要对具有教育专属性的受教育基本权利进行研究以外，还需要我们将目光投射到民法领域的一般权利，例如，隐私权、个人信息权、数据权和著作权。之所以将前述这些权利界定为一般权利，是因为这些权利存在于广阔的民事生产生活领域，即便是基础教育领域内的活动，也必然涉及对师生这些权利的民事保护。在人工智能时代的冲击下，在这些民事权利中，有些权利是传统的民事权利范畴如隐私权和个人信息权，但在智慧教育的影响下具有了新的内容，需要新型的救济方式。还有些权利如数据权、不受自动决策权是在人工智能时代新出现的权利类型，需要我们针对新型权利在基础教育领域如何体现以及权利主体如何具体行使这类权利进行探讨。

一、隐私权与学生隐私权

我国《民法典》规定："隐私是自然人的私人生活安宁和不愿为他人知晓的私密空间、私密活动、私密信息。"其中个人隐私涵盖了个人的出生日期、身份标识、居住地、家庭成员构成、家庭经济状况、社交网络、职业与教育背景、配偶状况、生理瑕疵、健康状况、信念体系、心理特征等各个方面的私密信息。个人隐私不等同于个人信息，两者不是包含与被包含的关系，也不是简单的交叉关系，在总体上是两个不同的法律概念。中国法中的个人隐私与个人信息存在以下差异：第一，个人信息重在识别，而个人隐私重在隐匿；个人信息保护建立在信息流通之上，而隐私保护则建立在信息封锁之上。第二，个人隐私不一定是指隐私信息，它还包括个人的隐私空间或私密活动，而个人信息不一定全是个人敏感信息或者说是不愿意被公开的私密信息，还包含有非私密化的或已经公开的个人普通信息。第三，个人信息保护不仅有其特有的"合法""正当""必要""诚信"等原则，而且信息主体还具有隐私权所没有的知情权、决定权、拒绝权、查阅权、更正权、删除权、封禁权等积极权能。此外，两者在保护方式、侵权判断、责任承担等方面均有所区别。[1]

---

[1] 马长山主编：《数字法治概论》，法律出版社2022年版，第53页。

隐私权作为自然人的基本人权，涉及个体在私生活领域的平和与个人私密信息在法律框架下的安全，防止任何未经允许的侵犯、了解、搜集、使用及披露。此种人格权的构成，包含隐私隐瞒权、隐私利用权、隐私支配权和隐私维护权四项子权利。① 个人隐私隐瞒权是指个人有权对自身的私密信息进行保密，使之不为外界所探知的权利。个人隐私利用权代表个体有权积极地运用自身的隐私权，来迎合其在精神、物质等层面的需求。个人隐私支配权意味着个人有权根据自己的意愿来控制自己的隐私信息。个人隐私维护权则是指个人拥有的保障自身隐私不受侵害的权利，在遭受非法侵害时，可以寻求公力救济和私力救济。

综观我国关于隐私权的立法现状，作为我国根本大法的《宪法》第四十条规定，公民的通信自由和通信秘密受法律的保护，而作为民事领域基本法的《民法典》也明确规定："任何组织或者个人不得以刺探、侵扰、泄露、公开等方式侵害他人的隐私权。"而《未成年人保护法》（2020 年修订）第四条规定："在处理与未成年人有关的事项时，必须确保其隐私与个人信息得到安全守护。"该法的第四十九条与第一百一十条的内容也涉及对未成年人隐私权的保护。此外，诸如《个人信息保护法》《行政诉讼法》《民事诉讼法》《刑事诉讼法》等，均对个人隐私权的保护做出了明确规定。

《宪法》规定，公民在法律面前一律平等。任何公民享有宪法和法律规定的权利，同时必须履行宪法和法律规定的义务。学生的独特地位赋予了其隐私权独特的含义。首先，从法律的角度来看，作为接受教育的主体，学生应当拥有宪法所授予的包括个人隐私权在内的多项权利。其次，学生在校期间，不仅在接受教育，还处于受学校规章和纪律规范与引导的地位，因此他们的某些权利必然会受到校规校纪的限制。所以，学生的隐私权应该放在学校教学管理的场域中进行定位，可以将其诠释为：在学生遵循学校的管理制度及生活环境的前提下，拥有的不干扰公共利益的对自身私密信息、私密行为及私人生活空间的支配权。② 学生的隐私权具体体现在：隐私性的书信得到保护，不对外透露；个人生活不受监

---

① 参见钟佳悦，郝淑华：《学生隐私权与学校教育管理之间的碰撞及解决》，载《辽宁教育行政学院学报》2021 年第 6 期，第 52~53 页。

② 参见曾惠燕：《高校学生隐私权的法理分析》，载《怀化学院学报》2016 年第 9 期，第 99~102 页。

视；心理辅导的成效保持私密；私密的活动不受干扰。由于学生的私密空间相较于其他社会个体相对较少，因此在学习生活方面，他们的隐私权表现出一定的特殊性。比如，存在分数隐私权这一权利内容；再比如，教师在对学生进行心理辅导或家访过程中获得该学生隐私的机会更大，这就要求教师更加重视对学生隐私权的保护。①

二、智能时代学生隐私权的内涵向数据隐私权扩张

在传统意义上，基础教育领域的隐私权面临的挑战主要表现为学校的教学管理权与学生隐私权之间的冲突，具体涉及学校监控摄像头的合理设置问题、学校能否随意检查学生宿舍情况、学校公开学生个人信息是否侵犯学生隐私权、学校对学生实施的处分能否公开以及公开到什么范围以及学校对学生开展心理辅导的内容是否应该保密等情形。

进入人工智能时代，智慧教育成为教育现代化的升华表现，它标志着我国教育体系由简单的获取机会转向高品质的成长阶段。在智慧教育的实践中，诸如人脸识别、监控系统、大数据追踪和情感分析等技术的应用，使得学生的隐私权变得更为脆弱。学生隐私权的内涵虽未发生本质上的变化，仍然是指学生享有私人生活不被知晓，私人空间、活动与信息不被他人侵犯的权利。但是，随着人工智能技术的发展，人们已经能够在网络、数据和编程的帮助下，构建一个与现实世界平行的数字化世界。在这样的背景下，学生的日常生活和学习不再仅限于课堂，而是延伸至这个虚拟的数字领域。这一变化使得学生的私人信息呈现出数字化、编码化、象征化的趋势，并产生了许多在传统教育模式中未曾出现的隐私形态。

结合智能技术、数据挖掘与学习分析技术的发展现状来看，以数据形态呈现的学生隐私的范围首先涵盖在线学习过程中产生的数据痕迹，如网络浏览历史、下载记录和地理位置等。这些信息经过智能化的搜集与分析后，能够揭露学生的学习状况、行为倾向甚至个性特点，因此成为学生隐私保护的关键部分。② 其

---

① 参见龚权：《智慧教育发展应重视学生隐私权保护》，载《中国电信业》2023 年第 2 期，第 67 页。

② 参见侯浩翔：《人工智能时代学生数据隐私保护的动因与策略》，载《现代教育技术》2019 年第 6 期，第 12 页。

次，信息技术的发展将学生包括指纹信息、面部信息以及声音信息在内的身体隐私的外延扩展至数据信息。最后，除身体隐私发生变化之外，学生的心理隐私、行踪隐私及私人空间也不同程度地经历了变迁，并以数据信息的形态呈现出来。总言之，在智慧教育的发展之路上，学生的隐私权正经历着显著的扩张，其边界已延伸至数据隐私权的领域。而且，在教育大数据的背景下，学生的个体隐私数据将以电子文档的形式被持续存储，一旦发生偏差，这样的错误信息将对学生产生持续性的影响。数据迭代频繁，促使学生信息历经重重解析与探索，在再次利用的过程中，同样有可能重新对学生隐私权益造成损害，相较而言，学生的数据隐私权相较于其传统的隐私权将会受到更为持续的影响。①

数据隐私的安全性在我国近年来受到了公众的广泛关注。《中华人民共和国网络安全法》第四章专门针对网络信息安全的保护做出了规定，被广泛视为我国在个人信息保护方面最为关键且全面的法律。此外，为了确保数据安全，相关部门制定了一系列行业规范和指南，例如，《关键信息基础设施安全保护条例》《信息安全技术——个人信息安全规范》《移动互联网应用程序（App）信息服务管理规定》《信息安全技术移动互联网应用程序（App）收集个人信息基本规范》《App 违法违规收集使用个人信息行为认定方法》《App 违法违规收集使用个人信息自评估指南》《互联网企业个人信息保护测评标准》等，特别是针对教育类 App 的开发与设计公司，在收集和使用个人数据方面提供了具体的规定和指导。此外，2018 年，教育部颁布了《教育部机关直属事业单位教育数据管理办法》，对教育信息的收集、保存、交流、开放与安全防护等流程制定了具体条款。此外，教育部在 2018 年的《教育信息化 2.0 行动计划》中进一步强调，必须优先确保信息和数据的安全，加强个人隐私的防护，并且切实保障师生员工的切身权益。尽管如此，我国在保护儿童数据隐私方面仍处于较低水平。目前，仅有《儿童个人信息网络保护规定》针对儿童数据隐私保护问题，其中规范了网络运营者在收集和使用 14 岁以下儿童个人信息方面的行为，明确规定了对儿童及其监护人的信息权利加以保护的相关内容。综上可见，我国相关法律规范对中小学生这一特殊主体的数据隐私

① 参见滕长利：《教育大数据信息采集权与大学生隐私权的冲突研究》，载《黑龙江高教研究》2021 年第 9 期，第 141 页。

权专项立法较为欠缺，且仅仅针对小学生，没有辐射涵盖到如初中生、高中生等其他基础教育阶段的学生群体，而且立法层级较低，具体条款规定不够明细化，实操性不强。

三、学生数据隐私权面临的相关权利冲突

学生数据隐私权在基础教育实践中正面临着一定的法律风险，其主要体现在两个方面：其一是中小学校的教育信息大数据采集权与学生数据隐私权之间的冲突；其二是智能教育资源开发商（包括智能教学设备开发商、电子书开发商、教育类 App 开发商、网络智慧教育资源网站开发商）对使用者个人信息的采集使用权与学生的数据隐私权之间的冲突。对于前者，学校的教育信息大数据采集权来源于学校的教育教学管理权，学校只有在了解学生一定信息的基础上，才能更好地实施教学和管理活动。施教者知悉和掌握学生的信息本身就是教育的一个重要环节。但无论是对教育数据的主动采集还是被动采集都应当体现出尊重作为数据主体的学生自主选择的尊严，尤其是对于未成年人学生，要征得其监护人的知情同意，不得过度采集和滥用采集的数据，对数据要尽到妥善保管义务，使得采集的目的和具体使用过程限定在促进学校管理的效率提升、教育质量的优化、教育资源的合理分配、辅助学校决策科学化等公共利益的维度。而后一冲突产生的原因主要源于智能化设备及大数据分析技术的无序发展。技术的颠覆必然导致信息主体即学生与信息控制者即教育资源开发商之间关系的失衡，智能教育产品或服务开发商相比以往拥有了更大的话语权和技术操控权，学生作为用户在复杂技术面前根本没有与开发商谈判与对抗的基本实力，只得被动地缄默不语，导致学生的隐私数据被轻易获取和被滥用的风险明显增大。[①]

（一）学校对教育数据的采集权与学生数据隐私权的冲突

之所以产生学校对教育数据的采集权与学生数据隐私权的冲突，最核心的原因在于两者的界限不明确。一方面，从教育信息搜集权的界限来看，教育信息搜

---

① 参见侯浩翔：《人工智能时代学生数据隐私保护的动因与策略》，载《现代教育技术杂志》2019 年第 6 期，第 13 页。

集权的根基常常来源于教育工作者在教学与管理工作中的权限。教育工作者能够通过对学生基础信息的适当搜集与剖析，确保教学管理活动的顺利进行。因此，我国的法律体系，包括《教育法》《义务教育法》《高等教育法》，均明确指出学校拥有对学生进行管理的权利。这种权利涵盖了收集、研究及运用学生基础信息的权限。然而，我国的法律并未具体规定如何合理行使这一权利以确保学校管理职权不被滥用，这就容易导致学校在对学生数据信息的采集过程中打着管理学生的名义，实则肆意侵犯学生的个人隐私。另一方面，虽然我国的宪法、民法典、刑法以及个人信息保护法均确立了公民隐私权受法律保护的地位。但当涉及学生这一特定群体的隐私权时，除了《未成年人保护法》对中小学生的隐私权给予了一定的关注外，其他如《教育法》和《义务教育法》等教育法律法规，更多地强调学生应遵守教育管理机构的规章制度这一义务，未能对学生这一特殊群体的隐私权保护提供具体且详尽的法律制度设计。因此，如果隐私权保护的法外空间过于宽松，便会导致教育机构利用管理职责之便，轻而易举地搜集学生的个人信息。

当前，我国基础教育正迈入智慧教育时代，智慧教育与在线教育最大的区别在于信息技术应用的深度和多样化程度不同。根据 2021 年发布的《中国智慧教育区域发展研究报告》，目前我国已有超过一半的地区将智慧教育纳入当地发展规划。这些地区主要关注智联校园、数字校园、精准教学、学习画像和智慧课堂等方面。然而，从智慧教育的实际应用情况来看，信息技术的使用在不同程度上可能侵犯了学生的隐私权。具体而言，学校在应用信息技术过程中侵犯学生隐私权的表现形式有以下几个方面：

1. 大数据技术应用对学生隐私权的侵犯

智慧教育的根基在于大数据技术的支撑，这一技术聚焦于学生个人信息的全面捕获，涵盖数据从采集到应用、存储以及分享的各个环节。《我国个人信息保护法》第四条至第九条对处理个人信息行为进行了详尽的规定，其中涵盖了"依法公开""告知同意""最小必要性"等收集和使用原则。然而，在实际操作中，学生的私人信息仍遭受着各种侵犯的危险。体现在诸多领域之中：

一是对学生个人信息数据的过度采集。个人信息的搜集对于智慧教育的实施至关重要，然而，无节制地收集个人信息则侵犯了学生的隐私权。在执行学生信息的搜集工作时，必须坚守"最小必要性原则"。针对这个问题，2022 年由教育部门发布的《关于进一步做好普通中小学招生入学工作的通知》明确指出，禁止通过各种应用程序和小工具多次收集学生的个人数据，然而，实施效果并未达到预期。

二是滥用大数据技术处理学生的数据信息。教育参与者的数据处理应由学校或负责收集信息的机构制定明确的内部管理制度和操作流程。尽管如此，我们时常听闻关于教育数据被不适当地使用的新闻。例如，在推行无卡化校园环境建设过程中，学校未经授权便擅自运用大数据分析工具，对学生上网时间、消费习惯、学业成绩、社交互动等信息进行了分析，这种行为构成了对学生隐私权的明显侵害。

三是对学生隐私数据不履行妥善保管义务。学生从小学入学到高中毕业，学校在其信息化建设以及教育数据管理过程中会采集到学生的个人信息、成绩、考试试卷等重要隐私数据，学生的这些隐私数据被采集之后，如果被泄露、丢失或被篡改，将会对学生的学习和未来产生严重不良影响。国家计算机病毒应急处理中心公布的数据显示，2023年第一季度，涉及我国的数据泄露事件仍呈现高发态势，受影响较大的行业包括教育领域，其占所有行业分布的19.6%，高居榜首。① 我国《数据安全法》第二十七条规定了相应的数据安全保护义务，该义务应当适用于对学生个人信息数据进行采集的学校或其他机构，违反该义务属于侵犯学生隐私权，但实践中学生的数据隐私被泄露的事件仍时有发生，不容乐观。

2. 视频监控技术应用对学生隐私权的侵犯

随着学校数字化进程的持续推进，视频监控系统已成为普遍的配备。然而，监管和私密性通常显现出极大的冲突。如果学校对视频监控系统的使用不恰当，它可能会直接挤压学生的私密空间，有时甚至可能侵犯学生的隐私权。

一方面，教育机构在划设监控范围时可能会对学生的隐私空间造成侵害。学校在采用视频监控手段对学生进行监管过程中，并未清晰界定哪些场所可进行监控，哪些区域应排除在外，而只是依赖某些旧有观念来进行约束。在通常情况下，对于像教室、走廊、操场这样的公共区域，设置视频监控并不构成对学生隐私权的侵害。然而，在如宿舍、浴室、洗手间等涉及私人空间的场合，部署监控

---

① 参见《2023年第一季度我国数据泄露事件仍呈现高发态势》，载央视新闻：https://m.yzwb.net/wap/news/2870490.html，最后访问日期：2024年4月15日。

则可能被视为对个人隐私的越界。例如，河南信阳的某高级中学鉴于学生频繁在洗手间内发生争执并吸烟等不良行为，决定在该洗手间安装监控设备，此举被视为一种典型的对学生隐私权益的侵犯行为。

另一方面，学校的视频监控手段可能对学生隐私权造成侵害。2017年，"水滴直播"网络直播平台上呈现了来自全国各地各所学校教室内学生的实时画面，吸引了众多网民的目光。大量的网民针对学生们在课堂上的表现，展开了热烈的评论。显而易见，即便视频监控设备设置于公共场所，也有可能侵害学生的隐私权。教育机构在安装监控时，不仅要关注监控所涉及的内容，还需审视恰当的监控方法，比如监控是否进行直播、公开等。

3. 人工智能技术应用对学生隐私权的侵犯

智能技术是推动智慧教育进步的关键力量，它融合了图像识别、智能辨识（如指纹、面部、眼纹等辨别技术）、智能检索、自主系统配置、机器人科学等高端技术。在教育领域，图像辨识技术和自主系统配置得到了广泛运用。关于人工智能识别技术应用与学生身体隐私数据的保障问题，是其中最具争议性的内容。个人身体隐私，通常涵盖了个人的身高、体重、血型、指纹、外观、声音等不愿轻易向他人展示的内容。然而，人工智能识别技术能够在不知不觉中收集大量的身体隐私数据，而且其精准度往往超越了传统的人工测量方法。除此之外，在构建智慧校园的进程中，学生踏入校门时通过"刷脸"或操作教育类应用程序，频繁地进行面部、声音、指尖等身份认证，这种方式在不知不觉中搜集了学生的大量个人隐私数据。尽管学生们作为受监管的一方，已经养成了服从学校或者教育应用程序设定的各项规则的习惯，这并不意味着采用人工智能技术搜集学生的身体隐私信息一定是合法的，尤其是对于接受义务教育的学生，在征求学生本人同意的同时，还必须得到他们的法定监护人的同意。

4. 情感计算技术应用对学生隐私权的侵犯

在智慧教育领域中，情绪智能被视为创新的实践形式，它涉及利用计算机科技创建学生生理、心理状态与情感反应之间的联系网络，目的是向学生提供定制化的学习方法。美国麻省理工学院Picard教授团队围绕着教育情感计算已经相继提出了"增强在线教育师生情感体验""提升孤独症儿童情绪感知能力"以及"学生面部表情情感计算"等50多种应用项目。在教育范畴内，情感算法的运用无疑将促进教师和家长对学生思想和知识的更全面掌握。然而，借助信息科学监测青少年们的体态、容颜、手部动作、语调和心跳等生命信号，能够探寻到他们深层的情绪波动，达到一种透视的效果，实际上已经超越了惯常理解的范畴。在探索智慧教育的过程中，若对学生的心理波动进行过度分析，可能导致他们感到自己的内心世界被揭露无遗，进而产生无处藏匿感受的错觉。若在智慧教育中不适当地广泛采用情感计算技术，不仅不能有效提高教育质量，反而可能对青少年的健康发展造成负面影响。[①]

（二）智能教育资源开发商的信息采集使用权与学生数据隐私权的冲突

智能教育产品或服务的开发商从设计一开始就控制着产品服务的使用的具体使用路径和方法，并且在用户使用过程中也随时掌握着用户的各种数据信息，用户要使用其教育类服务或智能产品必须注册并登录个人信息包括姓名、联系方式、邮箱等，即便不是实名注册，但只要智能跟踪用户数据流，包括浏览的网络页面、停留时间、IP地址与电子邮箱，这些信息经过排列组合足以识别用户个人的详细信息。此外，智能数据系统隐秘而全面捕获学习者的信息，在市场追求利益的驱动下，侵害用户隐私，从而对教育用户施加精神负担并导致其经济损失。例如，掌握某种学习管理系统的公司或者能够有效整合众多学习管理系统的网络公司由于没有提供明确的隐私保护声明，致使用户在不知情的情况下将个人信息泄露给公司的另一种在线产品，或把学习者的个人数据出售给其他公司，就严重侵害了学生的隐私权。通过梳理分析，智能教育资源开发商的信息采集使用权与学生数据隐私权的冲突具体表现在以下几个方面：

1. 监管的及时性未能落实

健全的制度支持构成了教育技术应用的根本保障。在人工智能的大环境中，我们务必深入研究学生隐私的保护在智能化背景下的适应性准则及其规范构成。在过往的信息时代，通知与同意机制是保障信息拥有者能够自主决定其隐私信息

[①]　参见龚权：《智慧教育发展应重视学生隐私权保护》，载《中国电信业》2023年2月，第67~68页。

由谁处理、怎样处理的有效规则。以欧盟的《数据保护指令》为代表的"知情同意"框架模式，是指在应用软件开发过程中，程序员有意将隐私条款整合嵌入应用软件内，向用户明确告知其将搜集的数据类型及目的，以便用户在充分知情的条件下，选择是否同意分享其个人信息。[1]然而，在人工智能的强大影响下，这一结构所遭遇的挑战逐渐突出显现。

首先，通常情况下，用户必须选择接受才能启用相关软件，这显然剥夺了用户的选择权。在涵盖广泛渠道、立体化方式的教育信息系统环境中，用户对于其个人信息的采集活动缺乏清醒意识，更遑论对数据被重新利用的监督。

其次，智能教育资源开发商应尽义务提醒用户仔细审阅隐私保护条款，使之详尽无遗并明确表述隐私条款的每个细节。然而在实际操作中，许多开发商并没有履行应尽的告知义务。在处理隐私策略的告知环节中，我们常见的情景是，当用户初次进行账户注册时，系统通常会通过弹窗的形式邀请用户审视相关的隐私保护条款。然而，该条款的链接常常被放置于弹窗的细小文字中，或者位于屏幕的下方边缘，常常导致用户忽视其存在。"同意"按钮通常具有显著的指向性，这可能会引起用户的误操作，特别是在十四周岁以下的儿童面前，这种现象尤为突出。

再次，经过智能教育资源开发商精心设计的通知程序，隐私政策文本仅仅是死板地展示给用户一份预先准备好的文档，而且被称为"告知"文件，其目的仅仅是避免法律上的风险，却对告知的实际效果毫不关心。许多隐私政策的框架存在缺陷，文字措辞晦涩难懂，未能充分阐释相关内容。[2]另外，关于隐私政策的表述存在不够精确的问题，例如，"尽力""或许""信息用途'包括但不限于'"等含糊不清的词汇被用于阐述关键的信息处理环节。

从次，智能教育资源开发商通常并未明确说明，在用户删除其账户后，公共信息将如何被处置，例如，对于学生在社交平台如论坛、评论区留下的信息，是否仍然保留其数据；亦未给出关于用户公布的信息有可能导致的个人隐私泄露的

---

[1]　Cate F H, Mayer-Schönberger V: *Notice and Consent in a World of Big Data*. International Data Privacy Law, 2013(2): 67-73.

[2]　参见贺小石：《大数据背景下公民信息安全保障体系构建——兼论隐私政策的规制原理及其本土化议题》，载《中国特色社会主义研究》2021年第6期，第101页。

风险警告。尽管在某用户账号的使用期间，运营方难以对其他用户引起的公共信息再次传播(例如截图分享或转发)进行控制，一旦该用户提出请求或注销其账号，运营方有义务按照用户的意愿，主动删除该用户产生的公共信息或对该公共信息执行匿名化操作。①

最后，知情同意机制的网络框架对学生用户施加了沉重的时间负担。为确保合法性与合规性，软件设计者往往铺陈冗长晦涩的隐私政策，而在时间就是金钱的思维驱使下，学生们往往草率地略过那些详细条文，径自点击同意，这一行为与知情同意理念的设计初衷背道而驰。

2. 我国对处于儿童阶段的学生隐私保护的关注不足

依据我国的《儿童个人信息网络保护规定》第二章第八条的规定，从事网络服务的提供商必须设计专门的保护规则来保护未成年用户的个人信息，并且还需与用户签订相应的协议。同时，这些服务商还需要指定专门的工作人员来承担保护儿童个人信息的职责。儿童隐私政策恰恰就是网络服务提供商设置的专门保护规则，其旨在专门维护儿童数据隐私，应当囊括对儿童信息保密义务的具体内容。实践中只有少数的移动互联网应用程序(App)开发商设定了儿童隐私政策相关条文，其中不乏表述模糊、生硬照搬的低质量无效文本。儿童隐私保护措施在相关条文中所占篇幅甚少，措施也大多浮于表面。例如，只是抽象地提倡未成年人在监护人的陪同下阅览隐私政策相关条文，并保证监护人已对此类事项表示认可，未对儿童隐私保护做出进一步的实际举措，并未体现出对儿童隐私保护的特殊性，更未显现出对未成年人隐私权的特别关注。②

3. 智能网络平台信息垄断风险骤增

对于掌控智能网络平台的主体而言，他们拥有的教育用户数据信息，以聚合的形式存储在如慕课学习网站等众多互联网平台的云端。这些掌握着技术及资本优势的互联网巨头，更有可能掌握数据信息的垄断权。个人信息的深度发掘与相关性探究，已转变为提升教育价值的关键手段。在线平台常通过禁止用户将数据

① 参见李青、苏明雪、聂含韵：《教育类 App 隐私保护评价指标构建和保护现状研究》，载《中国远程教育》2022 年第 9 期，第 73~74 页。
② 参见李青、苏明雪、聂含韵：《教育类 App 隐私保护评价指标构建和保护现状研究》，载《中国远程教育》2022 年第 9 期，第 75 页。

转换成通用的格式或架构，来控制用户的信息资源，以此实现对信息资源的独占。这些企业搜集的学习者信息，在经过深入处理后，其形式已脱离了原始的数据采集阶段，被用于不可预见的盈利目的，甚至被推向了违法活动的范畴。信息垄断现象不仅使得数据共享的效用减少，导致了数据壁垒与鸿沟，而且对学生在掌控个人隐私和自身数据方面的权利造成严重削弱。①

第五节　基础教育领域个人信息权面临的法律风险

一、个人信息权与个人隐私权的区别

个人信息是以电子或者其他方式记录的能够单独或者与其他信息结合识别特定自然人的各种信息。② 个人信息应具有"识别"和"记录"两个要素。一方面，"识别"是指个人信息的实质要素，即通过信息将特定个人认出来。参照欧盟法的相关标准，识别的判断基准是任何人采取所有合理方法所进行的识别。另一方面，"记录"是指个人信息的形式要素，要求个人信息必须是有载体的、固定化的，即是以电子或者其他方式记录。"记录"应解释为在当下查阅与处理是合理且切实可行的记录。③ 本章第四节已有论述，个人隐私不同于个人信息，个人信息权与隐私权因而也是两种完全独立的权利。个人信息权是指个人依据法律对自身信息所享有的控制、支配以及排除他人侵害的权利，④ 其内容详细涵盖了信息自决权、保密权、查阅权、修正权、封禁权、删除权和报酬请求权等多项权能。个人信息权所要保护的法益与隐私权保护的法益各有侧重。个人隐私的守护是隐私权制度的灵魂，它重在预防未经授权的非法揭露或侵扰，而非仅仅关注对个人秘密的掌握与运用。因此，隐私权本质上是一种具有被动性和防护性的权利，在

---

① 参见侯浩翔：《人工智能时代学生数据隐私保护的动因与策略》，载《现代教育技术杂志》2019 年第 6 期，第 13 页。

② 参见我国《民法典》第 1034 条。

③ 参见韩旭至：《论个人信息的形式要素》，载《河北法学》2018 年第 5 期，第 148～156 页。

④ 参见贺帅：《快递实名制下个人信息权的保护》，载《怀化学院学报》2016 年第 10 期，第 60 页。

未受到侵犯之前，个体无法主动地行使这项权利，只有在隐私受到侵犯时，才能寻求外界的帮助，以除去障碍、弥补损失，而且隐私权并没有个人信息权所具有的积极权能。相比而言，个人信息权制度的重心在于保护信息主体对本人信息的支配和自主决定，因而大陆法系学者往往称之为信息自决权，个人信息权并不完全是一种权利人消极地排除他人对自己个人信息使用的权利。权利人除了被动防御第三人的侵害之外，还可以对其进行积极利用。① 因而立法上构建了"知情—同意"原则，以促进个人信息合理流动和传播从而维护社会公共利益和改善企业服务。隐私权的侵犯通常体现为未经授权的私密信息的泄露和侵扰，而个人信息权的侵犯则主要表现在未经同意的对个人信息的搜集、使用、储存、加工、篡改或交易等违法行为。其中，大量侵害个人信息的行为都表现为非法篡改、加工个人信息的行为。此外，隐私权突出体现为人格权，其财产属性并不突出，而个人信息权具有复合权利形态，其不仅具有人格权属性，还具有财产权利属性，如果侵权人造成个人信息权的权利主体的实际损失，还应该赔偿损失。除此之外，虽然个人隐私与个人信息都涉及个人的私生活安宁，但是在立法价值倾向上两者存在不同，如果说个人隐私权完全是在恪守个人本位的原则，那么个人信息权则是在权衡利弊的情况下以个人利益为核心，兼顾其他合法利益。②

二、我国有关学生个人信息权保护的现状

我国有关个人信息保护的法律有《民法典》《刑法》《个人信息保护法》《网络安全法》《数据安全法》《消费者权益保护法》《电子商务法》《未成年人保护法》《居民身份证法》等多部法律，行政法律有近 20 部，部门规章有 50 余部，地方性法规及规范性文件更是上百余部。从中梳理与基础教育阶段学生个人信息保护相关的核心立法，可以得知这些学生显然是适格的个人信息主体。

对此，可以从三个层面理解：第一个层面是民法、刑法和社会法。我国《民法典》在总则编第一百一十一条和第四编"人格权编"第一千零三十五条至第一千

---

① 参见王利明：《论个人信息权的法律保护——以个人信息权与隐私权的界分为中心》，载《现代法学》2013 年第 4 期，第 66 页。

② 参见郑飞、李思言：《大数据时代的权利演进与竞合：从隐私权、个人信息权到个人数据权》，载《上海政法学院学报（法治论丛）》2021 年第 5 期，第 143 页。

零三十九条规定了个人信息受保护权，涵盖了信息收集前的告知与同意权、信息查阅与复制权、信息异议与更正权以及信息删除权。《刑法》第二百五十三条明确规定了侵犯公民信息罪，对违法出售或提供公民个人信息(包括将在执行职责或提供服务中获取的个人信息出售或传输给第三方)的行为，以及未经许可窃取或通过其他非法途径获取公民个人信息的行为，都将受到刑法的惩处。《未成年人保护法》第七十二条则明文规定，未成年人的父母或其他法定监护人拥有同意使用、更正及删除未成年人个人信息的权利。第二个层面是个人信息保护专门立法。我国《个人信息保护法》中规定了公民个人信息保护的一般性规则。此外，《网络安全法》第四十二条至第四十五条以及第七十六条均对个人信息保护作出了规定。第三个层面是教育单行法。教育立法需与现行法律体系相吻合，同时针对现有法律的一般性条文，创设符合教育实践特征的具体规范。《教育法》第四十二条明文规定：教育参与者拥有法律法规所赋予的其他权利，这当然包括个人信息不受任何侵犯。教育管理部门对此有义务提供相应保障，我国《义务教育法》第二十三条明文规定，政府及其相关部门依法确保学校的周边环境秩序井然，保障学生、教职员工以及学校的合法权益，并向学校提供必要的安全防护措施。第二十四条明确指出，学校应当构建和完善安全保障体系以及应对突发情况的机制。此外，它们需要对学生进行安全风险意识的培养，加强管理，迅速排除潜在隐患，从而避免意外事件的发生。但从前述我国教育单行法可以看出，这些条文过于原则和笼统，没有明确相关教育行政主体以及学校在个人信息保护中的具体义务和责任，也缺乏对学生个人信息权保护的单独条款。

目前，我国教育信息化已经基本普及，我国的基础教育正迈入智慧教育时代，学生在各类教学互动中个人信息的使用成为一种趋势。在人工智能时代，对学生的教育管理越来越依赖以电子数据模式集中保存和利用他们的个人信息，如姓名、地址、联络方式、就读学校、身份证号码等，比如，办理学籍登记、就餐卡、校讯通卡以及校内住宿，注册并登录移动互联网应用程序如作业 App、微信群或微信小程序等都是参与校园集体活动或学习活动普遍而必需的途径，学生个人信息容易被收集、利用和扩散。实践中也不乏相关人员侵犯学生个人信息的情形，现实中不仅出现了高中毕业生因个人信息被泄露而被冒名顶替上大学的案例，甚至还出现了学生的个人信息被泄露而遭遇网络诈骗导致自杀的惨痛案例典型如 2016 年徐玉玉电信诈骗案。

三、学生的个人信息权面临的具体风险

学生不同于一般的民事主体，其与所在学校存在人身隶属关系，具有被管理者的特殊身份，其个人信息权在人工智能时代面临的风险具有其自身特殊性，具体体现在如下几个方面：

（一）学校信息公开与学生个人信息保护的界限不明确

2010 年 12 月 25 日公布并实施的《教育部关于推进中小学信息公开工作的意见》（教办〔2010〕15 号）虽然规定中小学必须公开的信息范围确实属于公共信息，但是在该意见的适用过程中，经常有学校在公示获得奖学金、助学贷款、助学金、勤工俭学和学费减免的具体学生名单时把其中属于与公示目的无关的学生个人信息也公之于众，为这些学生的学业及日常生活埋下了诸多风险。而与此同时，我国教育部到目前还没有围绕基础教育领域学生个人信息保护的重点、难点和焦点问题出台专门的法律文件，尚未出台《中小学校学生信息安全保护办法》，由于没有专门的立法，难以对学校及其管理人员、教师、工勤人员的行为进行有效规范以预防内部信息风险，同时也无法激励相关责任主体主动承担起保护学生个人信息的义务以防范外部信息风险，特别是在出现重大疫情等社会公共事件中没有区分哪些个人信息属于直接信息，哪些属于间接信息，没有建立个人信息定向披露制度和个人信息间接披露制度等有限披露机制，无法实现公共利益、第三人的知情权、健康权与学生个人信息权三者之间的平衡，无法做到向公共利益保护进行倾斜的同时也关注到对学生个人信息的保护。①

（二）学校关于学生信息数据安全的规章制度的缺失

在基础教育实践中，大量学校尚未制定出关于个人数据安全管理的具体条例，以引导和规范日常对未成年人个人信息的维护工作。首先，学校专门负责学

---

① 参见邓琬心：《高校学生个人信息法律保护的现状及优化》，载《学校党建与思想教育》2020 年第 9 期，第 68 页。

生信息管理的人员在日常工作中缺少专业培训和引导，角色任务界定模糊，常常将大量关键的学生个人信息误认为是可以对外公开的信息，未对属于学校信息公开的事项进行等级分类并根据等级确定公开范围，关于学生个人信息的公开，缺少严格的事先审查机制，未规定透明的发布程序和公示的时间与空间界限。在对学生的个人信息采集之前没有采取契约制度进行提前告知征集信息的范围和目的。其次，学校在保护学生信息安全方面，数据存储与管控的技术规范不够完善。例如，在搜集学生数据信息之后，必须将其储存在符合特定安全等级的物理存储设备中。负责处理这些数据的使用者是哪些主体；他们查看、操作、修改及删除数据必须遵循哪些步骤；保存有相关学生信息数据的电脑系统是否安装有防火墙和其他保密措施，这些方面都急需完善的管理规范。再次，针对学校在信息收集过程中主体信息泄露的风险，未能构建起有效的防范机制。在探讨大数据信息搜集的权限问题时，涉及的是教师还是专业从事大数据技术的工作人员应当拥有这一权利；而负责搜集大学生数据的人员需要接受哪些职业道德和技术方面的培训，以及必须通过哪种考试获得认证，以确保他们具备必要的专业技能和道德标准。最后，学校在发生学生信息数据安全问题后的责任承担制度缺失。例如，当发生信息泄露事件后，需要确定责任承担者，可能是黑客、学校或校内人员；接着明确责任承担的形式，是各自独立负责，还是共同连带负责；再考虑责任的具体类型，包括刑事责任、行政责任或民事责任；最后，对赔偿金额进行估算。这些问题均源于制度上的漏洞。①

（三）学生群体的个人信息网络保护专门立法缺失

如前所述，我国已经制定了《儿童个人信息网络保护规定》，但该部门规章仅在一般层面上规定了对不满十四周岁的未成年人个人信息的保护，并没有针对处于基础教育阶段而年龄在十四周岁至十八周岁之间的未成年学生或十八周岁以上的成年学生的个人信息保护作出具体规定。学生个人信息存储的集中性以及利用的必需性与非学生状态的未成年人存在显著差异，这导致学生群体在信息安全

---

① 参见滕长利：《教育大数据信息采集权与大学生隐私权的冲突研究》，载《黑龙江高教研究》2021 年第 9 期，第 142 页。

隐患上承受更重的风险。学生的个人信息与教育行政管理机关、各级学校、教育工作者以及教育培训服务机构常常有密切关联，因此，在多个主体面前其个人信息可能会被泄露。从受侵害的可能性讲，初高中生以及接受职业教育的学生相比小学生而言，由于其网络利用率和曝光度更高，其个人信息遭受侵害的风险更大。此外，《儿童个人信息网络保护规定》第二条明确规定："本规定所称儿童，是指不满十四周岁的未成年人。"因此，《儿童个人信息网络保护规定》对于年龄在十四周岁至十八周岁之间的未成年人学生以及年满十八周岁但仍处于职业教育阶段的学生的个人信息保护难以实现。《儿童个人信息网络保护规定》第九条规定："网络运营者收集、使用、转移、披露儿童个人信息的，应当以显著、清晰的方式告知儿童监护人，并应当征得儿童监护人的同意。"由此可知，未满十四周岁的儿童学生的个人信息同意权由其监护人代为行使。根据我国《民法典》的规定，年满十八周岁的学生是完全民事行为能力人，其个人信息权由其自身独立行使，而年龄在十四周岁至十八周岁之间的未成年学生个人信息同意权如何行使在我国立法上未作明文规定。

（四）我国在执法上没有设立独立的个人信息保护监管机构

在大数据时代，个人信息保护遭遇了全新的挑战，其特点是所涉主体身份的复杂性、操作过程的隐秘性、影响范畴的广泛性、利益价值的显著性、操作手段的先进性、使用场景的丰富性以及覆盖区域的跨国性。为了适应这一挑战，负责个人信息保护的行政监管机构在组织架构上不仅要遵循传统行政法律规范的根基法则（诸如依照法律进行组织、分权管理、追求效率等），[1] 同时也要与个人信息保护领域的独有特性相吻合，必须恪守独立性、专业性、互动性、协作性以及科学性等特殊准则。[2] 依照《个人信息保护法》第六十条的规定，国家网信部门、国务院有关部门以及县级以上地方人民政府有关部门共同组成了我国个人信息保护的监管部门，法律上称之为"履行个人信息保护职责的部门"。《个人信息保护

---

[1] 参见应松年主编：《当代中国行政法》，人民出版社2017年版，第294页。
[2] 参见张涛：《个人信息保护中独立监管机构的组织法构造》，载《河北法学》2022年第7期，第94页。

法》设定的监管模式可以归纳为"统筹监管下的协作监管（1+X）"模式，"1"指国家网信部门，负责统筹协调个人信息保护工作和相关监督管理工作，"X"指国务院有关部门和县级以上人民政府有关部门，依照有关法律、行政法规的规定在各自职责范围内负责个人信息保护和监督管理工作。"X"具体包括哪些部门，《个人信息保护法》未作明确规定，通过梳理现行法律法规可以确定，"X"既包括横向层面的公安部、工信部、国家市场监管总局等国务院有关部门，也包括纵向层面的各地网信办、通信管理局、市场监管部门等地方政府有关部门，同时还包括特定领域和特定行业的国家安全部门、中国人民银行、中国银行保险监督管理委员会、交通运输主管部门、卫生健康主管部门、教育主管部门等。① 虽然我国这一行政监管模式明确了国家网信部门在个人信息保护和监管中的统筹协调地位和作用，比《个人信息保护法》实施前的各个部门各司其职有了明显的进步，但是我国至今仍然没有设立统一、专门的监管机构，仍然延续了以往多方监管的模式。

　　《个人信息保护法》在个人信息保护监管方面，从一定程度上来说，也充当了组织法的构建角色，保障了个人信息保护监管机构的行动能力以及与其他法律主体间的法律互动。尽管如此，若从行政机构的布局与所承担的行政职能的契合度来分析，目前负责维护个人信息安全的部门在架构上仍显不足，未能与大数据时代对青少年个人信息保护的需求达到最优匹配，未能满足对学生的个人信息承担保护监管之职的行政机构的特殊要求，同时也未能为学生个人信息权的维护提供坚实的组织保障。究其原因包括以下几个方面：

　　其一，监管角色与被监管实体的合于一身可能引致监管机构的独立性及公正性受损，进而激发信任危机。大部分负责个人信息安全监管的机构既是处理个人信息的重要主体，又承担着保护个人信息的监管职责。这种情况导致了监督职能与被监督职能的合并，明显违反了独立性和公正性原则。例如，公安部门和教育行政主管部门是重要的个人信息保护监管的协作机构，同时它们也是主要的个人信息处理者，这不仅体现在智慧警务和教育信息化的推进过程中，例如广泛采用

---

① 参见吴锦熤：《我国个人信息保护行政监管的现状分析》，载成都市律师协会网站：https：//www.cdslsxh.org/389/7271/1334360，最后访问日期：2024年3月30日。

人脸识别、指纹识别和车辆识别技术，而且在执法实践中这些技术已成为重要工具。随着各类个人信息数据库的持续构建，个人信息安全的威胁也逐渐显现，引起了公众的广泛质疑和深刻反思。① 在基础教育场域下，尽管《个人信息保护法》规定有上级机关或履行个人信息保护职责的部门责令改正的法律责任，仅仅依靠这一形式上的责任，无法改变各地公安机关和教育局"自己做自己的法官"现状，在事实上其自身不能裁判自己是否积极侵害了学生的个人信息权或者是否消极地未履行保护学生个人信息保护义务，因此容易导致学生及其家长对这些个人信息保护执法机关在学生个人信息处理和保护过程中的信任危机。

其二，监管机构的架构呈现出极度封闭的特点，这对制度化以及有组织的公众参与形成了阻碍。在大数据时代，个人信息保护这一法律问题不仅深植于复杂的技术本质，而且牵涉到公民基本权利的维护。因此，必须促使个人信息保护监管机构主动适应社会的需求，采用体制化的手段打造有序的参与路径，以便让包括学生和家长在内的社会大众都能投身于监管政策的制定和执行环节。尽管《个人信息保护法》赋予了社会公众投诉、举报的权利，要求个人信息保护监管机构公示投诉和举报的方法与路径，但纵使有学生或家长的投诉或举报，这样的"参与"主要是形式上的，并且主要聚焦于特定案例，与组织化的机制性的长期"参与"有着显著的差异。

其三，考察目前我国的个人信息保护监管架构，多数监管机构同时肩负多种任务，然而其核心任务并非专注于个人信息的保护。这表明，在它们做出监管决策与配置执法资源的过程中，存在极大的不稳定性，极易受到宏观政策指向的左右，从而对各种以运动方式展开的整治活动产生过分依赖。由于多职责在身及工作焦点分散等缘由，监管机构难以持续且集中精力投入到个人信息安全领域所涌现的种种商业与技术难题，进而导致在执行监管职能时专业性的不足。

其四，"条块分割"的组织关系，可能导致部门之间协作性不足。在大数据和人工智能时代背景下，对个人信息的法律保护具有一定的复杂性，这不仅体现在对个人信息的法律保护要广泛覆盖不同应用场景并连续跨越多个地理区域，而

---

① 参见张涛：《个人信息保护中独立监管机构的组织法构造》，载《河北法学》2022 年第7 期，第 98~99 页。

且还体现在法律保护要具有随时间推移的长期性，因此，个人信息保护监管机构在执行监管职能时必须坚持协同合作的基本原则。从理论角度出发，若在国家网信部门的整体规划和组织协调之下，其他行政机构在其职能范畴内遵循法律、规章的规定履行自身职责，那么似乎可以实现对个人信息安全的全方面监管。然而，在现实监管活动中，某些监管机构出于"私利"，产生了所谓的"执法偏好"，他们通常会积极介入那些能为其带来明显政治或社会利益的问题，而对于其他问题则表现为消极不作为，由此引发有选择性的执法或差异化执法。① 在网络环境变幻莫测的氛围下，若发生涉及学生个人信息被侵犯的事件，相关部门之间容易相互推诿，消极应对，可能会使当事人难以迅速获得有效的帮助。

综合上述原因，我国现有的个人信息监管模式无法适应当前智慧教育的现实需求，无法对学生的个人数据信息保护提供及时的、全方位、强有力的、深层次的保护。

(五)学生个人数据信息受侵害后寻求司法救济存在较大阻碍

首先，侵害学生数据信息的主体如果是学生所在学校或者是教育行政部门，由于学生要受其教学管理的约束，存在利害关系，在救济自己权利时顾虑较多，害怕学校或教育行政部门的事后刁难或报复，在与校方或教育行政部门沟通协商未果的情况下，无法内心自由地向法院起诉寻求司法救济，而且从举证来看，由于学校管理着学校网络系统包括公众号，可以以最快时间较为轻松地进行修改、删除等技术处理，往往等学生及其家长来举证时，由于缺乏诉讼经验，不知道对于电子数据证据该如何举证才具有证明力，因而无法在发现权利被侵害的第一时间固定证据，从而面临因举证不力而败诉的风险。

其次，如果侵害学生数据信息的主体如果是黑客，由于黑客精通网络技术，善于在网络中隐藏自己的真实身份和 IP 地址，并且善于抹去其在网络中窃取学生数据信息的痕迹，因此，受侵害的学生无法准确找到被告，由于缺乏相关专业技术，要收集证据更加困难。

---

① 参见吴锦熠：《我国个人信息保护行政监管的现状分析》，载成都市律师协会网站：https：//www.cdslsxh.org/389/7271/1334360，最后访问日期：2024 年 3 月 30 日。

再次，个人数据信息一旦扩散，损害结果具有一定的潜伏性、持续性和放大性，即便侵害主体事后采取了补救措施比如在网络中予以删除，但是由于网络的传播速度快，影响的范围广，甚至已经有浏览到该信息页面的人已经下载或复制了相关内容并予以保存，无法排除这些人对该信息进一步传播或滥用。因此，个人信息受侵害的学生无法通过司法诉讼方式完全消除侵权的后续影响。此外，个人信息权受侵害的学生无法准确计算和证明自己遭受的实际损失额到底有多大，因而很难在司法实践中提出损害赔偿的诉讼请求。

从次，民事诉讼法中关于主观过错的举证责任对个人信息受害方不利。目前对个人信息侵权责任的归责原则仍然是过错归责原则，只有受害方证明侵权方主观上存在过错，侵权责任才能成立，而实践中个人数据信息受侵害的学生由于本身处于弱势地位，在司法实践中很难举证证明侵权方主观上究竟是否存在过错，而作为法院又不会事先干预，不会主动审查采集使用学生信息行为的合法性，而是被动地在当事人递交起诉状后才会进行司法介入，最终造成司法保护的最后屏障作用无法充分实现。

最后，个人信息保护无法在实践中有效适用我国的公益诉讼制度。即使我国《个人信息保护法》建立了个人信息保护的公益诉讼机制。众多个人信息权益遭受侵害时，人民检察院、履行个人信息保护职责的部门和由国家网信部门确定的组织均有权依照法律规定向法院提起诉讼，[1] 但我国缺少专门的信息保护监管机构，这常常造成法律执行不力，而且本应相配套的我国《民事诉讼法》和《行政诉讼法》均没有将个人信息保护公益诉讼纳入公益诉讼的法定受案范围，更不用提制定具体化的程序规则，使得个人信息保护公益诉讼制度无法真正落地实施。

第六节 基础教育领域数据权面临的法律风险

所谓电子化信息的表现形式为计算机与网络中传输的，由二进制代码构成

---

① 参见刘承韪、赵文博：《新冠肺炎疫情防控背景下个人信息保护再审视》，载《经贸法律评论》2021 年第 8 期，第 98~113 页。

的，以比特为单位的数据流，而数据则在计算机领域内遵循特定的运作法则，在物理层面，它们以数字编码的形式存在。网络数据的传输，实质上是通过集成电路内的电脉冲，以及由零和一组合而成的字节流即比特流来实现的。数字编码构成了网络空间的基础，不仅是其描述手段，也是交流的媒介。数据既包括个人数据，也包括企业数据和公共数据。① 在以互联网广泛应用和大数据不断挖掘为背景的信息社会中，数据日益成为重要财富，是经济增长和价值创造的重要源泉，甚至有学者称其为"新石油"。作为当代的"新石油"，数据，在存储技术限制之外并无其他边界。其具备复制简单、共享方便的特性，从而使得财富总量得以持续攀升。在现代平台经济背景下，数据所蕴含的价值源于各参与方的协同努力、不断的互动与合作。依托于大数据技术，存储于数据中的信息将经历一种类似化学反应的演变，从而实现现代化的增值。因此，法律应当全面审视并权衡涉及数据权益的各方权利义务的分配问题。②

具体到教育领域，教育数据是指在教育领域中产生的各种数据，主要来源于教育机构、学习者以及各种教育技术应用。这些数据可以是结构化的，如学生的分数、成绩、课程注册情况等，也可以是非结构化的，如教师的课堂观察、学生的反馈、在线论坛的讨论等。在人工智能教育的背景下，教育数据的概念得到了进一步的拓展和深化，除了传统的教育数据，如学生的成绩、作业完成情况等，还包括了通过人工智能技术获取的各种数据，如学生的学习行为、学习偏好、情感状态等。同时，教育数据的应用范围也得到了进一步的扩展。例如，通过人工智能技术，可以对大量的教育数据进行实时处理和分析，形成动态的反馈和调整机制，使得教育过程更加个性化、精准化。此外，教育数据还可以用于教育资源的优化配置、教育质量的监测与评估等方面，为提高教育质量提供了重要的支持。

教育大数据与其他行业的大数据相比，有以下特点：第一，主体的特殊性。

---

① 参见冯源：《〈民法总则〉中新兴权利客体"个人信息"与"数据"的区分》，载《华中科技大学学报》(社会科学版)2018 年第 32 卷第 3 期，第 82 页。

② 参见王齐齐、曹利民：《论隐私、个人信息和数据的三重民法保护》，载《政法学刊》2021 年第 5 期，第 102 页。

教育数据的原始生成主体除了学校等教育机构、教师，还有学生。而基础教育领域中的学生均为不满十八周岁的未成年人，他们对来源于自身的教育数据如何合理使用、处分并防范个人信息乃至隐私遭遇侵权威胁的自我防护意识不够清晰，容易遭到数据侵权损害；第二，教育大数据的价值性与其他行业的大数据相比尤为巨大。教育行业的大数据不仅本身蕴藏巨大的商业价值，而且具有战略价值，如作为无形战略资产、推动教育改革和智慧教育的基础。在应用层，它有助于数据驱动的教育决策、优化教与学、改进教育评价和推动社会科学研究范式的转变。教育大数据的最终价值在于与教育主流业务的深度融合和推动教育系统的智慧化变革。第三，教育行业自身的科学性和价值性内涵要求教育大数据要高度重视数据收集过程中的高度准确性和数据之间的因果关系，而不能仅仅是相关关系，而且由于接触教育类数据的受教育者中以青少年为主要群体，为了培养其健全的人格、健康的身心并塑造科学的世界观、人生观和价值观，对数据引发的伦理和价值观问题尤为需要警惕。

由教育数据产生的教育数据权则是指教育领域中数据主体所享有的权利，主要包括数据知情同意权、数据修改权、数据删除权、数据查阅权、数据财产权和数据诉讼权等方面。教育数据权是保障学生、教师和学校等数据主体的个人隐私和合法权益的重要手段，也是推动教育信息化和智能化发展的重要保障。当前，我国已经制定了《网络安全法》《数据安全法》《个人信息保护法》《数据出境安全评估办法》，这些法律法规构成了我国数据立法的主要制度框架，但是对数据权缺乏明确的制度设计，而且，我国基础教育立法未对教育数据权做出明确规定，而且对基础教育数据的收集、使用、共享等方面也缺乏明确的法律规范，这不仅导致我国基础教育实践领域对教育数据权与个人隐私权、个人信息权之间的界限很难区分，也导致基础教育领域中学校、学生、教育类企业在各自行使数据权过程中面临着权利冲突问题，更容易引发数据泄露、数据被滥用、数据被篡改等数据安全问题。面对基础教育立法的这一空白，急需我们对教育数据类型加以分析，针对个人数据、企业数据和公共数据设定不同的权利种类，并采取不同的法律规则加以规制。

一、基础教育领域个人数据权面临的权利冲突

（一）个人数据的界定

一部分学者认为个人信息等于个人数据，不存在新型的个人数据权；① 另一部分学者认为个人数据权与个人信息权并不能等同，二者之间虽然存在竞合，但却是互相独立的权利。② 就个人数据与个人信息的区别而言，个人数据既包括具有可识别性的个人数据，也包括不具有可识别性的个人数据。其中不具有可识别性的个人数据无法准确指向某一个具体特定的自然人的身份，而具有强烈的可识别性的个人数据往往具有专属性，与该自然人的人身利益密不可分，属于个人信息的范畴。此外，数据自身具有客观性，不同的主体认识数据所产生的认知基本相同，但是蕴含有个人信息内容的数据在不同主体看来得到的主观认识则各有不同，因此，个人信息的获取和提炼带有很强的主观性。不仅如此，个人信息的记录载体在过去往往是语言、文字、图画等形式，而进入大数据时代以来，个人信息越来越多地以数据形式存在于网络系统或硬件存储空间里。因此，在这个互联互通的数字领域中，个人信息以数据化的形态呈现，数据是对作为内在实质的信息的直接表达。个人信息关注的是所表达的实质含义和意义，而个人数据则聚焦于记录的客观外显化的符号或数值，表达不等同于记录。并非所有的个人数据都能识别出特定个体，从而成为个人信息，如网站浏览痕迹。个人信息是人格权的客体，个人信息原则上不可以直接交易，而只有不具有可识别性的个人数据才能体现为无形财产权的客体。③

---

① 参见齐爱民、张哲：《识别与再识别：个人信息的概念界定与立法选择》，载《重庆大学学报》（社会科学版）2018 年第 2 期；陈敬根、朱昕苑：《论个人数据的法律保护》，载《学习与实践》2020 年第 6 期；时明涛：《大数据时代个人信息保护的困境与出路——基于当前研究现状的评论与反思》，载《科技与法律》2020 年第 5 期。

② 参见周斯佳：《个人数据权与个人信息权关系的厘清》，载《华东政法大学学报》2020年第 2 期；彭诚信、向秦：《"信息"与"数据"的私法界定》，载《河南社会科学》2019 年第 11期；李勇坚：《个人数据权利体系的理论建构》，载《中国社会科学院研究生院学报》2019 年第5 期。

③ 参见韩旭至：《个人信息权载入民法典刍议》，载《武汉理工大学学报》（社会科学版）2017 年第 3 期，第 137 页。

此外，在规范的指导思想上，个人数据重在"依法有序自由流动"，而个人信息重在"依法合理利用"；在规范的原则上，个人数据收集原则与个人信息保护原则具有显著差异，《数据安全法》第三十二条对个人数据收集与处理仅仅规定了"合法、正当"原则，在总体国家安全观的指导下，许多时候数据收集采取的是"应收尽收"的方式；而个人信息保护除了在坚持"合法、正当"原则以外，《民法典》还明确规定了"必要"原则，可见立法者对必要性原则的重视程度，《个人信息保护法》甚至还进一步规定了"最小必要原则"、诚信原则、公开透明原则、信息质量原则等具体原则。① 结合本章前一节所阐述的个人隐私与个人信息的关系，个人隐私、个人信息与个人数据三者之间是图 4-1 所示的一种交叉关系。

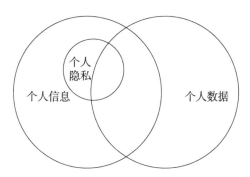

图 4-1　个人隐私、个人信息与个人数据的关系

(二)个人数据应成为民法独立保护的权利客体

个人数据和个人信息是不易区分的一组概念，无论是我国司法领域还是我国学术理论界，都会经常发生个人数据权和个人信息的混用或滥用，甚至包括欧盟的《通用数据保护条例》也只是对个人信息数据加以规定，对于去识别化的个人数据并作有作出规定。个人数据是否能够成为民法保护的权利客体，核心是通过厘清和比较民法上已规定的隐私权与个人信息权的内涵、外延、立法意图、保护手段等问题，来探究现有的隐私权、个人信息权尤其是个人信息权是否已经足以

---

① 马长山主编：《数字法治概论》，法律出版社 2022 年版，第 56 页。

对个人数据权益加以保护，从而论证个人数据本身是否具有民法独立保护的正当性和必要性。

1. 个人数据具有受民法保护的正当性

从正当性分析，个人数据蕴含着个人的人身属性和财产属性。首先，从个人数据的人身属性来看，对于具有可识别性的个人信息数据，明显具有强烈的人身属性，已经由我国的《个人信息保护法》这一专门立法通过个人信息权加以保护，但对于已经去识别化的个人数据，看似没有人身属性，但是在大数据时代绝对的不可识别是不存在的，由于个人数据展现出不完整、共享性和无法束缚的特点，加之大数据技术的应用，使得即便数据被匿名化，依然存在通过大数据画像、追踪等手段侵害个人人身权益的可能。其中，大数据画像正是借助众多数据集对特定个体或群体进行特征描绘的过程。尽管大数据画像的指向性不如隐私或个人数据那样强烈，在大数据技术范畴内，这种较弱的识别度仍旧能够侵袭个人的生活平静。综上可见，即便是去识别化的个人数据，其仍然具有一定程度的人身属性，只不过鉴于大数据的技术干涉，个人对自身数据控制能力的削弱以及私人与公共空间界限的模糊，个人数据的人身属性要明显弱于个人隐私和个人信息。基于个人数据属性的变化，传统的针对隐私权和信息权的法律保护都聚焦于人身权保护的法律规制模式已然无法套用于个人数据。[①]

其次，从个人数据的财产属性来看，既然以人身属性为核心的个人信息同时也具备了一定的财产属性，那么个人信息数据的非法获取或利用也会导致个人财产权被侵害；与之相对应，对于未体现为个人信息的个人数据，由于已经被去识别化处理，对作为数据来源者的个人而言，由于这种数据的孤立性和分散性，其经济价值和利用的可能性非常微弱，而对于政府或企业而言，其看重的是从某一个人处汇集的众多去识别化的个人数据，或者是从不特定的社会公众汇集而来的海量的去识别化的个人数据，只有这些数据才能成为"大数据"，而恰恰是对大数据的分析处理得出的结论、规律或其他信息才对政府或企业才具有行政管理、公共服务或商业利用的价值。既然这里的个人数据不再是个人信息，只能称之为

[①]　参见郑飞、李思言：《大数据时代的权利演进与竞合：从隐私权、个人信息权到个人数据权》，载《上海政法学院学报（法治论丛）》2021 年第 5 期，第 142 页。

"公共数据"或"企业数据"，那么立法重点保护的利益主体不再是自然人，而是数据的处理者或控制者。立法保护的目的在于强调数据的经济价值或管理价值。但是这并非意味着个人数据没有蕴含任何财产属性，个人数据的财产属性在实践中主要体现为借助个人数据来侵犯个人财产，如"大数据杀熟"；或直接盗取、泄露个人数据，达到侵犯财产权的目的，多表现为窃取公司、企业的客户数据等。因而个人数据本身兼有人身与财产利益。

在基础教育领域，个人数据主要集中体现在两个方面：其一是学生实名或匿名在学校、教育类企业、教育行政部门发布的网络投票、网络调查或网络意见评价或电子表格中填报的有关学生个人情况或家庭情况的电子数据，具体包括学生的肖像、身高、体重、年龄、性别、就读学校班级、学号、体检状况、学习表现与成绩、奖惩情况、接受资助的情况等，其二是教师的个人身体状况、年龄、性别、职称、专业教育背景、学历学位、职业经历、培训进修情况、所获得的资质资格证书情况、参赛或指导学生比赛经历、奖惩情况等个人数据。以上这两类数据既包括师生的个人信息数据，也包括去识别化的师生个人数据；学校或教育行政部门如果自身没有完善的数据安全规章制度而自身滥用数据，或因不妥善保管导致数据被第三方网络爬取而侵害到师生的人身权和财产权。此外，教育类企业如果对收集到的师生个人数据没有建立明确的数据分级分类体系，其到底是属于生产数据、运营数据，还是外围数据；其是师生基础数据或个人信息数据，还是衍生数据或者说已经去识别化的师生个人数据，如果都没有明确区分，则容易引发企业对收集到的师生个人数据背后的人身利益和财产利益的忽视，导致通过对这些大数据的分析，而对学生的身体状况、学习习惯、生活轨迹、学习兴趣、学习上的强弱项等进行精准画像和精准追踪，并通过电话、微信、手机短信和移动终端应用 App 程序不断自动推送或推销自己的商业产品和服务；通过对教师的个人情况的了解和需求的洞悉而精准自动推送以暗示引导教师购买其推荐的在线教育培训课程服务、网络教学资源服务或智能教学设备，严重干扰了教师、学生以及学生家长正常私人生活的安宁和信息自决权。

2. 个人数据具有民法保护的必要性

个人数据不仅具有法律应当保护的正当性，而且还具有法律应当保护的必要性。无论是我国已有的隐私权法律制度，还是已有的个人信息权法律制度，有关这两类独立权利保护的现有法律制度均不足以解决数据权益的保护问题。

首先，对于隐私权而言，由于隐私不涉及公共利益，所以该项权利以个人为本位，体现为消极性的请求权，重在防御，防止不特定的义务主体对权利主体私生活的窥探，而在人工智能时代背景下，个人数据权益虽然一般情况下不会影响到公共利益，但是仍然存在特殊例外，比如在社会公共安全卫生事件中就需要个人利益对社会公共利益的有限让渡。个人数据权益需要关注与考量的是个人的隐私权与其他主体权利甚至社会公共利益在交错时如何划分界限，如何更好地平衡，此外，个人数据权益不能仅靠不特定义务主体消极的不窃取数据来实现，而且还需要赋予数据权利主体积极的请求权内容，例如积极授权或同意他人使用其数据，或者主动要求他人删除个人数据等方式来实现。更何况个人对隐私的控制性最强，而对数据的控制力却非常微弱，使得传统对隐私权的救济手段用在数据保护上没有实质意义和效果。

其次，相比于信息时代在处理大量数据时所必需的时间和人力资源消耗，在人工智能时代侵害个人数据权益方面的成本显得更加低廉，而且侵犯个人数据权的后果更为严重。在这个时代，信息的传播速度更迅速、范围更广泛、影响更深远，海量数据被收集在网络中，掌握在各大公司或政府部门手中。如果数据库被泄露，所引发的危害将是无法预测的。这些特点对于人格权的保护极为不利，而诞生于信息时代的个人信息权无法对数据进行全面的保护，究其原因在于：个人信息的具体权利内容主要有个人信息的自主决定权、信息保密权，以及个人信息的查阅复制权、更正补充权、删除权、要求解释说明权以及报酬请求权等。[1] 在人工智能时代，个人信息权中的删除权行使起来收效甚微，即便权利人立刻采取行动去删除个人信息，也无法有效遏制不良影响的蔓延。此外，个人信息权的立法目的侧重在于对个人信息权利人的人格权的保护，而不是在鼓励数据合理的开放、共享和流通，无法为充分挖掘数据要素潜力与价值从而加快数字产业创新发展保驾护航，也不能彻底解决数据处理者应有的权益保护问题。在个人信息权利人通过合同等形式许可他人处理其个人信息时，侧重于约束信息处理者要在合同授权的范围内处理个人信息，但个人信息权本身并未涵盖对信息处理者独立权益

---

[1]　参见刘练军：《个人信息与个人数据辨析》，载《求索》2022年第5期，第158页。

的保护内容。不仅如此，如果说个人信息受侵害只需要通过民法这一部门法来加以保护，那么数据的法律问题则是一个综合性的问题，需要公私法的融合或多法域协同的方式才能对数据进行全面的保护。在关涉到数据权益的法律保护时还可能适用我国《反不正当竞争法》《网络安全法》《数据安全法》等相关法律来加以调整。综上，完全用《个人信息保护法》也不能替代数据保护规则。

正是由于个人数据所代表的利益具有正当性和被我国立法保护的必要性，我国于 2021 年 1 月 1 日正式生效实施的《民法典》才第一次明确规定了对数据的立法保护，《民法典》第一百二十七条规定："法律对数据、网络虚拟财产的保护有规定的，依照其规定。"该条对数据权益的民法保护进行了宣示性的规定。此条款作为引致规定，为未来出台数据单行法以维护数据安全奠定了基础，同时该条将数据置于"民事权利"一章中规定，不仅确立了数据的民事权益属性，也强调了民法对数据权益应给予保护。值得重视的是，立法者使用的是"数据"这一概念，而非"个人数据"这一概念，且对"数据"这一概念的界定较为模糊。而且从《民法典》第一百二十七条本身内容看，立法者更偏向于保护数据的财产属性，而只有具有可识别性的个人数据才被认定具有人身属性，属于个人信息，才能被纳入民法典人格权编的保护范畴。[①] 由此可见，我国现有民法典虽然承认了对数据（当然包括个人数据）的保护，但是仍然没有明确提出个人数据权是一种独立于隐私权和个人信息权以外的权利类型，即便未来我国制定专门的数据权民事单行法，个人数据权也并非作为一种单独的民事权利存在，而是按其驳杂的属性只能将其作为数据权的分支权利，[②] 只有数据权才能与个人隐私权、个人信息权三足鼎立，才能构成对个人权益的三重民法保护。

在人工智能时代，个人数据与个人信息已然不全是人身属性那么简单，其财产属性愈发受到重视。2022 年 12 月 2 日，中共中央、国务院在《关于构建数据基础制度更好发挥数据要素作用的意见》（以下简称《构建数据基础制度意见》）提出："建立公共数据、企业数据、个人数据的分类分级确权授权制度。"这已经足以表明我国在不久的将来势必会将数据权上升为法定的独立民事权利。当然，在

---

① 参见王利明：《数据的民法保护》，载《数字法治》2023 年第 1 期，第 44 页。

② 数据权按照权利主体类型划分，包括个人数据权、企业数据权和公共数据权三项子权利。

我国明确将该权利法定化之前，我国目前的司法实践只能通过证明数据权是人格权衍生的权利，视案件具体情节判断侵害的是否属于个人信息数据，通过在判决书中援引《民法典》第一百二十六条与第一百二十七条这两条宣示条款或者与个人信息权相关的法律条文来论证释理。保护受侵害的个人人身与财产利益。

具体到我国的基础教育领域，人工智能在基础教育领域的应用相较于教育数字化应用改革，给个人数据权带来了许多新的挑战，其主要挑战表现在以下方面：第一，隐私保护难度提升。人工智能技术在教育中的应用，如智能教室、电子书包、智能手环、智能头环和智慧校园等，会收集和分析大量的学生和教师数据。这些数据的收集和分析可能会侵犯个人隐私，尤其是在没有适当监管和透明度的情况下。例如，通过对学生行为习惯和学习行为特征数据的深度挖掘分析，可能会暴露教师和学生的隐私。第二，数据安全风险进一步增加。随着人工智能在教育中的深入应用，数据泄露和滥用的风险也随之增加。学生和教师的个人信息可能在使用智能教学设备时不经意间被收集和存储，如果没有强有力的安全措施，这些数据可能会被未经授权的第三方访问和滥用。第三，责任归属极易发生争议。在人工智能教育应用中，如果发生教育数据侵权行为，确定责任主体可能会变得复杂。人工智能是否能够成为责任主体，或者责任应该由人工智能的开发者、使用者还是所有者承担，这是一个法律上尚未明确的问题。

面对人工智能带来的严峻挑战，我国应该制定单行的数据权法，对数据带来普遍性风险加以规制，将个人数据权作为与企业数据权、教育公共数据权并列的数据权的子权利来规范其权利性质和内容，明确规范个人教育数据权的界限和范围，明确规范企业数据权行使中对个人数据权予以保护的具体义务，明确规定公共数据权行使的相关限制，加强数据安全措施，明确法律责任的归属，细化针对数据侵权的责任条款，与此同时，我国应该完善《中华人民共和国教育法》这一基本法，针对师生个人数据权在教育领域中反映出来的特殊问题做出统摄性规定，在人工智能教育应用中嵌入伦理和法律考量，从而构建严密完整的基础教育个人数据权益法律体系。

二、基础教育领域企业数据权面临的权利冲突

所谓企业数据是企业在生产或经营活动中产生的自身数据以及收集的用户数据。我国《数据安全法》首次从法律层面提出了数据分类分级的制度，工信部、

全国信息安全标准化技术委员会亦出台了《工业数据分类分级指南(试行)》《网络安全标准实践——网络数据分类分级指引》(以下简称《网络数据分类分级指引》)等法规标准，但目前针对企业数据的分类分级，法规标准层面并没有十分明确的实施标准，从理论上而言，企业数据分类具有多种视角和维度，但分类的主要目的是便于数据管理和使用。借鉴《网络数据分类分级指引》以及《信息安全技术网络数据分类分级要求》(征求意见稿)就组织经营维度的数据分类维度，可以将企业数据具体分为用户数据、业务数据、经营管理数据、系统运行和安全数据，就企业数据的重要程度和对相关权益造成的影响程度可以将企业数据分为核心数据、重要数据和一般数据。①

我国进入人工智能时代以来，企业数据是我国构建数据要素市场的交易客体，是重要的市场资源，其对于促进我国数字经济的发展起到极为重要的作用，为了发挥数据流动的最大价值，鼓励数据交易，必须面临对企业数据的确权问题。只有企业数据控制者、处理者和使用者都能拥有相应的权利，且彼此之间的权利有合理的行使范围和具体方式，才能调动数字经济各方主体的市场积极性，才能通过数据的边际效应不断创造衍生性的新的社会财富。国务院《构建数据基础制度意见》规定：数据的权利主体不同，相关主体所享有的权益也应当有所区别。对企业数据而言，既需要强化对数据处理者权益的保护，如果涉及个人信息，也需要加强个人信息保护。在基础教育领域，随着人工智能技术的不断嵌入，教育企业逐渐意识到数据的重要性，因此，许多教育企业开始收集、存储和使用大量学生和教师数据来改进它们的产品和服务。但是这种趋势导致了一系列的问题，其中最突出的是企业数据权益与学生的数据权益、教师数据权益三者之间的冲突。

(一)教育企业的企业数据权益与学生数据权益之间的冲突

从企业数据权益与学生数据权益之间的冲突来看，几乎所有的教育类 App 和

---

① 陈梅瑜：《企业数据合规之数据分类分级(上)》，载微信公众号：https：//mp. weixin. qq. com/s？_biz = MzI5Nzc5MTI3MQ = = &mid = 2247518890&idx = 1&sn = 26ef0353455 d7a40762 e34ed725455b8&chksm=ecad70e2dbdaf9f431e7e6ef584a6c9ec4819453afe667d6a7e8adc6252fc 85c6044d 5ff3f08&scene=27，最后访问日期：2024 年 3 月 12 日。

网络资源平台如钉钉、腾讯课堂、超星课堂、学习通、雨课堂等进行个人注册需提供手机号码，单位用户则需在此基础上提供个人姓名、登录账号（学号/工号）以便单位管理统计。当用户使用打卡签到、图片上传、课堂直播等功能时，可能会需要开启位置信息、摄像头、相册、麦克风等访问权限。而这里涉及对师生个人信息的过度收集问题，这里不仅涉及采集个人信息的范围及用途是否告知了师生并征得了他们的同意，而且涉及这些企业是否违反了必要性原则收集了并非提供具体某项服务所必需的信息。

教育企业收集到的大量的学生信息如学生的成绩、出勤率、个人经历等，这些信息非常敏感，如果使用不当或被泄露，可能会给学生带来普遍性、持续性的负面影响。通常造成企业数据泄露的原因既可能是外部的，也可能是内部的，也存在二者皆有。外部原因往往是攻击者有隙可乘，利用目标系统的缺陷或窃取的特权账户，成功取得了数据库管理员的控制权限，进而导出全部数据。而内部原因分为两种情况：第一种有可能是企业运维人员的不慎操作引起了数据的意外泄露；第二种则是由于企业没有建立数据采集、储存、使用、加工、传输、数据公开披露、数据提供以及数据销毁等数据链条环节全覆盖的数据安全合规制度，或者内部权限管理缺位、行为审计存在疏漏，使得内部人员（例如数据库管理员）能够利用其系统权限，批量下载数据库中的信息，并将其转卖。例如，在国家信息安全漏洞共享平台上，学习软件超星学习通在 2020 年至 2021 年间分别被曝出过存在跨站脚本漏洞、信息泄露漏洞和逻辑缺陷漏洞。① 2022 年网络曾曝光超星学习通的数据库信息疑似被公开售卖，其中疑似泄露的数据包含姓名、手机号、性别、学校、学号、邮箱等信息 1.7273 亿条，含密码 1076 万条。②

（二）教育企业的企业数据权益与教师数据权益之间的冲突

从企业数据权益与教师数据权益之间的冲突来看，教育企业需要提供足够的

① 《学习通学生信息泄露事件追踪：有卖家连夜出售，宣称被金主买断》，载知乎：https://zhuanlan.zhihu.com/p/654883875？utm_id=0，最后访问日期：2024 年 3 月 13 日。
② 《媒体六问"学习通数据疑泄露"：如何被窃取？平台要担何责？》，载百家号：https://baijiahao.baidu.com/s？id=1737139885169573513&wfr=spider&for=pc，最后访问日期：2024 年 3 月 13 日。

数据支持来帮助教师更好地了解学生的学习情况和表现，与此同时，企业为了自身数据安全又会限制教师的访问和使用权限，此外，教师在使用企业的教学网络资源或数据库时也会留下自己的使用痕迹，比如对学生线上作业的点评、对学生线上问题的回答、参与了某线上话题的讨论，或者发布了自己撰写的论文、下载或转载网页相关内容等，这也形成企业后台采集的数据来源，并被一般默认为该企业有权加以商业分析和利用。

正如前面在论述个人数据权问题时所述，我国民法尚未将数据权确立为独立的法定权利，因而作为数据权子权利的企业数据权也未得到立法的确认。由于法律制度层面的缺失，在司法实践中有关企业数据权益的民事纠纷是通过民法已有的其他权利来加以保护。司法实践中较典型的因中国知网擅自收录多篇文章且文章被多人多次下载而被作者维权的系列案例，这一系列案例均以侵害作者的作品信息网络传播权(该权利从属于著作权)为案由提起诉讼。

通过在中国裁判文书网进行类案检索，在检索关键词的选择上，案件类型选择"民事案件"，案件名称选择"数据"，全文选择"教育"，裁判文书选择"判决书"，检索范围为 2017—2023 年，最终经过筛选核实，与教育企业相关且围绕数据权益的纠纷仅检索出了 11 个案例，具体见表 4-1。由表 4-1 可知，我国教育企业的数据权益纠纷在司法实践中主要是通过著作权和合同权利来加以保护，只有极少案例是通过名誉权来加以保护。

表 4-1　　　　　　　　　　教育数据权益纠纷案件统计

案　号	时　间	审　级	案　件　名　称	诉争权利
京 73 民终 226 号	2022 年	二审	京智博源数据科技有限公司与人民教育出版社有限公司侵害作品信息网络传播权纠纷	著作权
渝 0153 民初 2589 号	2022 年	一审	重庆市荣昌区职业教育中心与重庆芝诺大数据有限公司买卖合同纠纷	买卖合同权利
辽 1282 民初 988 号	2022 年	一审	北京大唐高鸿数据网络技术有限公司、开原市教育局买卖合同纠纷	买卖合同权利

续表

案　号	时　间	审级	案　件　名　称	诉争权利
京 0491 民初 25517 号	2021 年	一审	北京晓明筑梦数据服务有限公司与联合圆梦教育科技(深圳)有限公司侵害作品信息网络传播权纠纷	著作权
京 0491 民初 25548 号	2021 年	一审	北京晓明筑梦数据服务有限公司与潍坊市智胜教育咨询有限公司侵害作品信息网络传播权纠纷	著作权
粤 0113 民初 13058 号	2021 年	一审	启梦教育投资发展(广州)有限责任公司、安徽大数据网络工程技术有限公司服务合同纠纷	服务合同权利
浙 0681 民初 1413 号	2021 年	一审	浙江圆华数据科技有限公司与诸暨市诗胜教育科技有限公司、尹立东买卖合同纠纷	买卖合同权利
粤 0192 民初 21376 号	2020 年	一审	计易数据科技(上海)有限公司与广州九微教育科技有限公司侵害作品信息网络传播权纠纷	著作权
黔 0103 民初 16003 号	2020 年	一审	赵雄与贵州正道大数据教育科技有限公司、何海成合同纠纷	合同权利
粤 0192 民初 21375 号	2020 年	一审	计易数据科技(上海)有限公司与广州兆仁本业教育科技有限公司侵害作品信息网络传播权纠纷	著作权
渝 0107 民初 10100 号	2019 年	一审	重庆慧瀚教育咨询有限公司与苏州贝尔塔数据技术有限公司名誉权纠纷	名誉权

　　企业的数据权益是一个复杂的具有集合性特点的权益。以创设火花思维、学而思、豆伴匠这些教育类 App 的企业为例，关于学生用户的账户信息、位置数据，这些属于个人信息；所运用的算法则是企业的商业秘密，属于企业所有；而相关课程的描述、商业运营详情、折扣券等则属于企业运营者；至于标志设计等，如果具有独创性，则还涉及知识产权的法律问题。在数据权益范畴内，人格

权益与财产权益相互交织，并且基于数据的共享性和价值性，突破了传统民法以有体物为客体而形成的排他性法律效力，其既有可能涉及著作权、还可能涉及商业秘密、个人信息甚至个人隐私等。因此，著名法学家王利明教授指出：企业数据中包含了复杂的权益类型，各种权益呈现出一种网状结构，因而有必要借鉴"权利束"理论作为数据权益的一种分析框架，即数据权益是信息之上产生的多项集合的"权利束"，无法简单地将其看作某一类单一的权利。这就需要借助于民法的各项制度予以规范。①

基于企业数据本身的特性，仅依靠《民法典》关于著作权的规定，或是合同编的规定，或是侵权责任编的规定，虽然在私法意义上能够起到一定的作用，但显然无法全面保护数据权益，但是尚不能满足司法实践对于规范的确定性和稳定性的需求。因而需要制定专门的数据权单行法，注重数据的效率性、安全性、数据处理行为的透明性和数据侵权的预防性，对数据权益的私法保护进行明确规定。当然，数据权单行法不仅仅是针对企业数据权进行规定，还包括对数据权的其他两个子权利即个人数据权和公共数据权加以规定。需要指出的是，构成企业数据权的客体与个人数据权的客体稍有不同，其应该包括以下特征：第一，这些数据没有特定的指向性，不指向特定个人。第二，大部分数据呈现流动性。信息的流动性，使得其累积过程虽然源自个人行为，但要构建一个有用的数据集，却需要数据管理者等多方力量的协作。第三，当数据去除了指向性，其财产权的属性便显得尤为突出。②

就企业数据是否具有独创性进行识别区分，对于有独创性的数据，由于兼具人身属性和财产属性，可以通过知识产权法（尤其是著作权法）结合民法典的人格权编和侵权责任编来调整，对于没有独创性的企业数据，其仅仅具有财产属性，可以通过数据权法结合民法典合同编的内容加以调整。

单就数据权单行法应规范的具体内容而言，其应当包括以下几个方面。

首先，数据权法应规定企业对个人数据的收集、处理和使用应遵循的具体规

---

① 参见王利明：《论数据权益：以"权利束"为视角》，载《政治与法律》2022 年第 7 期，第 102~105 页。

② 参见李勇坚：《个人数据权利体系的理论建构》，载《中国社会科学院研究生院学报》2019 年第 5 期，第 100 页。

则。第一，企业应该确保个人对数据用途、数据的分析方式、数据交易方向等有知情权和同意权，确保个人享有预防损害权，即防止他人非法收集和利用数据损害个人及其相关方的人身权和财产权。由于个人数据具有分散性、无序性、单一财产价值性较弱，如果企业在获得个人的知情同意前提下使用该数据时，还要对所有个人数据逐一付费，则极大地加重了企业采集个人数据的成本，不利于数据的合理开发和流动，因此，在个人授权企业采集使用不属于知识产权范畴的个人数据时，立法不宜赋予该个人数据本身具有直接的财产权属性。第二，企业采集个人数据要遵循必要性原则，应当对数据进行仔细的筛选和审查，只收集为实现特定目的所必需的最小范围的个人数据，并严格控制信息的范围和用途，不得过度违法违规采集。第三，企业在采集到个人数据后首先就要对其中的个人信息数据进行脱敏处理，即将个人信息的指向性特征剔除，以防止侵害到个人的隐私权和个人信息权。第四，企业的大数据算法不得束缚个人的自由选择，企业的数据预测不得剥夺个人的自主决策。

其次，数据权法要制定基于合同约定而流转数据产生的财产性权益保护机制。想要企业无偿贡献数据来助力平台经济及虚拟经济成长，缺乏正当性理论支撑与实践的可能性。因而，对于已经去识别化的没有指向性的数据的商业应用，须构建一种利益分享机制，使得数据相关主体都能共同参与数据收益的分配中。因此，针对数据转让或许可使用等问题，可借鉴一般性的许可合同的条款，提炼出适用于数据许可使用的合同条款，从而指导各方准确签订合同，预防潜在的争议。同时，企业所构建的网络平台或应用程序内所设定的标准合同条款，须接受必要的合规性指导。关于人格权益的保护，单行法要完善数据权中的人格权益保护规则，受害人的停止侵害、排除妨碍、消除危险、消除影响、恢复名誉、赔礼道歉请求权，应当参照适用于对数据的保护。

再次，数据权法应当规定企业数据权的具体权利内容，企业数据权应当包括控制权、支配权、收益权、处置权、拒绝权、继承权等权利内容。控制权是指企业对其数据拥有控制权，可以决定数据的收集、处理、存储和披露等操作。支配权是指企业有权支配其数据，包括对数据的查询、检索、处理、分析等操作，以及将数据用于商业目的。收益权则是指企业有权从其数据中获得商业利益，例如通过数据交易、广告投放等方式实现收益。处置权则是指企业有权对其数据进行处置，包括补充、更正、删除、销毁、转让等操作。拒绝权则是指企业有权拒绝任何未经授权的数据收集、处理或使用请求，包括政府部门、第三方机构等的请求。而继承权是指在某些情况下企业有权将其数据传递给其他组织或个人，以确保数据的连续性和完整性。只有做出上述明确规定，才能保障企业数据的完整性、安全性，为权利人提供全面保障。

最后，数据权法要制定针对数据的侵权规则。在数据权保护范畴内，受某一特定的同意告知行为影响的公司数据或个人数据通常较为明确具体，难以评估数据自身的价值。与传统的侵权损害结果相比，数据侵权产生的新型损害范围更广、更为隐蔽、难以察觉，从而使得财产损失的评估变得复杂。加之数据侵权也会涉及精神损害赔偿的问题，存在精神损害适用的空间，然而，大多数个人或企业数据遭受的精神损害程度通常不高，难以达到"严重"的程度。这使得在何种情形下可以适用精神损害赔偿的问题上仍存在广泛的争论。① 因此，我们需要明确《个人信息保护法》对于损害赔偿中的损害数额的确定以及获利返还责任能否参照适用于侵害数据权益的情形，力求建立一套精确合理的数据侵权损害赔偿界定与量化准则，同时需界定精神损害赔偿金的适用条件。

三、基础教育领域公共数据权面临的权利冲突

广义的公共数据指的是政府机关以及那些根据法律获得授权或接受委托执行公共管理和服务职能的组织(以下简称公共管理和服务组织)在执行公共管理职能或提供公共服务时所搜集和产生的数据。② 从狭义范畴来讲，公共数据仅限定于公共管理和服务组织在提供公共管理和服务过程中所搜集和产生的数据，而政府机关依法履职过程中收集产生的数据则被作为政务数据而非公共数据。而这里所探讨的公共数据是取其广义上的概念。基础教育公共数据不仅包括义务教育、

---

① 参见孙铭溪、侯荣昌、张亚光：《数字时代个人信息权益司法保护的现状与完善》，载《人民法院报》2022 年 12 月 29 日，第 08 版。

② 参见姜东旭：《数字化时代公共数据开放的合作治理路径》，载《南京工程学院学报》(社会科学版)2021 年第 3 期，第 60~61 页。

高中教育和职业教育的数据，如学校数量、学校层次、招生人数、招生数量、在校生人数、专任教师人数和师资力量等，还包括教育行政机关数据，如教育经费投入、教育行政人员数量等。

2021年3月11日，十三届全国人大四次会议表决通过的《国民经济和社会发展第十四个五年规划和2035年远景目标纲要》提出要"扩大基础公共信息数据安全有序开放"，要"构建统一的国家公共数据开放平台"。2022年12月国务院出台的《构建数据基础制度意见》明确指出：对公共数据而言，则更应当强调数据的共享与开放，推进互联互通，打破"数据孤岛"，不应对其利用进行过多限制，但教育数据也具有较高的敏感性，应该严格规范其收集、管理和使用。截至目前，我国目前已出台了《教育部政府信息公开指南（试行）》《高等学校信息公开办法》《教育部机关及直属事业单位教育数据管理办法》等教育数据开放专门规定，但仍然处于起步阶段，存在数据利用不充分、隐私保护不完善等问题，有待于制度层面的进一步优化。一些发达城市，如上海市政府数据服务平台、深圳市政府数据开放接口等，已经率先开放了教育领域的相关数据，并为第三方提供了直接获取和使用数据的接口。① 当然，教育公共数据的开放，不单是建立教育数据共享开放平台，还要保障所有的相关主体能够公平地获取教育公共数据。

在教育公共数据逐步开放的同时，教育公共数据权也面临着以下风险。第一是侵权风险。这涉及个人数据隐私权的侵害及数据资源的产权争议。在教育数据采集的过程中，不当扩大范围、采集敏感数据等侵犯个人隐私的情况时有发生。第二是监管风险。包括教育数据的泄露和滥用等。教育行业信息化程度不断提高，学生个人信息等大量敏感信息集中存储在数据库系统中，面临被篡改、窃取、盗用、泄露等威胁。第三是数据治理和管理体系的挑战。在教育领域，数据治理需要考虑到多元治理主体的参与和协调，包括学校、教师、学生、家长以及教育技术提供商等。但在实践中，教育行政管理机关在组织体系上缺乏与多元治理主体相适应的统筹管理机制，无法实现多元善治和敏捷治理。第四是技术依赖和适用性问题。人工智能技术尚未完全成熟，可能存在学习数据稀疏性所带来的

---

① 参见杨现民、周宝、郭利明、杜沁仪、邢蓓蓓：《教育信息化2.0时代教育数据开放的战略价值与实施路径》，载《现代远程教育研究》2018年第5期，第14~20页。

挑战，教育管理者可能会过度依赖这些技术来解决教育管理上的问题，忽视教育行政执法过程中的深刻反思和独立思考。第五，人工智能技术和资源无法共享带来的教育不公平问题。即便教育公共数据在中央和地方层面有不同程度的开放，但客观存在的人工智能技术势差仍然可能导致不同地区和学校在人工智能教育资源配置方面面临不同的境遇，从而加剧教育不平等。

为了应对这些风险，我国未来制定的数据权法不仅要对个人数据权和企业数据权加以规范，而且还要对公共数据权的内涵、外延以及权利行使做出明确规定。就现有研究成果来看，公共数据权是指公民、法人或其他组织依法对公共数据进行利用、管理、维护和监督的权利。公共数据权的权利内容主要包括获取权、加工权、传输权、共享权和公开权这五个方面。并且还需要制定配套的行政法规和部分规章来做出细化规定、实现人工智能技术与教育的深度融合和持续发展。同时我们还需要构建教育行政部门、社会组织、企业、教育主体等多方参与的统筹管理体系，规范数据治理全流程。

当然，在基础教育公共数据运作和管理过程中，也会产生教育公共数据权在行使过程中与其他相关权利之间的权利冲突问题，这不仅体现在教育公共数据权与师生个人数据权的冲突上，还体现在教育公共数据权与教育企业数据权的冲突上，从而使权利行使呈现复杂交错的形态。

（一）教育公共数据权与师生个人数据权的冲突与平衡

在人工智能应用于我国基础教育实践中，教育公共数据权与师生个人数据权的冲突主要表现在以下几个方面：

第一，数据收集和使用上的冲突。教育公共部门在收集和使用师生个人数据时，可能会与师生个人数据权产生冲突。例如，教育公共部门为了履行职责或提供服务而收集师生个人数据时，可能会涉及师生的隐私权和个人信息权等方面的问题。同时，师生个人数据权也要求个人数据应该被合法、公正、透明地收集和使用。

第二，数据安全和保密性的冲突。教育公共部门在保护师生个人数据的安全和保密性方面存在一定的矛盾。一方面，教育公共部门需要保护师生个人数据的安全和保密性，以避免数据泄露和滥用；另一方面，教育公共部门可能需要公开或共享部分师生个人数据以实现公共利益或提供公共服务。

第三，数据处理和利用上的冲突。教育公共部门在处理和利用师生个人数据时，可能会与师生个人数据权产生冲突。例如，教育公共部门可能会对师生个人数据进行合并、分析、挖掘等处理，以实现公共利益或提供公共服务。但是，这些处理和利用行为可能会涉及师生的隐私权、个人信息权等方面的问题。

第四，数据保护和救济上的冲突。教育公共部门在保护师生个人数据方面存在一定的困难和挑战。例如，当师生个人数据受到侵害时，教育公共部门可能需要承担相应的行政法律责任和民事赔偿责任。但是，教育公共部门的资源和能力有限，难以对所有师生个人数据进行全面保护和救济。

为了解决教育公共数据权与师生个人数据权的上述冲突，需要平衡公共利益和个人权利之间的关系，要从法律制度、管理制度、开放共享、监管机制、知情同意权和技术支持等方面入手，建立完善的法律制度和管理制度，促进公共数据的合理利用和价值发挥，同时保障师生的个人权利不受侵犯。具体而言：在法律制度层面上，立法上要尽快制定通过数据权法来明确公共数据权与个人数据权的范围和界限，规定数据处理和使用的基本原则和程序，以及数据保护和救济的相关措施。在数据管理制度层面上，教育公共部门应该建立完善的数据管理制度，规范数据的收集、使用、处理、存储和共享等环节，确保师生个人数据的安全和保密性。在公共数据开放共享层面，要在保障师生个人数据权的前提下，积极推进公共数据的开放共享，促进教育公共数据的社会利用和价值发挥。同时，建立健全的监管机制，对教育公共部门的数据处理和使用行为进行监督和检查，对违规行为进行问责和处罚。此外，要保障师生的知情权和同意权。在处理师生个人数据前，教育公共部门应该告知师生相关的信息，并取得他们的同意。同时，应该提供相应的救济途径，以便师生在个人数据受到侵害时能够获得相应的赔偿。另外，教育公共部门应引入技术手段支持，利用先进的技术手段，如数据加密、隐私保护算法等，保障师生个人数据的安全性和隐私性，减少数据处理和使用过程中的冲突。

(二)教育公共数据权与教育企业数据权的冲突与平衡

人工智能在基础教育的应用过程中，不仅教育公共数据权与师生的个人数据权存在冲突，而且其还与教育企业的数据权之间存在明显的冲突，相较而言，这两者的冲突则主要表现在以下几个方面：

第一，数据收集和使用上的冲突。教育公共部门和教育企业都会收集和使用大量的教育相关数据。教育公共部门可能会收集关于学生、教师、学校运营等数据，以监测和改进教育质量、制定教育政策等；而教育企业可能会收集关于消费者、市场、产品等数据，以了解市场需求、优化产品设计等。这种情况下，双方可能因对同一数据的收集和使用的合法性和合规性的理解不同而在数据的收集和使用上产生冲突。

第二，数据安全和保密性的冲突。教育公共部门和企业对数据的安全和保密性的要求可能不同。教育公共部门可能需要公开和共享一些数据以促进公共利益和教育发展，但同时也需要保护个人隐私和信息安全；而企业需要强调的是保护商业机密、客户信息等敏感数据，以维护商业利益。因此，双方在数据的共享和使用过程中可能会产生安全和保密性的冲突。

第三，数据处理和利用上的冲突。教育公共部门和企业对数据的处理和利用的方式也可能不同。教育公共部门可能更注重数据的统计和分析，以制定和执行教育政策；而企业可能更注重数据的挖掘和利用，以获取商业机会和提高效益。这种不同的处理和利用方式可能会导致双方在数据处理和利用上的冲突。

第四，数据保护和救济手段上的冲突。当教育公共数据权与企业数据权发生冲突时，双方在数据保护和救济方面的要求也可能不同。例如，对于数据的泄露和滥用等事件，教育公共部门和企业可能承担不同的法律责任，并面临不同的赔偿要求，这可能会导致双方在数据保护和救济手段上的冲突。

为了平衡这两者之间的冲突，在我国未来制定的数据权法需要在公共数据与企业数据之间建立明确的数据权属和利益分配机制。这包括确定数据的所有权、使用权、收益权等，以及在数据利用和商业开发过程中的利益分配方式。通过明确的权属和利益分配机制，可以保障教育公共部门和企业各自的权益，避免数据权冲突和纠纷。同时，在保障教育公共部门和教育企业双方权益的前提下，积极推进教育公共数据与企业数据的共享和合作。建立合作机制和规则，明确双方的权利和义务，促进双方的数据交流和共享。

第七节 基础教育领域著作权面临的法律风险

大数据和人工智能的迅速发展带给数据资源的极大丰富和海量数据的加工处理技术的极大提升，人们在数据库通过输入关键词或问题来形成人工智能自动生成的内容用于自己的学习和工作中，而这一内容在学术领域被普遍称为人工智能生成物。人工智能生成物在许多行业领域中运用广泛，特别是在教育、科学、文化和艺术领域最为突出。例如利用大数据中的深度学习技术，只需要输入一定的数据进入数据库，后面的计算和分析全部由计算机自行计算并得出结果。再比如，通过输入特定关键词在某一图像数据库中就可以对相关要素进行合成处理从而形成独特的并符合预期目的和效果的图像。

当下关于人工智能讨论最多的当属 ChatGPT（Chat Generative Pre-trained Transformer），它是一种基于人工神经网络和自然语言处理技术的大型语言模型，由 OpenAI 公司开发。它的目标是模拟人类的对话方式，并能够生成准确、流畅、自然的文本响应。ChatGPT 是建立在 Transformer 模型上的，它通过处理大量的自然语言数据，学习自然语言的规则和模式，并能够生成与给定输入相匹配的响应。ChatGPT 可以用于各种应用场景，包括自动问答系统、聊天机器人、语言翻译等。而国内也有类似的人工智能软件，比如百度 AI 也是运用类似的技术形成人机互动。在基础教育领域中，无论是教师，还是学生，均可以通过 ChatGPT 或者百度 AI 形成自己所需要的人工智能生成物，教师可以利用其形成教改论文或科研论文，学生能利用其形成作文或其他作业。而这种人工智能生成物具有作品外观性、自动创造性、创作低价性等特点。

人工智能生成物是否应受著作权法的保护是一个复杂的问题，涉及法律、技术、伦理和道德等多个方面。目前，人工智能生成物在法律上还没有得到充分的界定和明确的规定。一些国家认为，人工智能生成物是一种"作品"，可以受到著作权法的保护。但是，这种观点并没有得到普遍的认同。从法律的角度来看，著作权法保护的是人类的智力成果，包括文学、艺术、科学等领域。人工智能生成物虽然具有一定的创造性，但并不具备人类智慧和创造力，不是人类自己独立思考的结晶。无法体现人类自己的思想和蕴含情感，因此不能被视为"作品"。

从技术的角度来看，人工智能生成物是一种技术手段，旨在通过机器学习、自然语言处理等技术来模拟人类的思维和行为模式。虽然人工智能生成物具有一定的艺术性和创造性，但这种艺术和创造性是建立在技术基础上的，而不是人类智慧和创造力。从伦理和道德的角度来看，人工智能生成物涉及人类隐私、道德和伦理等方面的问题。例如，一些人工智能模型可能会收集大量的个人信息，这些信息可能会被用于分析、预测和预测人类行为。这种行为可能会涉及隐私权、数据权等伦理和道德问题。因此，对于人工智能生成物是否应受著作权法的保护，需要综合考虑法律、技术、伦理和道德等多个方面的问题。目前，各国还在不断探索和讨论。

从我国立法来看，《著作权法》保护的对象是"作品"，而法律意义上的"作品"有其特定含义。《著作权法实施条例》第二条规定："著作权法所称作品，是指文学、艺术和科学领域内具有独创性并能以某种有形形式复制的智力成果。"这表明，是否将人工智能生成的内容视为《著作权法》定义下的作品，取决于其是否符合法律规定的要素。知识产权法律体系的核心是围绕人的智慧结晶来确认其保护对象，所谓的智力成果便是指源于人类自身的智慧创作。而人工智能的生成内容实质上是计算机基于大数据和特定算法执行的计算流程所展示的输出结果，该结果的质量或者效果核心取决于采集的大数据基础是否真实全面、算力是否先进，以及具体的程序设计是否科学严谨。当然，当人类选择变换输入的关键词或改变输入语句的具体措辞或表达方式时，人工智能生成物呈现的内容也会有所不同。相比而言，人类的智慧活动更为复杂，不仅涵盖了理性（如对写作法则的驾驭、多种研究方法的综合交叉运用、阐述某特定问题的逻辑体系），而且包括思想、情感和灵感。① 即使人工智能创作的内容看起来像是人类智慧产出的成果，然而因其生成过程与人类的创作活动有根本的差异，不符合《著作权法》中"作品"的定义，所以很难获得著作权保护。

当前，人工智能生成物的著作权问题对我国基础教育产生了一定的影响，首当其冲的就是知识产权问题。对于人工智能生成物在满足哪些具体要件的情况下

---

① 参见于雯雯：《再论人工智能生成内容在著作权法上的权益归属》，载《中国社会科学院大学学报》2022 年第 2 期，第 89~100 页。

可以成为独立于原始作品的演绎作品而获得著作权法的保护，对于这一个问题尤其是人工智能生成物是对原始作品简单的复制还是有实质的独创性和表达性，在司法实践中很难判断把握。如果人工智能生成物的著作权归属于人工智能的开发者或其所有者，那么其他人使用或修改这些生成物时可能面临知识产权问题，例如侵犯版权、侵犯专利权等。这可能会对基础教育中使用人工智能技术产生一定的限制，因为教育机构可能不愿意或无法承担知识产权风险。另外，一些人工智能公司利用数据库中已采集的原始数据生成音乐、图像、文字等作品，这些作品与原始数据存在不同程度的差异，可能侵犯了其他公司的著作权。

人工智能生成物除了对著作权造成冲击以外，其对教育内容还会产生一定的限制。在基础教育领域，人工智能生成物可能会被用于教学辅助、课程材料等方面。然而，如果人工智能生成物的著作权被限制在特定的范围内，那么教育内容的多样性可能会受到限制，因而学校等教育机构可能无法获得或无法负担使用某些生成物的权利。此外，如果人工智能生成物的著作权受益对象被限制在特定的群体或地区，还可能会导致教育公平性的问题。例如，某些地区或群体可能因为能够支付软件著作权使用费而能够获得高质量的教育资源，而其他地区或群体则可能无法获得相同水平的教育资源。

针对这些问题，我们需要采取一些措施来减轻其影响。例如，可以加强著作权相关法律法规和司法解释的制定和实施，并加快人工智能立法尤其是有关人工智能的部门规章以及规范性法律文件的立法过程，在保护知识产权的同时也促进人工智能技术在基础教育领域的应用。此外，教育机构可以加强与技术开发商的合作，以获得合法使用人工智能生成物的权利，并确保教育内容的多样性和公平性。

第五章　人工智能时代基础教育
国际立法的应对

在基础教育与人工智能已密不可分的全球背景下，各国的基础教育立法都必须做出相应回应才能适应这一时代的需求。了解典型代表国家相关的法律制度和最新立法趋势，一方面让我国更好地结合我国的实际国情和人工智能发展战略，来探讨政府、学术机构、科技企业、行业组织等不同参与者所承担的职能。在推动技术创新的同时，我们应确保过程的安全性和公正性，从而为我国在政治、经济、文化以及综合国力上的进步提供强有力的支持。另一方面，也让我们重新思考个体在人工智能背景下的能力与价值定位，有助于我们更深刻地认识并赞赏人类智能的独特性。随着教育领域智能化进程的推进，我们需审视它对学习者的作用，并指导他们进行恰当的自我调整并提高适应性。[1]

在现阶段，对于人工智能这一领域，全球各国治理的整体布局尚未完善，尚有超过三成的国家未能制定出相应的数据隐私保护法律用以维护公民的基本数据权利，在人工智能技术在开发与应用阶段也未对公民数据的采集及应用的合法性进行有效监督。在除了一般的数据保护条例之外，针对人工智能与教育治理方面的政策制定相对稀缺。教育管理者们迫切需要深化对人工智能在教育环境中所涉及的独特伦理问题的认知，并据此制定相应政策。[2] 截至 2020 年中期，全球超过 60 个国家和地区已经确立了国家人工智能战略，其中大部分战略涉及了教育领域。从这些国家的人工智能与教育政策的具体模式来看，大体可以划分为三种

---

① 参见王树涛、陈瑶瑶：《美国教育人工智能的战略、应用与发展策略》，载《当代教育与文化》2020 年第 5 期，第 23 页。

② 参见苗逢春：《教育人工智能伦理的解析与治理——〈人工智能伦理问题建议书〉的教育解读》，载《中国电化教育》2022 年第 6 期，第 23 页。

制定模式：第一种模式是独立型模式，这种模式下会出台专门针对人工智能的政策，例如，2018 年欧盟颁布了《人工智能对学习、教学与教育的影响》文件；2017 年，我国也推出了《新一代人工智能发展规划》。第二种模式是融合性模式，它意味着将人工智能技术整合入现行的教育或信息技术政策之中。例如，2016 年，马来西亚推出了"我的数字创作器"计划，其核心目标是将计算思维的培养纳入课程内容；同样在 2017 年，阿根廷实施了"学习互联"计划，目的是在义务教育的框架内嵌入数字学习的元素。第三种模式是专题式模式，指的是针对人工智能在教育领域的某一具体议题制定的专项措施。比如，欧盟于 2016 年颁布了《一般数据保护条例》（简称 GDPR），紧随其后在 2017 年提出了《欧洲公民能力核心素养框架》。同时，我国也出台了《2022 年版义务教育信息科技课程标准》以及《2020 年修订版普通高中信息技术课程标准》①大部分已经发布的人工智能和教育政策着重于多个方面，如保护个人信息和数据安全、开放技术资源、课程开发以及提供资金支持等议题。由此可见，我国有关人工智能与教育的发展战略兼顾了独立型和专题型两种政策制定模式。上述政策除了被少数区域性国际组织和国家如欧盟、美国上升为有法律拘束力的立法以外，其余仍然停留在政策层面。而且即便是上升到立法层面，一般体现为人工智能领域的立法，对于规范人工智能应用于教育领域产生的法律问题的国内教育立法比较少见。

在国际社会关于教育人工智能立法较为滞后的背景下，我们一方面要持续关注相关的国际组织包括亚太经合组织、国际劳动组织尤其是联合国教科文组织在这一领域的政策或纲领性文件，结合本土需求批判分析人工智能的潜能与风向，使得我国的相关立法能够准确把握国际立法趋势，从而实现国内立法和国际法律规则有机接轨；另一方面，我们要密切关注在教育人工智能领域立法较先进国家的立法特色，结合我国具体国情和智能基础教育的发展目标批判性吸收其中的立法经验，完善我国的基础教育立法体系，从而更好为未来智能基础教育的健康有序发展提供充分的制度保障。

---

① 参见曾海军、张钰、苗苗：《确保人工智能服务共同利益，促进教育系统变革——〈人工智能与教育：政策制定者指南〉解读》，载《中国电化教育》2022 年第 08 期，第 5 页。

第一节　国际教育组织的国际法应对

为了引领世界各国应对人工智能给教育带来的数字化变革挑战，由联合国教科文组织在 2018 年发起编制全球治理准则草案，专注于人工智能的伦理问题。2019 年春季，联合国教科文组织发布了一项名为《教育领域的人工智能：可持续发展的挑战与机遇》(*Artificial Intelligence in Education：Challenges and Opportunities for Sustainable Development*) 的报告。联合国教科文组织、中国教育部与中国教科文组织全国委员会于 2019 年 5 月在北京共同举办首届国际人工智能与教育会议。参会的 130 多个国家代表中有 50 多名教育部部长，他们围绕人工智能与教育达成了首个国际文件《北京共识——人工智能与教育》(下文简称《北京共识》)。《北京共识》详尽阐释了联合国教科文组织所推崇的，关于技术运用的以人为中心的原则，并针对下列各领域的教育任务，提供了系统的政策和操作性建议：推动教育公平与包容的人工智能政策支持；利用人工智能优化教育管理和供给；通过人工智能强化教学和教师能力；利用人工智能推动学习和评估体系；培育适应人工智能时代的价值观与必需技能；使用人工智能搭建终身学习体系；推动教育领域人工智能应用的公正性和包容性；确保性别公平的人工智能应用；保证教育数据和算法的伦理使用与可审核性。

2020 年 12 月，教科文组织与中国以线上线下融合的方式举办了第二届国际人工智能与教育会议，论坛主题为"培养人工智能时代需要的能力"。在《人工智能时代的综合素质教育汇编》一书中，这一届会议交流的思想和经验得到集结，明确指出在人工智能时代，日常生活、学业和职业发展均要求人们具备与机器协作所需的价值观念、基础人工智能知识以及人工智能技术的基本操作技能。书中还首次提出了人工智能素养的初步定义。①

紧随其后的是，在 2021 年，联合国教科文组织批准通过了《人工智能伦理问

---

① Miao F, Holmes W：International Forum on AI and the Futures of Education，Developing Competencies for the AI Era，*Synthesis Report*，https：//unesdoc. unesco. org/ark：/48223/pf 0000377251.

题建议书》(以下简称《建议书》)①和《一起重新构想我们的未来：为教育打造新的社会契约》两份文件，这两份文件均由教科文组织耗时四年精心编制，在征询了 193 个成员国政府及社会各界的广泛意见之后由独立委员会负责撰写，而其最终成果则在最高决策机构——全体大会上获得通过，成为全球共识的体现。它们分别基于人工智能领域与教育领域的不同根本需求这两个视角维度，确立了关于人工智能和教育深度融合、互促发展的国际共识性架构。其中，《建议书》致力于为不同国家在人工智能应用于各个领域的伦理和社会问题方面提供一份国际性立法参考，同时力求在私有数字治理带来的影响之中寻求一种均衡。而《一起重新构想我们的未来：为教育打造新的社会契约》的目标则在于激励各行各业的人士共同探讨人类可持续发展所需的教育问题，并基于此来重新审视和定义知识与学习的内涵。特别是《建议书》为不同政府和主权国家提供了全球人工智能治理的立法依据，也为解决跨国纠纷和开展国际合作提供参考框架。其中，《建议书》也特别强调在教育与研究领域，相关主体需要负责任地运用人工智能技术以避免人工智能适用于教育领域可能产生的数据泄露或滥用的风险。需要指出的是，该建议书属于软法，还需通过关于人工智能和数据保护的国内立法如通用数据隐私保护法、跨领域的人工智能伦理法律和相关领域内的伦理法规才能得以实施。②

　　2021 年 12 月 7 日至 8 日，第三届国际人工智能与教育会议在北京举办。为落实上述两个文件，会议主题被确定为"确保人工智能服务公共利益，促进教育变革转型"。会议探讨了如何加强人工智能治理和创新网络，从而引导人工智能实现教育共同目标和人类共同利益。联合国教科文组织于会上发布了《人工智能与教育：政策制定者指南》(*AI and Education：Guidance for Policy-makers*，以下简称《指南》)③，该《指南》将会为未来各成员国的法治建设提供重要法源，将伦理

---

　　①　UNESCO：*Draft Text of the UNESCO Recommendation on the Ethics of Artificial Entelligence*，https：//unesdoc. unesco. org/ark：/48223/pf0000379920. page=14，2022-03-26.

　　②　苗逢春：《从"国际人工智能与教育会议"审视面向数字人文主义的人工智能与教育》，载《现代教育技术》2022 年第 2 期，第 5~6 页。

　　③　UNESCO：*Education 2030，Incheon Declaration and Framework for Action for the Implementation of SDG 4*，http：//uis. unesco. org/sites/default/files /documents/education-2030-incheon-frame-work-for-action-implementation-of-sdg4-2016-en2. pdf.

规范调整的成果转化为法律规范，进而实现伦理规范的法律化。①

从前三届国际人工智能与教育会议内容来看，主要聚焦建立共识、保障公共数字化学习机会，但较少提及利用人工智能和大数据实现教育数字化转型的具体措施、方法工具和实践经验。2022 年 12 月 5 日至 6 日，由我国教育部、中国联合国教科文组织全国委员会与联合国教科文组织共同主办的"2022 国际人工智能与教育会议"以线上方式召开。② 大会以"引导人工智能赋能教师引领教学智能升级"为主题，来自全球 50 余个国家的部长级官员、专家学者和技术代表参与了此次会议。各国通过"共享人工智能推动教育数字化转型经验，共商人工智能教育"的国际合作范式，旨在促进具有全纳性与柔韧性的未来教育的共建。大会的举办充分体现了党的二十大对教育、科技、人才的统一部署，彰显了中国引领世界共促人工智能教育未来的能力和担当，对我国下一阶段教育数字化改革提供了重要启示。第四次会议围绕如何设计和应用人工智能提升教师能力，就教学方法变革，特别是在应用人工智能改善弱势群体教育机会和质量等问题上分享了实践经验，并共同探讨了智能时代教师所需的新素养。这标志着人工智能与教育发展到了一个新的阶段，正在逐年走向细化和深入，更加指向教育实践的升维提质。③

从四次国际会议我们可以看出国际社会非常重视人工智能伦理的治理，将尊重人的基本权利与基本尊严、确保和平公正的人际互动和社会生活、确保人类社会发展的多样性包容性和平等性、追求人与环境和生态系统的协调发展确立为不可撼动的价值观基石。

2023 年 9 月 7 日，联合国教科文组织最新发布了《在教育和研究中使用生成式人工智能的指南》(以下简称《新指南》)，呼吁各国政府通过制定法规、培训教

---

① 参见吴汉东：《人工智能时代的制度安排与法律规制》，载《法律科学》(西北政法大学学报) 2017 年第 5 期，第 128~136 页。

② 参见怀进鹏：《中国将加大人工智能教育政策供给》，载《江苏科技报》2021 年 12 月 24 日版。

③ 参见孟文婷、廖天鸿、王之圣、施宇熹、翟雪松、李媛：《人工智能促进教育数字化转型的国际经验及启示——2022 年国际人工智能教育大会述评》，载《远程教育杂志》2023 年第 1 期，第 16 页。

师等，规范生成式人工智能在教育中的应用。最新指导文件采纳了联合国教科文组织于 2021 年提出的《建议书》以及 2019 年出台的《北京共识》作为根本框架，旨在推动人的能动性、包容、公平、性别平等以及文化和语言多样性。《新指南》解释了生成式人工智能的定义和范围，生成式人工智能是指能够生成自然语言的机器学习模型，可以应用于文本生成、对话系统、语言翻译等领域。这为进一步探讨人工智能在教育中的应用提供了清晰的概念基础。《新指南》总结了生成式人工智能在教育中的优势和劣势。生成式人工智能可以为学生提供更加个性化的学习体验，提高学习效率和学习成果。但是，它也可能带来一些问题，比如信息过载、偏见和歧视等问题。因此，《新指南》提出了规范生成式人工智能应用的关键步骤，以保障教育的公平和质量。其中包括建立相关的法规和伦理标准，培训教师和学生使用人工智能工具，建立人工智能应用的评估和审核机制等等。这些措施可以确保生成式人工智能的应用符合伦理标准和法律规定，同时也能够提高其应用的可靠性和有效性。总之，联合国教科文组织发布的《新指南》为规范和引导人工智能技术在教育中的应用提供了重要的指导和建议。①

教育体系作为社会架构中的关键环节，其运用的智能技术源自通用智能技术基础设施及通用人工智能基础性技术，并按照基于数据与算法的一致性预测与决策流程进行。因此，在教育领域内运用智能技术时所显现和潜藏的伦理困境，与通用人工智能的伦理挑战有着共同的技术根源诱因和相似的生成机制。然而，在将人工智能技术引入基础教育这一特定场景时，其伦理问题表现出特有的四大特征。首先，数据采集和决策推送的目标，以及应用技术的主体，均涉及青少年群体。其次，作为知识来源和课程内容的数据，对其真实性的要求更为严格，对算法的公平性要求也更高。再次，教育不仅是人工智能技术应用的领域，教育本身也是一项基本人权，需要得到保护。最后，教育在人工智能伦理教育中扮演着重要的角色，通过培养学生的数据素养和人工智能素养，提高他们对数据隐私和数据安全的认识，激励他们进一步开发人工智能技术，以推动教育的可持续发展。②

---

① 《教科文组织呼吁规范生成式人工智能在教育中的应用》，载百家号：https：//baijiahao. baidu. com/s？id=17764509777745197341&wfr=spider&for=pc，最后访问日期：2024 年 3 月 20 日。

② 参见苗逢春：《教育人工智能伦理的解析与治理——〈人工智能伦理问题建议书〉的教育解读》，载《中国电化教育》2022 年第 6 期，第 31 页。

从前述《建议书》《指南》和《新指南》这三份重要的国际法律文件可以看出人工智能应用于基础教育领域需要在法律层面治理以下基础教育伦理问题：第一，教育的公平性。其中包括人工智能应用于基础教育如何保障对经济贫困群体、少数民族、残疾人以及女性的公平和非歧视。第二，教育的包容性。我们要克服算法偏见导致的数据的欺骗性以及对平等、民主等价值观造成的狭隘、封闭和极端，而且要预防由此带来对教师和学生的自主性和能动性的破坏。第三，数据的安全和隐私保护。我们一方面要防止教育数据被内部泄露，保障教育数据不被黑客、病毒非法侵入或攻击，并维护国家的基础教育主权不受人工智能私有资本的侵蚀和破坏，另一方面我们还要积极维护学校、教师和学生的数据财产性权利，并且保障师生的隐私权和个人信息权免受非法侵害。第四，人工智能系统的透明性、可解释性和可预测性。为深化教育领域的人工智能应用，我们需确保涉及利益相关各方，如服务对象与监管机构，均能充分了解相关情况。需彻底公开人工智能系统在数据搜集、处理架构、数据标识及净化流程、决策支持算法、技术布局与实施模式等方面的透明信息，从而保障数据完整性，避免任意篡改，确保人工智能的设计、运用及管理各个阶段透明度高，操作公开，以提升对人工智能系统的信赖。并且，我们要增强人工智能在面对复杂多变的事件中灵活应对的能力，对相关趋势做出较为准确的预测。第五，防止教育数据的垄断，提倡数据的共享和优化利用。特别是我们要避免教育商业化数据被集中在少数人工智能私有资本手中，成为其垄断相关市场或干扰市场竞争的优势资源。第六，人工智能应用于基础教育领域的环境保护问题，诸如数字化信息处理设备在数据管理及运算过程中的碳排放量，数据标注与算法设计中对动物权益、生态环境的忽视或侵害，以及智能设备从生产到废弃的整个生命周期内所伴随的能源消耗和电子废弃物污染问题。

综上所述，对于我国人工智能基础教育立法而言，联合国教科文组织带给我国的立法改革经验主要体现在以下三个方面：第一，倡导人工智能教育应用的公平性。联合国教科文组织强调，在人工智能应用于教育的过程中，应确保所有人都有平等的机会接受人工智能教育，不分性别、地域、残疾与否、社会地位、贫富、民族或文化背景。第二，制定全面的数据保护法规和监管框架。在联合国教科文组织的引领下，制订一套综合性的数据隐私保护法规及监管架构，确保学习者的数据得到符合道德标准、无歧视、公正、透明度以及可接受度高的使用与再利用。第三，拟定涉及生成型人工智能技术运用的政策性原则与教育领域中学生及教师应具备的人工智能技能架构。当前，联合国教科文组织正着手草拟针对在教学与研究环节应用生成型人工智能技术的政策指导原则，同时也在构建针对学校环境中师生所需的人工智能技能体系。这些政策性原则和技能体系将有助于规范和促进人工智能在教育领域的应用。

第二节　美国的基础教育法应对

当前，教育日益成为新一代人工智能的重要创新领域，教育人工智能是指在教学内容上教授与人工智能相关的课程或在教学形式上采用人工智能相关技术，以实现个人知识、技能和能力的全面提升。① 美国在基础教育中教授与人工智能相关的课程包括但不限于以下几种：计算机科学课程、人工智能课程、编程课程、数据分析和可视化课程和机器人课程。这些课程可以帮助学生掌握基本的计算机科学知识和技能，为进一步学习人工智能打下基础。同时，美国也有针对基础教育的人工智能教育平台，如 Code. org 和 Scratch 等，这些平台提供人工智能相关课程和教学资源，帮助教师和学生更好地了解和应用人工智能技术。不仅如此，人工智能在美国基础教育领域的应用方式呈现出多样性，涵盖个性化的自适应平台、智能教育机器人、区块链证书，以及通过传感器和物联网技术建立的智慧教室，可以预见在未来其将迈向更高的智能化水平。人工智能技术深度融入教育领域，在学习、授课及评估等多个环节发挥重要作用，催生了教育的革新。它使得量身定制的学习成为可能，推动了互动式教学的发展，为所有学生包括有特殊需求的学生开启了平等的学习机会，并且提高了教育评估的智能化水平。

美国极力推动教育人工智能的发展，通过宏观规划加强顶层设计，确立教育人工智能战略地位；通过教育技术专项规划推进教育人工智能发展，并建设有助

① 参见王树涛、陈瑶瑶：《美国教育人工智能的战略、应用与发展策略》，载《当代教育与文化》2020 年第 5 期，第 17 页。

于教育人工智能发展的基础设施。美国在政策性文件层面先后发布了《2019 年国家人工智能研究与发展战略计划》(以下简称《2019 战略计划》)、《为人工智能的未来做好准备》《美国机器智能国家战略》《美国 AI 世纪：人工智能行动蓝图》等一系列政策。其中从《2019 战略计划》可以看出，美国教育人工智能发展战略主要以持续投资人工智能的基础研发、开发有效人机协作方式、关注解决法律伦理问题、设计安全可靠的人工智能系统、创造开放性的数据环境、制定评估监管标准体系、着重人工智能研发人员的培养和扩大公私合作伙伴关系等八大战略为主要内容，并通过设立美国工人全国委员会与美国劳动力政策咨询委员会两大专业委员会、大力拓展学徒制计划、高度重视 STEM 教育、全力培养 AI 研发人员和加快培养高技能人才等五大现实举措，构筑了一个注重政府统筹规划、AI 人才的开发、安全负责理念和国内外合作的教育人工智能发展愿景。

　　从法律制度层面上梳理，美国涉及人工智能的法律规范主要包括《2017 全民计算机科学法案》、《2017 在科学技术工程及数学领域中的计算机科学法案》、2019 年的《维护美国在人工智能领域的领导地位》行政令、《2020 年国家人工智能倡议法案》、《2020 年人工智能行动法案》、《2021 年美国创新和竞争法案》以及《2022 年 STEM 教育法案》，这些法案见证了美国对中小学人工智能教育宏观规划的不断推进与系统化。①

　　其中的《维护美国在人工智能领域的领导地位》行政令是美国首个关于人工智能的全面性政策文件，提出了"美国人工智能倡议"，包括增加研究投入、释放数据资源、制定技术标准、培养人才队伍、参与国际合作五个方面。其中，在培养人才队伍方面，该行政令要求联邦机构支持 STEM(科学、技术、工程和数学)教育，并将计算机科学纳入中小学课程。

　　而《2020 年国家人工智能倡议法案》则是将《维护美国在人工智能领域的领导地位》行政令编入法典，并进一步明确了各项具体措施和指标。该法案关于人工智能在教育应用的内容主要包括以下方面：第一，确保人工智能技术在教育领域

---

　　①　王建梁：《全球中小学人工智能教育：发展现状与未来趋势》，载微信公众号"第一教育专业圈"：https：//mp. weixin. qq. com/s？_biz = MzIzOTE2MDI5MQ = = &mid = 2650293540&idx = 1&sn = cdd30b5607113cc58f2efb91042e2893&chksm = f122bba8c65532be3ca94fa928f3bd33dddf02f23 a59a99c15ffd52aa3c70c9c553a42e6222d&scene = 27，最后访问日期：2024 年 3 月 20 日。

得到广泛应用：该法案鼓励联邦机构与教育部和其他相关机构合作，推动人工智能技术在教育领域的应用，包括自适应学习、智能辅导、虚拟现实和增强现实等技术，以提高教育质量和效果。第二，加强人工智能教育研究和开发：该法案鼓励联邦机构与高校、研究机构和企业合作，加强人工智能教育研究和开发，推动人工智能技术在教育领域的创新和应用。第三，保障学生隐私和数据安全：该法案强调在人工智能在教育应用过程中，要保障学生隐私和数据安全，要求联邦机构采取措施确保学生数据的安全性和隐私保护，避免学生信息被滥用。第四，培养人工智能教育人才：该法案鼓励高校和教育机构开设人工智能相关课程，培养人工智能教育人才，提高教师和教育工作者的 AI 素养和技能水平。

另外，《2021 年美国创新和竞争法案》则是美国应对他国在科技领域崛起的重要举措，旨在加强美国的科技创新能力和全球竞争力。该法案涉及人工智能、量子计算、生物技术、半导体等多个领域，拨款 2500 亿美元用于科技研发和教育。其中，在教育方面，该法案要求教育部制定计划，将计算机科学引入中小学教育，并为中小学教师提供计算机科学培训。[①]

此外，人工智能的三大构成要素分别是数据、算法与算力。其中，教育数据是教育人工智能发展的基石。随着教育人工智能各项技术的进步，教育数据已从本地管理转变为云平台的全球管理。这种转变使得教育数据的管理重点从用户身份验证和访问转向数据丢失保护，从而挑战了传统的教育隐私概念。虽然美国联邦目前在数据保护和隐私权益方面还没有统一的数据保护法案，但美国已经采取了积极的应对措施，美国议会与联邦教育部共同推出了一系列重要法律，这些法律与教育档案、健康数据以及儿童网上行为相关联，如颁布于 1974 年的《个人隐私保护法案》和《家庭教育权利与隐私法》、1978 年的《学生权利保护修订案》、1996 年的《健康保险可移植性和责任法案》、1998 年的《儿童在线隐私保护法案》以及 2000 年的《儿童互联网保护法案》，均对美国国内不同地区在技术路线选择上产生了显著影响。此外，国家司法研究所(NIJ)与美国国会在密切沟通后，推

---

① 《中小学人工智能教育，美国已经开始，对我国有何启示?》，载百家号：https：//baijiahao. baidu. com/s? id=1776547296497830269&wfr=spider&for=pc，最后访问日期：2024 年 3 月 22 日。

出了一项全面的校园安全倡议，该提案在补充章节中提及了与校园安全相关的联邦数据库所存在的若干问题。联邦教育部创建了隐私技术援助中心（PTAC），并逐步推出了若干指导方针，其中包括《在使用在线教育服务时保护学生隐私：要求和最佳实践》和《在使用在线教育服务时保护学生隐私：服务条款范本》等文件。

除了联邦层面的数据立法，各州也在加强对教育数据保护的立法。自 2013 年起，俄克拉荷马州与加利福尼亚州在学生隐私保护方面所采取的法律措施已对其他 35 个州的立法机构产生了立法启发，并在 14 个州转化为了具有法律效力的规定。依据由数据质量监控（DQC）所发布的数据，截至 2018 年，42 个州已探讨了 300 项立法提议，而其中有 25 个州最终核准了 59 项旨在规范教育数据搜集、应用、获取及安全性的新法律。在美国，西弗吉尼亚州被视作教育数据隐私维护的典范，其领导作用体现在 2013 年该州教育监管机构通过了一项旨在维护学生数据隐私安全的决议。继而在 2014 年，该州的立法机关进一步推出了《学生数据可访问性、透明度和问责法》。这一立法成果有赖于州教育委员会与州立法机构之间的密切配合，它们共同努力，在数据治理、培训人员、数据访问、信息披露限制、数据透明度等诸多层面制定了明确的规定，并取得了显著的成效。①

从前述美国的立法现状可以看出，美国对人工智能立法具有前瞻性和全局性，不仅从宏观上制定了人工智能发展战略，而且也将战略落实到具体的法律条文中，通过法律设定的权利义务以及法律责任而实现立法目的，更好地支撑人工智能与教育的共同健康发展，避免人工智能在教育领域产生的相关伦理风险，使教育数字化改革能更好应对人工智能带来的各种挑战。同时我们也应看到，美国并没有在专门的教育法中规定有关人工智能应用的相关问题，而且美国的现有相关立法将立法重点集中在对教育数据的安全和隐私保护问题上，对联合国教科文组织关注的其他伦理问题没有特别予以关注，并没有形成完整有效的监管法律体系。比如对人工智能应用于基础教育中产生的公平性问题和教育数据的包容性、透明性问题，并没有过多涉及，而且由于美国的教育信息技术与数字技术非常先

---

① 参见王树涛、陈瑶瑶：《美国教育人工智能的战略、应用与发展策略》，载《当代教育与文化》2020 年第 5 期，第 22 页。

进，并被广泛应用于基础教育领域，其技术的绝对优势使得其并不担心教育数字主权受他国人工智能私有资本的影响和冲击，因而，教育数字主权问题并不是其在教育立法上关注的重点问题。

第三节　欧盟的基础教育法应对

作为一个区域高度一体化组织，欧盟致力于在人工智能领域抢占优势地位。2018 年 3 月 27 日，欧盟委员会推出了《人工智能时代：确立以人为本的欧洲策略》(The Age of Artificial Intelligence: Towards A European Strategy for Human-Centric Machines)。① 该份纲领性文件意味着欧盟人工智能战略正式得以启动。为了确保这一战略的顺利实施，欧盟委员会在 2018 年至 2021 年的时间里，连续颁布了一系列的政策文本，其中涵盖了《人工智能白皮书》(White Paper on Artificial Intelligence)②、《人工智能协调计划》(Coordinated Plan on Artificial Intelligence)③、《数字教育行动计划(2021—2027 年)》(Digital Education Action Plan 2021-2027)④ 等战略规划；还涉及了《人工智能时代的人类与社会》(Humans and Societies in the Age of Artificial Intelligence)⑤ 等研究报告和以《可信赖人工智能道德准则》(Ethics Guidelines for Trustworthy AI)⑥ 等为代表的规范性指南。这一系列文件不仅为欧盟

---

① European Political Strategy Centre: *The Age of Artificial Intelligence: Towards A European Strategy for Human-Centric Machines*, https://ec. europa. eu/jrc/communities/sites/jrccties/files/epsc_strategicnote_ai. pdf.

② European Commission: *White Paper: On Artificial Intelligence-A European Approach to Excellence and Trust*, https://ec. europa. eu/info/sites/default/files/commission-white-paper- artificial-intelligence-feb2020en. pdf.

③ Council of the European Union: *European Coordinated Plan on Artificial Intelligence*, https://www. consilium. europa. eu/en/press/press-releases/2019/02/18/european-coordinated-plan-on-artificial-intelligence/.

④ European Commission: *Digital Education Action Plan*, https://education. ec. europa. eu/sites/default/files/document-library-docs/deap-communication-sept2020_en. pdf.

⑤ European Commission: *Humans and Societies in the Age of Artificial Intelligence*, https://ai4si. gzs. si/uploads/Al Bz FQ1y/Humansand Societiesinthe Ageof AI. pdf.

⑥ European Commission: *Ethics Guidelines for Trustworthy AI*, https://elrxa29ghhb3co7141 xw6eva-wpengine. netdna-ssl. com/wp-content/uploads/2019/11/AI-Session-Background-Documents. pdf.

在人工智能领域的发展提供了全面、深入的行动计划和准则，而且充分展示了欧盟委员会在众多行业中勾画的人工智能发展蓝图，明确了在人工智能战略部署中教育的使命和教育发展策略。

从欧盟立法层面来看，欧盟关于人工智能应用的基础教育立法包括《通用数据保护条例》（GDPR）和《数据法案》。其中，《通用数据保护条例》于2018年5月25日正式生效，适用于欧盟所有成员国，对个人数据的保护做出了详细的规定。GDPR定义了个人数据，并要求组织机构在处理个人数据时必须遵循一系列原则，包括数据最小化、透明性、数据主体的同意等，并规定了相应的处罚措施。而欧盟的《数据法案》是欧盟委员会于2020年2月通过的重要立法提案，该法案侧重于明确谁可以从数据中创造价值，涉及所有数据，包括个人数据与工业数据。

值得关注的是，欧盟早在2021年4月首次提出《人工智能法案》的草案，直至2024年7月12日，《欧盟官方公报》正式公布欧盟的《人工智能法案》，该法将于2024年8月2日正式生效。对于引导欧盟人工智能的发展及其应用具有重大意义。该项法案旨在通过全面监管人工智能，为这一技术的开发和使用提供更好的条件，该法案适用于任何使用人工智能系统的产品或服务，并且根据4个级别的风险对人工智能系统进行分类，从最小到不可接受。风险较高的应用程序，例如针对儿童的技术将面临更严格要求，包括更加透明和使用准确的数据。由于该法明确规范了人工智能应用于基础教育领域的法律问题，故该法也属于教育相关立法的范畴，其明确了在教育领域中应用人工智能技术的规范和要求。例如，对于高风险的教育应用场景，如招生录取、教育培训评价、就业推荐等，该提案规定了必须遵守的安全要求，包括风险评估、透明度保障和日志记录等。此外，该法案还强调了人工智能在教育领域的应用应当遵循公平、公正和透明的原则，不得歧视任何学生或教育机构，同时要保障学生的隐私权和数据安全。

通过分析发现，欧盟立法以风险分类管控为核心，属于强监管式立法，其突出体现了以下三个方面的特点：

1. 重视理念

欧盟坚守基本权利和欧盟共同价值观，确保人工智能技术发展与其保持一致。针对欧盟在人工智能技术应用中遭遇的伦理和道德挑战，《人工智能白皮书》提出，必须深化对思想观念的重视，以欧洲的价值观为基石，促进人工智能的研发和部署。欧盟的《人工智能法案》明确指出，部署与推进人工智能技术的行为需遵守伦理和法律双重标准，确保与欧盟的基本价值观和法律制度相吻合。而《可信赖人工智能道德准则》则阐述了五项基本权利，涵盖了对人类尊严的尊重、个人自由的保护、民主且公正的法治的维护、公平团结的促进以及人权的保障。① 在此基础上进一步提出了确保安全稳健的人工智能技术应达到的七个标准：全面发挥人类的自主性和监管作用；保障人工智能技术的稳健和安全；严格保护数据隐私和科学管理信息；恪守透明度与可追踪性原则；拥有多元性、无偏见和公正性；关注人类幸福和持久发展；创立对人工智能研发过程的问责体系。这些基本权利和要求阐释了规范人工智能发展应遵循的价值观念和伦理准则。② 在实际举措中，欧盟通过支持宽带网络、数字设备和数字基础设施的建设，不断拓展接受数字教育的受众基础，使得数字教育机会延伸至职业教育的学习者、偏远地区的弱势群体、经济困难的人群以及女性受教育参与者，以缩小不同群体间的数字教育差异，促进数字教育机会的均等化。

在人工智能应用于基础教育领域的场域下，欧盟的相关立法旨在全面实施智能教育在培养人才中的核心作用，不仅推广欧盟的基本价值观念，并将其作为构建共同价值观的基石，而且致力于增强年轻一代的批判性思维和判断技能，提升他们对欧盟价值观念的接受度和归属感。同时，它也反对和抵制那些违背欧盟共同利益的错误观念，如种族主义和歧视等。此外，通过发挥教育的导向作用，该立法促进人工智能技术的合理应用，保障技术应用与人类福祉相一致。

2. 重视规范约束

欧盟的教育相关立法将基础教育的高质量发展与人工智能治理有机统一起来，同步发展人工智能技术的创新性与在基础教育领域中的可行性，坚持鼓励与监管统筹兼顾，使人工智能在基础教育领域应用带来的风险影响最小化。美国对人工智能技术的迅猛发展给予极大关注，积极争夺技术优势与控制权，却相对忽

---

① European Commission：*Ethics Guidelines for Trustworthy AI*，https：//elrxa29ghhb3co7141 xw6eva-wpengine. netdna-ssl. com/wp-content/uploads/2019/11/AI-Session-Background-Documents. pdf.

② 参见凌鹊、刘景华：《欧盟"人工智能战略"中的教育使命与策略——基于欧盟 2018—2021 年系列报告解析》，载《比较教育学报》2022 年第 5 期，第 89~90 页。

视了监管机制的重要性。与此相反，欧盟在发展理念上更强调规则的约束力。欧盟呼吁各个监管机构共同负责对基于人工智能的高风险技术及其产品的监督与控制。欧盟针对劳动领域所经历的根本性转变所带来的考验，重视对先进人工智能领域所需新颖能力的培育。在此过程中，欧盟积极利用人工智能技术来生成经济价值及新的就业机会，并采取措施规避新技术革命可能引发的失业危机。

欧盟立法重视规范约束还体现在欧盟立法对遵守伦理道德规范的强调。《欧洲人工智能格局》（*The European Artificial Intelligence Landscape*）和《促进人工智能在欧洲发展和应用的协调行动计划》（*Coordinated Plan on The Development and Use of Artificial Intelligence Made in Europe*）等战略性文件明确宣称，人工智能的根本宗旨在于助力人类福祉，构建可靠的伦理与法律体系是确保人工智能有序发展的关键路径。人工智能技术的开发与设计须恪守"安全"与"伦理"的双重准则。前述欧盟制定的《可信赖人工智能道德准则》《建立以人为本的可信人工智能》以及《人工智能法案》都足以证明欧盟致力于在全球范围内打造一个健全而有力的人工智能监管体系。这一努力旨在应对技术发展带来的棘手伦理挑战，并增强欧盟在国际人工智能领域的影响力和地位。

3. 重视人工智能协同合作发展

欧盟委员会确立协同治理原则。此原则首先要求促成欧盟内各成员国及各区域战略规划之间的同频共振，激发政府、企业与教育机构三方的积极作用，以促进人工智能技术发展的协同增强作用，充分发挥相关利益者在推动人工智能技术进步中的潜力。在欧盟的框架内，众多成员国依据欧盟的人工智能战略实施了许多切实有效的教育举措，这不仅推动了各成员国在人工智能领域的成长，也提升了欧盟在全球人工智能领域的整体影响力。例如，德国于 2020 年更新了《联邦政府人工智能战略》①，法国人工智能战略报告《AI 造福人类》针对人工智能领域的科研与人才培养提供了具体的行动指南。其次，欧盟还深刻认识到人工智能的发展离不开与欧盟外部其他国家之间的国际协作，为了把握住国际法律规则的制定权，欧盟通过参与国际多边对话，在全球层面发挥领导作用，推动采用统一方法

---

① 参见孙浩林：《德国更新〈联邦政府人工智能战略〉》，载《科技中国》2021 年第 4 期，第 99~101 页。

界定人工智能发展的基本原则。①

　　综上，从欧盟的人工智能战略中，我们可以看到其在基础教育法规中确立了人工智能的价值观和伦理标准，并实施了一系列教育举措和教育领域的国际合作措施均为我国人工智能行业的发展、数字化社会的转型以及我国基础教育立法的改革完善提供了良好借鉴思路。

---

　　①　参见凌鹊、刘景华：《欧盟"人工智能战略"中的教育使命与策略——基于欧盟2018—2021年系列报告解析》，载《比较教育学报》2022年第5期，第88~90页。

第六章　人工智能时代我国基础教育法律因应所面临的机遇

　　个人隐私的外泄与数据鸿沟即数据信息不对等现象，并不局限于教育领域，而是全行业亟待解决的问题，这就要求我们制定出跨行业适用的、智慧型的法律。但随着探索与应用不断深化，人工智能领域内实施分类管理的紧迫性逐渐加强。考虑到在机器人辅助医疗诊断与手术、自动驾驶汽车、音乐个性化推荐等领域，所面临的法律挑战表现出了显著的不同。人工智能在教育领域的应用同样呼唤场景化的规范与限制。① 正如本书前面章节所述，人工智能通过赋能教育在为不同教育主体带来了全新机遇的同时，亦引发了教育公平、教育自由与教育安全等不同层面的挑战或风险，因此，通过系统化立法来规范人工智能教育应用，是实现中国式教育现代化的重要路径。

　　党的二十大报告指出，必须"在法治轨道上全面建设社会主义现代化国家"。发挥法治在促进教育治理进程中的保障作用，已成为中国式教育现代化的核心要旨。② 法治的实质在于良法善治。因此，要实现中国特有的教育现代化，必须有健全完善的立法来保驾护航。目前，我国已经启动了新的立法进程。在这个过程中，人工智能立法的重大发展以及教育法典的编纂，为人工智能时代的教育立法乃至基础教育立法提供了绝佳的历史契机。

---

① 参见管华：《智能时代的教育立法前瞻》，载《陕西师范大学学报》（哲学社会科学版）2022 年第 4 期，第 112 页。

② 参见邓传淮：《深入学习贯彻党的二十大精神 推动教育法治和政策研究工作取得新进展》，载《中国教育报》2022 年 11 月 07 日，第 01 版。

第一节　我国人工智能立法的重大发展

人工智能对基础教育的融合和创新不仅涉及教育领域中的相关问题，而且涉及人工智能领域的相关问题，比如算法"黑箱"、算法歧视或偏见、无方向监控等问题，这些问题不是一般的私法和教育法能够解决的，因此，基础教育中人工智能教育的健康发展不仅仅需要我国基础教育立法体系的改革和调整，而且需要通过公法机制加强对人工智能的法律规制，具体而言，则需要我国人工智能立法的推进和配合。从"人工智能+教育"这个庞大的复杂系统来看，只有对人工智能进行顶层制度设计，并将人工智能法律规范体系化，才能切实为解决我国基础教育智能化发展道路上不断涌现出来的新问题提供明确的制度方向和方案。

时下我国已愈发重视人工智能专门立法，此类立法对算法、数据等专业性较强的内容展开了明确且有针对性的规制，从而为人工智能时代的教育立法提供制度性的衔接渠道与切实的参考借鉴。[1] 在我国，目前涉及人工智能的法律条款广泛分布于《民法典》《网络安全法》《个人信息保护法》《数据安全法》《反垄断法》《科学进步法》等多部法律之中。同时也涉及《互联网信息服务算法推荐管理规定》《互联网信息服务深度合成管理规定》《生成式人工智能服务管理暂行办法》《关于支持建设新一代人工智能示范应用场景的通知》等部门规章、政府规范性文件以及深圳、上海等地的地方性法规之中。2023 年 5 月，国务院办公厅颁布了《国务院办公厅 2023 年度立法工作计划》，该计划提出加强新兴领域立法，并在实施科教兴国战略的过程中，将人工智能法草案列为即将提交给全国人民代表大会常务委员会的审议项目。然而，2023 年 9 月，在我国第十四届全国人民代表大会常务委员会公布的立法规划中，却并未明确指出将出台人工智能法。这在一定程度上揭示了关于是否出台一部全面的人工智能法，或在"十四五"规划期内制定出人工智能法，仍存在分歧。[2]

---

① 参见刘旭东：《变革与回应：人工智能教育立法的四维路径》，载《比较教育学报》2024 年第 4 期，第 40 页。

② 邵长茂：《人工智能立法的基本思路》，载《数字法治》2023 年第 5 期，第 4 页。

　　为了给人工智能的蓬勃发展提供坚实的法律支撑，我们应当制定一部针对该领域的专门法律即人工智能法。通过构建和调整人工智能领域的基础性法律关系，我们可以清晰地明晰和解决与产业发展相关的、保护权益、风险控制以及法律责任等关键性问题。我国现有的分散式立法以点带面、难以应对复杂多变的情况，且不利于推进人工智能法律规范的体系化，并导致了在相关法律规范精准查找、适用、执行及司法解释方面的不便，而统一化立法方式则能集中展现国家对人工智能法律的宏观布局，向全球展示我国的立场，并促使国内各方面力量全面、准确地理解国家的意志与宏观战略，从而形成一致行动，推动人工智能行业的整体进步。我们不仅应该制定统一的人工智能法，而且应当迅速着手开展，其核心动因包括：首先，在全球范围内，人工智能领域的较量不仅体现为技术层面的竞争，更是一场关于制定标准、规则以及构建话语体系的争夺战，率先出台的相关体系和准则通常会对国际社会产生更为深远的影响；其次，快速进步并广泛渗透的人工智能技术已经引发诸多挑战，因此，法律领域亟须作出相应的、及时的反应。最后，鉴于人工智能技术发展的迅猛性和不断演变升级，我们无法等待其完全成熟之后才着手立法。因此，及早立法显得尤为重要，刻不容缓。①

　　对比欧盟和美国的人工智能立法模式，中国在制定人工智能法律时，应当彰显本土特色，确立总体性前瞻性的法律规制框架，而非局限于细枝末节；应着重于保障机制，而非施加限制；需确立权利行使的边界，而非限定固定路径。此外，中国的人工智能立法应当追求全球影响力，而非仅限于特定区域。

　　首先，智能技术的立法技术需要转变传统立法观念，不应再局限于对具体问题的琐碎或严苛规定，而应转为采取一种宏观的立法策略，聚焦于确立大的方向、基本原则和框架性制度。关于具体规则，我们要秉持成熟一项、制定一项的方针，避免冒进，不追求包罗万象。换句话说，适度舍弃细致之处（而非彻底漠视细枝末节），从而使得法律在时间上的纵向适用范围得以扩展。当然，提及的摒弃细节只是从"法律"视角所做的阐述，具体实施细则由相关部门在授权范围内并在法律的框架内来制定。借助这种手段，确保了人工智能规则的适应性、稳定性和权威性。同时，通过及时地制定与修订实施细则，确保了人工智能法的明

---

① 参见邵长茂：《人工智能立法的基本思路》，载《数字法治》2023年第5期，第5页。

确性、具体性和可实施性得到维护。

其次，从立法导向来看，欧盟和美国关于人工智能的立法代表了两种立法取向。欧盟采取的是强监管模式以及限制性取向，风险分级始终是欧盟治理人工智能的核心理念，这源自其法治的根基和对风险的天然规避倾向。与之相对立的是美国所采纳的弱监管模式或称宽松监管模式，该模式旨在提升人工智能技术的实效性并促进其创造性成长，监管的宗旨是促进人工智能产业的发展，确保其在世界竞技场上保持前沿地位。对于我国而言，在我国的人工智能立法进程中，应确立发展优先、安全并重的原则，以监管来确保发展，将其视为保障性立法。这表明我国的人工智能法的主要目的是为人工智能的创新发展提供法治的支持，而不是用烦琐的规定对各个方面进行限制。

再次，对于人工智能风险管控的方式，在立法上主要有两种应对方式：一种是搭建法治轨道，另一种是划出法治边界。所谓法治轨道式立法模式，指的是预设目标，至少确保有着清晰的路线；存在严谨的过程管理以及规范化的程序；对发展规律的全面理解，加上健全的体制架构。例如，欧洲联盟的《人工智能法案》提倡在人工智能发展过程中实施初步策略和持续的监管，借此用一套精细周密的规范体系来指导科技的进步，这是一种典型的轨道性立法方式。所谓的法治边界式立法模式是指在法律范畴内仅仅明确指出人工智能进展不可突破的底线，同时详列具体的禁止事项列表，对人工智能的发展不做过多的针对具体性问题的条条框框的限制。由于人工智能正站在其发展历史的转折点上，其前途尚未清晰，因此，制定统一的监管规则既不具备可行性，也不适宜。针对我国的情况，建议在人工智能法的制定上倾向于设定法治的界限，而不是严格遵循法治的固定路径。

最后，法律通常不会自动在域外产生效力，只有在特殊情况下，为了维护国家和国民的重大利益，才偶尔允许其域外适用。然而，在人工智能这一领域中，各国竞相提升对境外影响力的争夺，竭尽全力拓宽其域外适用边际。在维护国家主权的前提下，我国在制定人工智能法时应将法律规范的域外适用视为一个重要议题，而非偶然性事件，同时需要协调国内人工智能管理策略与国际社会对人工智能的监管机制。

从人工智能治理的专项立法的准备来看，我国已经在做系统部署。自 1993

年《科技进步法》颁布后，我国于 2021 年对其作出了修订。该法明文规定了建立科技伦理委员会的必要性，着重指出国家应承担起完善科技伦理规范化体系的责任，同时，它也具体指明了从事科研与创新工作的实体及其工作人员应恪守的科技伦理规范。① 在 2016 年我国制定了《国家信息化发展战略纲要》，该纲要倡导积极开发信息资源，并坚持保障社会化交易型数据具备追溯性与可恢复性。此外，该纲要还提倡强化数据的搜集与监管，制定更完善的标准，从而提升数据的准确度、可信度及易获取性。同时，它强调要依法对个人隐私和公司商业秘密实施严格保护，维护国家的安全。2017 年，我国国务院颁布并施行了《新一代人工智能发展规划》，其中明确了人工智能发展的指导思想、基本原则、重点任务和保障措施等方面内容。该文件明确阐述了到 2030 年建立完善的人工智能法律体系的愿景以及通过分三个阶段进行的人工智能立法规划，为人工智能产业的发展提供了高层次的指引和详尽的工作布局。在此基础上，2019 年 6 月，我国新一代人工智能治理专业委员会颁布了《新一代人工智能治理原则——发展负责任的人工智能》（简称《人工智能治理原则》）。该文件阐明了在人工智能治理过程中需遵守的八项根本准则：友好和谐、公正公平、共享包容、保护隐私、安全可控、责任共担、合作开放、敏捷治理，为在科技进步与公正公平之间取得平衡提供了关键的价值观和指导原则。2021 年 9 月，国家新一代人工智能治理专业委员会再次发布了《新一代人工智能伦理规范》（简称《伦理规范》）。这份文件再次凸显了众多伦理规范的关键地位，并且首次纳入了"提升伦理素养"的条款。此外，该文件对于人工智能在管理、研发、供应及应用等关键环节可能遇到的伦理问题提出了相应的规范性指导建议。2022 年 3 月，中共中央办公厅与国务院联合发布了《关于加强科技伦理治理的意见》（简称《科技伦理治理意见》）。其作为我国首次在国家层面颁布的科技伦理治理纲要，突出强调了对科技伦理的广泛治理，明确提出了监管与责任追究的重要性，并对科技伦理规范及治理举措进行了全面而系统的梳理。此外，该意见亦确认了科技伦理治理的众多参与主体，并提倡将"自我约束"与"外部规范"相融合。② 基于人工智能伦理属于科技伦理的子类别，因

---

① 朱力宇、胡晓凡：《联合国教科文组织〈人工智能伦理问题建议书〉的借鉴启示及其中国贡献——以人权保障为视角》，载《人权研究》2022 年第 4 期，第 58 页。

② 参见胡喆、田晓航、张泉：《科技向善 造福人类——解读〈关于加强科技伦理治理的意见〉》，载新华网：http://www.news.cn/politics/zywj/2022-03-31/c_1128521515.htm，最后访问日期：2024 年 3 月 25 日。

此，对于我国在人工智能伦理治理方面，该意见亦具有适用性。[1] 此外，为促进生成式人工智能健康发展和防范生成式人工智能服务的风险，2023 年 7 月 13 日，国家网信办联合国家发改委、教育部、科技部、工信部、公安部、广电总局等七个部门，共同发布了《生成式人工智能服务管理暂行办法》(以下简称《办法》)，《办法》自 2023 年 8 月 15 日起正式实施。[2] 值得关注的是，《办法》是全球首部全面监管生成式人工智能的立法文件(性质为部门规章)。《办法》主张国家在推进发展与确保稳定两者并行不悖、激发创新思维与遵循法治路径相辅相成的基本立场下，实施有效措施来激励生成式人工智能的发展。其中它所规定的对生成式人工智能服务实施包容审慎和分级分类的监管制度内容可望被直接吸纳入未来的《人工智能法》之中。上述所列举的政策和法律文件为我国制定统一的《人工智能法》指明了立法导向、基本原则和基本的鼓励促进制度与依法治理制度，奠定了前期的立法研究基础。2024 年，我国人工智能立法的进程进一步加快，国家网信办于 2024 年 9 月 14 日就《人工智能生成合成内容标识办法(征求意见稿)》向社会公开征求意见，进一步凸显了加快人工智能立法进程对维护我国国家安全、社会公共利益和民事领域各个主体合法权益的重要性和时代紧迫性。

不仅如此，在国际层面，在中国的积极参与和贡献下，联合国教科文组织 2021 年批准通过了《人工智能伦理问题建议书》(以下简称《建议书》)，《建议书》直接或间接采纳了中国提出的和谐友好原则和可持续性发展原则，我国在人工智能专门立法时也应当借鉴《建议书》中相关价值观和基本原则的启示，以进一步推进我国在人工智能伦理方面的立法和政策执行，促进我国人工智能伦理治理与国际社会的人工智能伦理治理的相互协同和融合发展。

第二节 我国教育法典编纂带来的契机

近年来，随着全面推进依法治国战略的深入推进，某一特定领域的法律规范

---

[1] 参见朱力宇、胡晓凡：《联合国教科文组织〈人工智能伦理问题建议书〉的借鉴启示及其中国贡献——以人权保障为视角》，载《人权研究》2022 年第 4 期，第 58~59 页。

[2] 参见张亚雄：《规范生成式人工智能服务》，载《光明日报》2023 年 7 月 14 日，第 01 版。

体系法典化已逐渐成为我国立法工作的核心动向。2021 年 3 月 8 日，全国人大常委会工作报告中，栗战书委员长提出了一个观点："在适当时候开展已经准备充分的领域的法典化编纂任务。"全国人民代表大会常务委员会在其 2021 年度立法计划中展示了着手制定教育法典等系列法典的研讨计划，① 与此同时，《教育部政策法规司 2021 年度工作重点》也明确提出了开展教育法典编纂的任务。开展我国教育法典编纂项目，响应了时代的迫切要求，此举主要源于我国教育法律体系已初步形成。目前，我国教育法律已逾 10 部，行政法规、部门规章及配套细则亦接近 200 部，加之众多地方政府制定的地方性教育法规，总数颇为可观。2002 年《民办教育促进法》的颁布，象征着中国特色社会主义教育法体系已经确立。在过去二十年间，我国的教育法律体系不断经历着修订和精细化，同时也在积极筹备新的立法。2021 年通过《家庭教育促进法》；2022 年对《职业教育法》进行重大修订；2024 年通过《学位法》，进一步使教育法典分则部分的内容持续得到优化；2024 年 11 月通过《学前教育法》。尽管目前尚有一些法律空白地带，例如《终身学习法》和《教育考试法》尚缺乏专门立法，然而，编纂一部全面的教育法典的时机已然成熟。2023 年 11 月 24 日，我国教育部在中国政法大学举行了"教育法典编纂工作启动会"，组建课题研究组，正式启动教育法典编纂工作。现在正在进行的立法工作任务就是基于体系化的方法，补充欠缺的部分，解决疏漏和制度之间的错位与冲突。② 在"教育优先发展"的战略指引下，教育法典有望在 2035 年前编纂完成。③

在教育法典的立法模式方面，学者对世界各国的立法实践做了归纳和分析，并提出了对中国的启发和借鉴。经梳理，目前世界各国代表性的立法模式有三种。第一种是以法国、俄罗斯为代表的"统一立法模式"。例如，法国的教育法典详细规定了教育法律关系，并允许对法典部分条文进行局部修改。俄罗斯通过

---

① 参见徐振铭：《论教育法典的分则体例》，载《衡阳师范学院学报》(社会科学版) 2022 年第 4 期，第 34 页。

② 参见高利红：《百年中国教育立法的演进——以教育主权和受教育权的双重变奏为主线》，载《新文科教育研究》2022 年第 1 期，第 55 页。

③ 参见管华：《智能时代的教育立法前瞻》，载《陕西师范大学学报》(哲学社会科学版) 2022 年第 4 期，第 111 页。

整合《联邦教育法》与《高等教育法》，制定了统一的《俄罗斯联邦教育法》，采用法典化的方式，对教育领域的所有法律关系进行了全面规范。① 第二种是以美国为代表的"汇编立法模式"。在美国，国会集合了众多立法议题，编纂成《美国法典》，以此作为国家的法律汇编。在众多领域中，教育是位列第二十的主题。随后，法律修订委员会对这些教育相关的法律规范进行了"二次汇编"，最终诞生了《美国教育法典》。第三种是以日本为代表的"基本法+单行法模式"。从体例和内容上看，日本《教育基本法》充当了教育法典总则的角色，在此基础上形成了以《学校教育法》《私立教育法》等单行法为分则的松散型教育法典模式。在借鉴国外立法模式的基础上，学者马雷军主张，中国应采用"统一立法模式"，也即编纂涵盖教育领域各种法律关系的统一的教育法典。任海涛则认为，在编纂教育法典之前应先将教育法体系化，② 相似观点有童云峰等提出的在"统一立法模式"之前应先制定"类教育法典"，构建结构完整、层次分明的教育法规范体系。③

中国教育法典的编纂需要借鉴国外的有益经验，但也要结合中国现实国情，体现中国特色。因而，教育法典编纂要从中国特色社会主义法治实践出发，选择适合的立法模式，分析上述三种立法模式可以看出，美国的"汇编立法模式"只是将法条机械地组合在一起，中国现有的教育立法体系还不健全，我国到目前为止还尚未制定出台有关教育阶段或教育形式的单行法如学前教育、高中教育、特殊教育、终身教育、人工智能教育的单行法，也没有有关教育要素的单行法如学校法和教育考试法，因此，将现有教育法律法规进行简单的汇编整合，显然不适合中国当前的教育立法现状。而日本的"基本法+单行法模式"虽与中国当前的教育立法现状有相似之处，但此种模式太过松散，未能克服单行法之间的立法冲突，未能实现相关法条的有机整合，无法实现当前中国法典化的根本目标。相比而言，采用法国式的"统一立法模式"既可以填补中国教育领域立法空白，又能

① 参见周洪宇、方晶：《学习习近平法治思想 加快编纂教育法典》，载《国家教育行政学院学报》2021 年第 3 期，第 18 页。

② 《论教育法体系化是法典化的前提基础》，载《湖南师范大学教育科学学报》2020 年第 6 月，第 15~24 页。

③ 参见童云峰、欧阳本祺：《我国教育法法典化之提倡》，载《国家教育行政学院学报》2021 年第 3 期，第 32 页。

保证中国教育法典的系统性与有机性。因此，"统一立法模式"应成为中国教育法典编纂的最优选择方案。但是单单一部教育法典不能包罗万象，不能将涉"教育"的所有法律规范都纳入教育法典，根据学者管华的观点，是否符合宪法规定、原则和精神；是否符合教育法作为行业法而非部门法的定位；是否符合概念化、逻辑化、体系化、基础性、普遍性、稳定性和审美学的要求；是否有利于法律的实施，是决定涉"教育"规范应否纳入教育法典的四个必要考量因素。①

当下正在进行的教育法典的编纂为基础教育立法对人工智能教育应用的体系化规制提供了重要契机。虽然未来教育法典将从宏观上统摄我国人工智能教育立法。但由于人工智能技术本身更新迭代过快，相关教育现象具有不稳定性，教育法典的编纂需审慎考虑人工智能教育的快速发展。不宜全盘吸收相关立法。从维护法律稳定性的视角出发，我国未来的教育法典应定位为"不完全教育法典"，即它应仅涵盖重要或核心教育领域中稳定且成熟的人工智能教育应用，这些内容可通过总则及分则相关编章中的具体条文进行规范，而因人工智能技术的"敏捷迭代"而引发的更为变动不居的教育现象或者说人工智能教育的其他内容在未来则仍由教育单行法或其他规范性法律文件予以规定，从而避免未来的教育法典出现"解法典化"和"再法典化"的风险。② 因此，我国未来的教育法律体系是一种"教育法典+单行法+规范性法律文件"的立法模式。

在教育法典的体例结构问题上，未来我国教育法典应当借鉴《民法典》所适用的体系型法典的体例模式，已经得到了学术界的普遍认可。体系型法典并非对原有的所有教育单行法进行机械组合，而是经过对原有单行法的提炼精简与结构化整合，从而形成一个逻辑统一、体系完整，并以"总分式"结构构建的法典。目前，我国各教育单行法还尚未实现"类法典化"，因此，为了着手编纂全面统一的教育法典，首要一步是对教育单行法进一步的健全和完善。在教育法典正式出台之前，已经出台的各教育单行法必将迎来新一轮的内容实质性修订，部分立法空白领域势必也会出台新的单行法，这就为人工智能的规制措施被纳入我国教

① 参见管华：《教育法法典化的规范选择》，载《中国法学》2024 年第 4 期，第 33～40 页。

② 参见瞿灵敏：《从解法典化到再法典化：范式转换及其中国启示》，载《社会科学动态》2017 年第 12 期，第 5～14 页。

育立法体系提供了编纂契机。就人工智能教育立法而言，在这一进程中，已有的教育单行法在修正时须增加有关人工智能规制的立法条款，诸如"终身教育法"等尚未出台的单行法，则更应在其立法之际便加入上述内容，随着立法工作的深入，未来立法机关再将此类条款系统化纳入教育法典之中。这一路径的优势在于，当对教育单行法进行修订或制定时，将有足够的时间和专业性来厘清该特定的教育单行法中有关人工智能立法的具体内容和架构，这样就规避了直接由教育法典迅速规范人工智能教育应用时可能遇到的时间紧迫和关注度不足的问题。①

---

① 参见刘旭东：《变革与回应：人工智能教育立法的四维路径》，载《比较教育学报》2024 年第 4 期，第 41 页。

第七章　人工智能时代下的我国
基础教育法律因应

　　由于世界各国在经济发展、社会文明、传统价值观等国情方面存在诸多差异，且受制于人工智能技术本身技术成熟曲线的规律和其自身高速强化学习能力，教育数字化的技术架构和转型方式尤其需要保持灵活性和差异化，以避免"一刀切"现象。我国幅员辽阔，各区域政治经济发展不平衡，多民族的宗教信仰、生活习惯各异，因地制宜地治理好区域性教育问题急需灵活的数字化改革机制。为此，一方面我国应细化基础教育政策与基础教育立法的边界和关系，在基础教育政策中要体现不同经济发展水平、内陆边疆等地区在实施基础教育数字化改革中的差异性导向，在基础教育法律规范中要明确人工智能应用于基础教育具有共性和普遍适用意义的技术标准、安全规范、权利义务和责任。另一方面，我国应借鉴世界性国际组织和区域性国际组织的改革经验，通过教育数字化转型解决区域中具有代表性的社会问题。[①]

　　由于人工智能自身包含了逻辑学、脑神经科学、物理学、计算机科学、工程学等领域学科，涉及专业领域的技术标准和安全规范，而且将人工智能应用于基础教育领域还涉及教育学、心理学和管理学的相关规律，因此，从广义上讲，基础教育领域中的人工智能法律规制需要跨学科规划和跨部门治理，人工智能具有跨界融合特征，不仅需要调动跨学科与利益攸关方的领域知识，同时需要建立跨部门治理与协调机制。跨学科规划是指公法与私法双

---

　　① 参见孟文婷、廖天鸿、王之圣、施宇熹、翟雪松、李媛：《人工智能促进教育数字化转型的国际经验及启示——2022 年国际人工智能教育大会述评》，载《远程教育杂志》2023 年第 1 期，第 21 页。

管齐下，相互作用，我国不仅要在已有的《网络安全法》《数据安全法》《个人信息保护法》《未成年人保护法》和《民法典》的基础上加紧制定数据权专项立法和人工智能专项立法，从而构建人工智能应用于基础教育领域的基础性立法，而且我国还应加快《中华人民共和国教育法典》的制定出台进程。为了做好教育法典编纂的准备工作，我们应先在前期完善修订我国已有的教育单行法如《教育法》《义务教育法》《民办教育促进法》，加快制定《人工智能教育法》《教育培训与考试法》《特殊教育法》等教育单行法，从而为后期在编纂教育法典时直接继承纳入做好准备，此外，我国还需修订我国的知识产权法尤其是著作权法，从而完善对人工智能生成物著作权认定问题的法律规制。从跨部门协调治理来看，对于人工智能引发的教育法律关系主体之间的法律纠纷不仅会涉及教育行政管理部门、科技行政管理部门和工商管理部门作为行政执法主体的行政法调整与民事法律调整，甚至当有人借助或利用人工智能实施犯罪时还涉及刑法来加以调整。综上，我国基础教育立法为应对教育领域内的人工智能应用而进行的立法改革所涉及的法律体系可以用图 7-1 来加以直观表示。由图 7-1 可见，人工智能在基础教育领域应用而产生的法律调整是综合性的、跨法律部门的调整。

不仅如此，我国应该在教育部内部成立教育人工智能伦理委员会，并通过我国已设立的科技伦理委员会的协作交流，研判人工智能应用于我国基础教育领域所带来的本土化伦理问题和价值观问题并寻求解决方案，并且确定教育人工智能伦理治理的主要责任主体，在此基础上，界定各责任主体基于主观意愿的有意侵害责任和非主观意愿的无意侵害免责，建立问责制和协同共治机制，进一步支持各责任主体培养所需的伦理治理意识、伦理理解和治理能力。

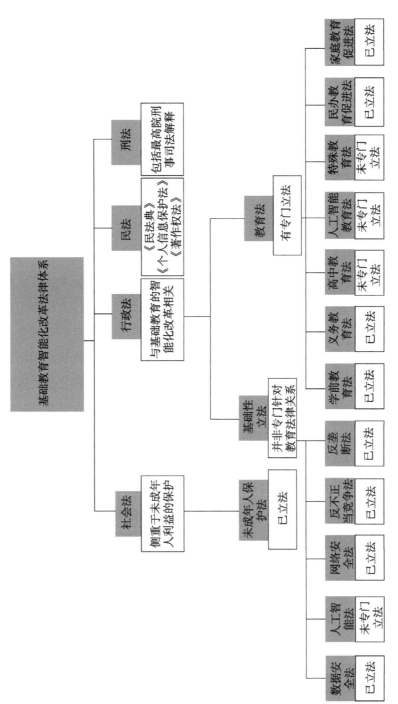

图7-1 基础教育智能化改革法律体系

第一节　我国基础教育法律因应中的逻辑进路

学者刘旭东认为，人工智能的教育应用带来的不仅有浅层风险，而且还有深层风险，在他看来，浅层风险是由人工智能的数据偏见和算法偏见引起的教育不公和教育安全问题，而深层风险则是由人工智能教育应用带来的教育主体自我意识逐渐消失，精神情感渐次淡漠，道德意识渐渐封闭，即人类主体性的自我消解问题。同时，他认为由于人工智能教育应用风险愈加呈现出高度不确定性的趋势，而法律天然地具有稳定性乃至滞后性的特质，因而，人工智能教育立法应遵循以下四维路径：其一，为教育行政部门及学校等主体设定人工智能教育资源普及化的义务，巩固人工智能教育应用的革新成果；其二，通过技术性正当程序应对人工智能教育应用浅层风险；其三，通过人工智能教师运用职业操守化解人工智能教育应用深层风险；其四，通过多元化的规范体系及敏捷治理机制实现对人工智能教育应用风险高度不确定性挑战的有效应对。[①] 这一观点的合理性在于其不仅有利于巩固我国既有的人工智能教育应用的革新成果，而且针对不同风险类型来有针对性立法，增强了立法的有效性，单仔细分析这种路径，前三者都是针对立法的具体内容来规划，而最后其所提到的建立多元化规范体系则是从不同的法律渊源形式以及立法轻重缓急的时间顺序入手来进行梳理。本书探讨的人工智能时代下基础教育立法变革的逻辑进路是从立法的时间维度来展开分析。

如果把研究视角限缩到教育法这一个领域法而不扩展到民法、刑法和社会法，甚至聚焦到我国的基础教育领域，由于人工智能教育应用的风险存在高度的不确定性，为维护法律的稳定性，人工智能时代的基础教育立法应继续坚持改革开放之初我国"立法宜粗不宜细"的立法策略，先行通过法律解释、中央政策、法规规章、教育单行法展开针对性规定，未来再将成熟稳定的内容纳入教育法典。详言之，人工智能时代我国基础教育立法变革的逻辑进路，可以分为以下几个层面。

[①]　参见刘旭东：《变革与回应：人工智能教育立法的四维路径》，载《比较教育学报》2024 年第 4 期，第 42~50 页。

一、率先发挥各类规范性法律文件的作用

在教育法典出台前，各类规范性法律文件应率先规范人工智能在基础教育中的应用。首先，法律解释颁布周期短，灵活性大，故有关部门应尽可能先考虑通过法律解释，在现有立法框架下对人工智能教育应用风险进行规制，维护法律的稳定性与连续性。其次，国务院的行政法规及各部门的部门规章的出台周期亦相对较短，针对新出现且暂不稳定的风险，行政法规和部门规章可以从相对较高的立法位阶出发展开更为迅速地应对。再次，前文指出，教育法典出台之前，教育立法需首先实现教育单行法的"类法典化"，这一进程中，已有的教育单行法如《教育法》《义务教育法》《家庭教育促进法》《民办教育促进法》在修正时须增加有关人工智能规范运用的立法条款，诸如"学前教育法""终身教育法""人工智能教育法"等尚未出台的单行法，则更应在其立法之际便加入上述内容。①

其中，在将教育单行法"类法典化"过程中，由于我国现行的《教育法》发挥着类似教育法典总则的作用，我们首先应当人工智能应用于各个教育类型中的带有普遍性的共性问题纳入《教育法》的立法规制中，从而避免以教育类型来构建的教育单行法只拘泥于自己领域内因人工智能引发的问题，忽视了与其他相关教育单行法之间的紧密联系从而造成法律规定存在冲突或重复立法的局面，从而可以形成完整统一的人工智能法律规制的框架体系，并且有利于节约立法成本，有利于在未来在制定教育法典总则时可以直接继受。

在《教育法》对共性问题做出规定后，其他单行法如《义务教育法》《学前教育法》和《高中教育法》等基础教育领域内的立法或修订工作只需要针对本领域内人工智能教育应用的特殊性问题起到兜底或补充的功能，这样可以做到查缺补漏，不重复立法或交叉立法。详言之，已出台的相关单行法如《义务教育法》需要适时加以修订，针对义务教育的目的和人工智能在义务教育领域应用的具体场景，对特殊性法律问题进行具体规定；对于尚没有制定单行法的立法领域如高中教育法领域要在《高中教育法》这一单行法的立法过程中考虑吸收纳入人工智能的相

---

① 参见刘旭东：《变革与回应：人工智能教育立法的四维路径》，载《比较教育学报》2024 年第 4 期，第 48 页。

关规范内容，并要考虑与《人工智能教育法》之间的衔接问题；对于已经有立法草案的如《学前教育法草案》（征求意见稿），由于其基本条文已经成形，只待我国最高立法机关审议通过，而且目前我国人工智能教育法的理论研究并不充分，因此该草案并没有关于人工智能教育的相关内容。预计未来《学前教育法》可能会在我国出台《人工智能教育法》之后关注人工智能在学前教育领域的应用及其优势和风险，并通过修订的方式制定相应的规范和要求，以确保其符合法律和道德标准，促进儿童的健康成长和发展。例如，可能会规定如何建构针对幼儿管理的信息共享平台，以智能化方式实现家校共育，以及如何保障儿童的隐私和信息安全等问题。此外，也可能会鼓励和支持学前教育机构使用人工智能技术，以提高教育质量和效率。值得强调的是，无论是《义务教育法》的修订，还是《学前教育法》的立法，还是《高中教育法》的立法，都必须转变"问题导向"思路：不仅要解决某具体领域的现实问题，还要从未来教育法典编纂角度重新思考自己的定位、功能及与《人工智能教育法》的关系，对于人工智能的立法规范要秉持必要性原则，对《人工智能教育法》已有规定的内容不重复立法或交叉立法，做到既不失位也不越位，能够有机协调配合，从而为下一步的教育法典编纂做好准备。

二、重视基础教育领域"软法"的治理

基础教育的软法不仅包括行政法规和部门规章以外的规范性文件，而且还包括党中央的涉及基础教育的党内法规以及教育行业自治规范，这些软法相对于"硬法"在实践中更具有宣示性、灵活性和及时性。因此，党中央与国务院可考虑出台针对性的人工智能教育应用管理标准，此类中央政策的宣传与普及不仅助益于应对突发性人工智能教育应用风险，亦可推动全社会逐步接受并自觉遵循人工智能教育的应用伦理。此外，可以通过教育类数字企业有关人工智能风险管理的行业章程、行业伦理以及教育类社会团体或组织的自治规范来应对高度不确定性的人工智能教育应用风险，更是法治社会中不可忽视的重要制度性渠道。

而且，值得我们关注的是，人工智能不仅改变了传统教育的授课手段和方式，而且也成为了教育的新兴课程内容，目前，我国各地中小学校相继开设了人工智能相关课程，有些是作为学校教学培养方案的普及性课程，有些是作为课后托管的兴趣课程来开设，而且课程的师资力量、教材建设、教学体系和授课具体

内容各有不同。关于人工智能课程的课程体系设计、具体某一阶段的教学内容、教学评估与监督、人工智能教育的师资培训等内容的相关规定多见于教育部或各省教育行政机关发布的课程标准等规范性文件，而这类规范性文件也属于"软法"的范畴，这类"软法"对于加快我国人工智能教育法的立法进程起到了重要推动作用。

三、以《教育法》为基础，从各单行法中"提取公因式"，制定教育法典总则

对《教育法》进行修订从而使之最终能起到未来教育法典总则编的作用，为未来教育法典吸纳和统摄分编各个章节奠定基础，这是立法者在吸取民法典编纂路径的经验后达成的共识。在这一过程中，我们需要深入研究应该被纳入教育法典分编的是哪些法律规范，这些规范中关于人工智能应用风险规制的内容有哪些共通之处，其中高度凝练出基本概念、基本原则和治理的基本制度，并将它们体系化地准确地放在总则编中的"教育法基本原则""教育法律主体""教育法律行为""教育法律责任"等相关内容中。这样从立法技术而言对人工智能教育应用法律规制起到提纲挈领的作用，避免教育法典分编内容与总编存在内容上的重复。

四、在时机成熟时将总则和分则合并，最终完成教育法典编纂

在前述《教育法》和教育法典分则相关规范均修订或立法完毕后，教育法典编纂中将总则编和分则编合并的时机真正成熟。如前所述，未来我国教育法典应为"不完全教育法典"，即教育法典仅应将相对重要且发展成熟的内容纳入法典，其他内容未来则仍保持教育单行法或其他规范性法律文件的状态。例如，由于人工智能技术的更新迭代速度过快，我国的人工智能教育法发展尚不成熟，有关人工智能课程教育立法的内容不具有稳定性，现阶段基本上是以规范性文件如课程标准来体现，未来即便制定出《人工智能教育法》这一单行法，由于其覆盖到各个教育类型，出于法典体系和内容稳定性的考虑，也不适合纳入《教育法典》的分则编中。

综上所述，以上立法变革的逻辑进路之所以必须按照时间先后顺序渐进式进行，而不能齐头并进，首先是因为立法者首先需要从宏观层面要从我国的具体国

情、教育伦理与价值观体系出发，明确将人工智能教育应用纳入我国教育制度的总体规划和发展战略中，以确保其与国家教育改革和发展目标相一致。对我国教育法如何应对人工智能对教育带来的机遇和挑战只有先做好顶层制度设计，才能明确立法方向，才能为《人工智能教育法》《义务教育法》《高中教育法》等单行法提供基本原则基本概念和制度的指引，才能使单行法的立法或修订能够在正确的轨道上运行和发挥效用。

第二节　我国基础教育法律因应中的《教育法》规范梳理

人工智能的"敏捷迭代"等特征导致人工智能教育应用风险在形式上呈现出高度的不确定性，这为追求稳定性的立法带来了显著挑战，这要求人工智能教育立法必须容纳多层级的规范，形成多元化的规范体系，其中，效力位阶较高的规范制定相对稳定且较为宏观的规制措施，效力位阶较低的规范则展开具体的细化工作，并根据人工智能的发展趋势及时作出调整。

作为我国教育领域的基本法，我国《教育法》发挥着未来教育法典总则的功能和作用，为了便于未来我国在制定教育法典时可以直接将《教育法》直接作为总则编吸收和继承，因此我国《教育法》应结合教育领域的整体发展进行谋篇布局，对未来教育法典一系列基本问题予以说明，以发挥未来教育法典立法的基础性、引导性作用。正是因为《教育法》具有如此重要的立法地位，为了应对人工智能时代教育的法律规制问题，完善作为我国教育制度基石的《教育法》势在必行。只有对其相应条款加以完善，才能坚守人的教育法律主体地位，才能丰富作为整个教育法典的逻辑起点和价值原点的我国公民受教育权的当代内涵，并确认和保障新的教育权利具体内容，避免教育人工智能引发的伦理风险和价值观问题，厘清教育人工智能带来的相关法律责任。从《教育法》规范的主要内容来分析，主要应在立法目的、公民受教育权的内容、受教育者人格权以及教育监管与保障这四个方面加以完善。

一、立法目的的表述需要进一步严谨化

我国《教育法》规定了教育法立法目的是"发展教育事业，提高全民族的素

质，促进社会主义物质文明和精神文明建设"。然而，若从教育法典的总则的角度来审视，该条规定并未达到完备和周密的程度。具体到我国基础教育阶段的特点以及受教育者的年龄、智力等状况，这种规定过于笼统。《义务教育法》第一条规定该法的目的是"保障适龄儿童、少年接受义务教育的权利，保证义务教育的实施，提高全民族素质"，《学前教育法草案(征求意见稿)》第一条规定该法的目的是"保障适龄儿童接受学前教育的权利，促进学前教育事业普及普惠安全优质发展，规范学前教育实施，提高全民素质"，可以看出，教育立法的根本出发点是保障受教育权利的实现。由此可见，我国《教育法》亟须融合现行其他法律对教育宗旨的阐述内容，除了保留诸如"国民素质""精神文明"等已表达的内容精髓外，还应彰显"保障受教育者权利"作为教育法典编纂的核心宗旨之一。此外，无论是《义务教育法》还是《学前教育法草案(征求意见稿)》都没有及时回应人工智能时代给教育领域带来的风险和挑战，并没有突出强调适龄儿童和少年到底应具备怎样的复合性素养，而且也没有强调以人工智能素养为核心的信息化素养培养的必要性和紧迫性，更没有突出人工智能时代对公民受教育权内涵和外延产生的急剧变化，因此明确"保障受教育者权利"也是我国《教育法》的核心立法目的之一。

二、公民受教育权的规定内容有待于进一步拓展

公民受教育权在我国现有《教育法》中没有体现出因人工智能在基础教育领域广泛应用所带来的受教育权内涵和外延的发展现实，《教育法》既没有明确规定受教育者应该享有接触基础数字教育平台或服务等教育资源机会上的平等权利，也没有承认受教育者享有接受人工智能相关课程学习从而提升人工智能技术使用能力和数字素养的平等权利，更没有凸显出受教育者享有在人工智能影响下对教育信息自主筛选并自主决策的受教育自由权，因而迫切需要将我国现行《教育法》第五条规定的教育培养目标从"德智体美劳全面发展的社会主义建设者和接班人"修改为"德智体美劳信全面发展的社会主义建设者和接班人"，从而表明教育的培养内容还要包括信息教育。《教育法》第六条关于教育的内容除了原有的社会主义核心价值观教育、爱国主义教育、集体主义教育、中国特色社会主义的教育以外还应当增加"信息素养教育"这一教育内容的规定。

在智慧教育背景下，受教育权不能仅仅拘泥于其社会权的属性，而是要兼顾到其自由权的属性，教育立法应满足教育选择自由的现实需求，不能在抽象的"人"的层面来考虑"培养人"，而需面向社会之理智健全的所有公民，对国家、社会、学校及家庭所应承担的义务作出规定，以落实公民受教育选择自由权。《教育法》不仅应规定中华人民共和国公民有受教育的权利和义务，而且还要增加"公民依法享有受教育的自由"的条款，为了体现出我国《教育法》对受教育自由权的保护，一方面，为避免算法操纵和支配而形成"信息茧房"效应，应具体规定："在线教育经营者在提供个性化教育产品或服务时，也提供不针对个人特征的选项①，并且有义务向教育客户提供对自动推送明确而便捷的拒绝方式。"这一规定在于保障受教育者对教育信息的自主选择权。另一方面，我们应按照《经济、社会及文化权利国际公约》第十三条第三、四款规定的内容，增加"尊重父母或法定监护人为子女选择符合国家所规定，或认可的最低教育标准之非公立学校的自由"。

在人工智能时代，无力获取通信技术和知识者将难以融入现代社会，为了消弭数字鸿沟，一些国家如葡萄牙、古巴的宪法明确将互联网服务纳入受教育基本权利保障范围。因此，接受信息教育的权利已成为当前受教育权利的必备内容。2019 年国务院常务会议明确提出"加快建设教育专网"，党的二十大首次将"推进教育数字化"写入报告，因而，作为我国的教育基本法，《教育法》第二章"教育基本制度"应增加对"在线教育制度"的基本性规定，弥补当前线上教育形态立法空白的局面。在《教育法》第二章中的第二十四条关于"扫盲教育"的规定中应增加"逐步扫除功能性文盲，消除教育数字鸿沟"，并明确具体的责任主体、实施期限和法律责任。②

由于作为我国教育领域基本法的《教育法》是对我国所有教育类型或阶段共通性法律问题的高度凝练和概括，因此需要具有原则性、抽象性和普遍适用性，因此，对受教育者享有的接受信息教育权这一新型权利的本质属性、存在状态、

---

① 参见管华：《将人工智能视角融入教育法典编撰》，载《中国社会科学报》2024 年 6 月 20 日，第 5 版。

② 参见管华：《将人工智能视角融入教育法典编撰》，载《中国社会科学报》2024 年 6 月 20 日，第 5 版。

权利体系和内容等具有实际操作性的相关规范，不宜在《教育法》中展开，而应在我国制定的学前教育法、义务教育法、高中教育法、职业教育法等单行法中详细予以体现。

三、受教育者人格权的一般保护应该纳入《教育法》

由于受教育者人格权具有个体与群体的差异性和身心发展的阶段性，而保障受教育者人格权对于立德树人这一教育的根本任务具有重要意义，然而，现行立法与司法对学生人格权体系化保护不足，虽然《教育法》第四十三条转化了《宪法》所规定的人格权的权利性质，但《教育法》对受教育者人格权进行保护时主要着眼于一般人格权，将国家、各级各类学校（或教育机构）以及教师等均作为义务主体，希望建构起多元主体保护体系。尤其是细审第四十三条第（三）、（四）款之规定时，便可发现其对受教育者人格权的规定较为粗放，仅对"学业成绩和品行上获得公正评价"之名誉权和侵犯人身权所引出的救济权利进行了原则性的规定，而缺乏对学生肖像权、隐私权、个人信息权等具体人格权的有针对性的保护。[1] 因此，我国《教育法》中的"受教育者"部分中应对人格权予以一般性保护，明确规定受教育者人格权的法律含义以及这种抽象的权利所包含的具体子权利，如受教育者的生命健康权、名誉权、姓名权、荣誉权和隐私权等，并增加受教育者教育数据安全保护的宏观规定，并且《教育法》应增加保护学生个人信息权的内容，具体可以在第七章第六十六条"教育信息化"条款中增加"教师与学生的隐私和个人信息受保护。未经教师、学生或学生监护人的同意，不得采集其生物识别信息"。这里的生物识别信息包括指纹、人脸和虹膜等。[2] 以此实现《教育法》与《民法典》《个人信息保护法》《网络安全法》等法律的衔接，体现对学生这一特殊群体权利保护的重视，及时从教育法层面应对现代智慧教育给学生隐私和个人信息保护带来的巨大挑战。

除此之外，还应在《教育法》中的"法律责任"部分明确当受教育者人格权被

---

① 参见任海涛：《教育法典对学生人格权的体系化保护》，载《陕西师范大学学报》（哲学社会科学版）2023 年第 1 期，第 95～96 页。

② 参见管华：《将人工智能视角融入教育法典编撰》，载《中国社会科学报》2024 年 6 月 20 日，第 5 版。

侵害时，受害人所享有的请求权以及行为人应当承受的法律责任。我国《刑法》第二百五十三条对侵犯公民个人信息的罪名进行了明文规定，然而对于那些尚未达到犯罪程度的侵犯公民个人信息的行为，相关处罚措施仍显不足。在我国《教育法》的"法律责任"章节中应强化规定："为了保障教育公平，对利用人工智能技术进行差别化、歧视性对待的行为，或者利用大数据、人工智能算法等手段，给学生个人身份、健康状况、家庭情况、财产状况、消费记录、浏览记录、职业偏好等个人信息进行标记的行为，应追究相关主体的行政法律责任，情节严重者，应追究其刑事责任。若教育机构或其工作人员擅自公开或泄露学生个人信息，应对主要负责的管理人员和其他直接责任人员，依照法律给予行政处分或治安行政处罚；若此行为触犯刑法，还应追究其刑事责任。"这一新增规定不仅能促成《教育法》与其他相关法律之间的顺畅对接，而且对学校及其教师通常面临的行政处分体制进行了细致优化。①

四、对教育数据权做出明确规定

数据权法律问题应由单行的数据权法进行系统而专门的规定，基于数据权法应在数据分级分类基础上分别赋予个人数据权、企业数据权和公共数据权来进行法律规制，因而，我国《教育法》只需要对教育数据权的具体特殊问题做出补充规定。从其应规范的具体内容看，应包括以下几个方面：第一，明确教育数据的定义和范围。在教育法中明确规定教育数据的定义和范围，明确哪些数据属于教育数据以及数据的来源和分类，以便准确判断区分师生个人数据、教育企业数据和教育公共数据。第二，教育行政部门应该建立完善的数据管理制度，规范对个人数据的收集、使用、处理、存储和共享等环节，规定数据管理的要求和标准，以确保师生个人数据的安全和保密性。第三，建立健全的监管机制，对教育行政部门的数据处理和使用行为进行监督和检查，对违规行为进行问责和处罚。

五、对教育监管和教育保障的规定要更具明确性

教育活动的监管和管理，属于政府的关键职能范畴，同时，这也是确保教育

---

① 参见管华：《智能时代的教育立法前瞻》，载《陕西师范大学学报》（哲学社会科学版）2022年第4期，第112~113页。

领域持续向前发展的关键外部因素。现行的《教育法》在这一领域的规定几乎是空白状态,除了《教育法》第六十三条对教育经费明确提到监督管理以外,其他法条均没有提及,目前只有属于下级立法的行政法规即《教育督导条例》作了相应规定,该立法层级较低,权威性不强,且仅仅规定了设置在教育行政部门内部的教育督导机构的相关职责和法律责任,因此,对急需完善《教育法》对教育管理和监督的规定,应主要包括两个方面:首先是教育管理和监督的主体及其职权。《教育法》需要明确规定以教育行政部门为主体的各行政机关在教育管理和监督中的具体分工以及各自法定职责;其次是教育管理与监督的程序,即相关部门在履行监管职责时应采取何种方式、手段,可以对教育机构及学生实施哪些措施,以及教育执法需遵循哪些基本程序要求等。① 现有的关于监督管理的具体程序主要包括立案、调查取证、审查评估、处理决定、执行和对执行的监督,这就需要立法者根据具体教育执法行为的不同予以厘清。

关于教育投入和条件保障方面,《教育法》第七章"教育投入与条件保障"中应明确确认国家保障公民依法享有公平优质教育的内容,从而科学反映出《教育法》立法价值倾向从过去的教育机会公平向兼顾教育机会公平与教育质量公平的转变。

第三节 我国基础教育法律因应中的《义务教育法》规范梳理

基于我国基础教育朝着智慧教育发展的必然趋势,我国需要将人工智能教育纳入基础教育的总体规划和发展战略中,以确保其与国家教育改革和发展目标相一致。从教育法律制度层面来看,我国基础教育与人工智能教育相结合所带来的基础教育立法变革,除了体现在《教育法》的调整变化以外,还体现在针对我国基础教育阶段的特点和特殊性以及人工智能在基础教育中的定位来完善我国的《义务教育法》。与在职业教育中的应用教育和高等教育中的专业教育的定位不

① 参见李红勃:《教育法典的制度定位与逻辑框架》,载《华东师范大学学报》(教育科学版)2022年第5期,第58页。

同，人工智能在我国基础教育中的定位应该是普及性教育，因此，反映在我国《义务教育法》中应该明确对学生的人工智能基本素养(包括人工智能的价值取向、基础知识与操作技能)的培养任务。当然，我国教育领域的立法不需要对与人工智能相关的问题面面俱到予以规定，其原因在于：人工智能应用带来的数据偏见、算法偏见、算法黑箱与算法操纵等技术性风险，是我国各个行业领域均会遇到的风险，应该由人工智能立法加以调整和规制，教育立法不应介入。因此，对于我国人工智能立法已经有明确规定的条款内容例如必要性原则、相称性原则、透明度和可解释性原则，我国基础教育立法乃至具体到《义务教育法》都可以予以准用，不需要重复立法。只有对于人工智能教育应用所带来的深层次风险(即对教育法律主体地位的消解性风险以及对教育法律关系中有关权利义务内容带来改变的风险)，才适宜由教育立法加以应对。进一步而言，具体到基础教育领域，只有属于基础教育需面对的特殊问题时，《义务教育法》才有必要予以规定。详言之，我国《义务教育法》应该从立法目的、接受信息教育权、不受自动决策权、师生人格权这四个方面加以完善。

一、进一步明确义务教育的立法目的

我国的《义务教育法》应该将基础教育立法目的予以明细化，将基础教育立法目的确定为宏观、中观和微观三个不同层次的目标体系。从我国整个国家基础教育系统和制度层面上看，基础教育的宏观立法目的应该是以人为本，从人的层面探寻人工智能技术与基础教育和谐共生的逻辑，在实现基础教育的智能化、数字化和学习化过程中保障受教育者在智慧教育中的受教育自由权和受教育公平权，从而顺应基础教育数字化改革的发展需求，真正实现基础教育的现代化；从我国基础教育领域的受教育者群体角度来分析，我国基础教育立法的中观目的要突出基础教育的价值培育功能，为实现基础教育阶段学生群体发展的智慧性与多样化目标而提供法律制度的服务。从我国基础教育受教育者个体角度来分析，基础教育立法的微观立法目的应该是为我国基础教育阶段学生的个体发展实现以信息化素养为重点的复合型素养而提供制度架构。其中，学生的复合型素养除了包含信息化素养以外还应包括学生的创造能力、创新意识、团队协作能力、自控能力、选择能力、学习能力和基于技术应用的技术伦理素养。

二、明确规定接受信息教育权，从而丰富受教育权的外延

如前所述，《教育法》中对于教育的具体内容应该从传统的"德智体美劳"拓展到"德智体美劳信"，受教育权指向的客体还包括信息教育与数字素养。因此，基础教育领域中受教育权的内容也扩展到接受信息教育权。除此之外，《义务教育法》还应当对接受信息教育权的外延做出明确界定，接受信息教育权应包括"数字机会权""数字素养培养条件权""受教育成功权"这三项子权利。

其中"数字机会权"是指凡达到法律规定年龄的基础教育的受教育者，都依法享有接受人工智能相关课程教育的同等机会，也享有在传统的其他课程中运用智能教育网络资源与智能教育实施设备的机会。为了保障"数字机会权"，《义务教育法》还应重点规定政府普及义务教育阶段人工智能教学资源的义务，包括普及电脑等硬件投入，加快互联网接口建设和教育专网建设，并优化信息资源地区分配与结构分配，维系义务教育阶段学生受教育权的公平保障，以消弭教育数字鸿沟中的物理鸿沟。

而"数字素养培养条件权"是指对于已有的人工智能教育条件，每个受教育者享有平等的利用权，而且当人工智能教育条件尚不具备或不充分时，每个受教育者都可以平等地向国家主张教育条件建设请求权。"数字素养培养条件权"还有一层含义是指有资格接受人工智能教育但无力负担教育费用的学生平等地享有从国家获得教育资助的权利，因此，《义务教育法》应补充规定："国家有义务为经济困难的学生提供共享式学习设备和公共教育网络。"

至于"受教育成功权"则是公民在接受人工智能教育结果阶段所享有的一项权利。《义务教育法》应该明确规定国家对运用人工智能教育资源平台或工具而完成线上学习的学业成绩或者线上考试成绩给予承认，对其背后指向的学生的思维能力、实践能力、生活能力以及信息技术和信息处理能力给予公正评价，完成规定的学业后获得相应的学业证书、学位证书。

就这三个子权利在我国义务教育中的突出程度而言，"数字机会权""数字素养培养条件权"这两个子权利在义务教育阶段体现得更为突出和迫切，而基于义务教育的形式基本上是学校教育形式，几乎所有义务教育的受教育者都在学校和教室这种现实的物理的空间环境接受教育，因而受教育成功权则体现得不是那么

明显，更侧重体现在义务教育的特殊场景和特殊个体。例如，在重大疫情来临时线下课堂教育不可能实现，或者学生个体因为身体特殊原因无法到校参加正常课堂学习或考试。

三、明确规定学生享有不受自动决策权

依据《个人信息保护法》第七十三条第二款的规定，所谓的自动化决策，是指通过计算机算法处理个人数据信息，以此分析个人的行为模式、偏好或者财务、健康状况等，并自动进行相应的评估和决策过程。算法驱动的自动化决策在实际操作中频繁出现失误，因此，全球法律均设立相应约束。我国《个人信息保护法》第二十四条明确规定了公民在拒绝自动化决策方面的权利。[1]《个人信息保护法》所确立的个人拒绝自动决策权至少包含三个方面的内容：首先，个人有权在没有个性化追踪的情况下，选择接收信息推送和商业广告。其次，当自动决策对个人权益产生显著影响时，个人可以要求相关信息处理者详细解释，并有权反对仅基于自动决策的结果。最后，信息处理者在使用个人信息进行自动决策时，必须确保过程的透明性，并保证结果的公正性，禁止在交易条件上对个人实施不公平的歧视性做法。[2]

在我国基础教育领域，教育自动化决策一般应用于考试阅卷评分和招生录取。其中，对于课程考试的客观题完全可以由机器自动评分，对于主观题，从目前的技术角度看通过机器来评分也可实现。此外，通过采用区块链的智能合约机制，有一定招生自主权的初高中学校能够筛选出具备特定条件的报名入学者。因而，《义务教育法》应赋予学生在考试中不受自动决策权和在小升初或初升高的招生录取中不受自动决策权。未经学生同意，不得使用人工智能阅卷，学校尤其是私立学校也不得在招生过程中通过人工智能技术筛选特定的报名者。即便学生同意自动决策，相关部门应审核自动决策的合法性与合理性，并确保学生的陈述权和申辩权能在教育实践中实际行使。

---

[1]　参见《中华人民共和国个人信息保护法》第二十四条、第七十三条。
[2]　参见王春霞：《个人信息保护法为个人信息上把"安全锁"》，载《中国妇女报》2021 年 9 月 10 日，第 05 版。

四、强化对学生和教师人格权利的保障

为了防范基础教育领域师生的法律主体地位遭受到人工智能教育应用的消解,《义务教育法》应当强调师生在使用人工智能系统学习时应该享有的权利,如隐私权、个人信息权、数据安全权等。企业、学校、教育培训机构及其工作人员不得非法收集、使用、加工、传输、买卖、提供或者公开学生个人教育数据信息包括但不限于在教育教学资源平台、数据库、App 类手机应用程序和微信小程序中的使用痕迹信息,不得侵犯其隐私权。人工智能系统的开发和使用,还必须符合国家网络安全和信息化发展的要求。同时,学校或其他教育机构在实施教学和管理活动时,不应让虚拟教育者全权取代真实教育者;同样,在对教育和教学的效果进行评价时,也不应将智能教学设备和教学资源的配置视为取代教育者的标准。① 教师应当按照国家规定享受相应的待遇和福利,在应用人工智能技术进行教学时,不得因此而免除教师的职责或降低教师的地位与待遇,保障教师的教学自主权和知识产权。除此之外,《义务教育法》还要对上述损害教师主体性地位的行为明确规定具体的教育行政法律责任,而对损害学生主体性地位的行为可以适用人工智能立法中的相关法律责任条款。

综上所述,完善我国基础教育立法需要在多个方面进行考虑和规定,以确保人工智能在基础教育中的合理应用和发展。需要注意的是,人工智能在基础教育中的应用仍处于不断发展和完善的过程中,相应的立法改革也需要不断跟进和调整。同时,需要平衡人工智能的便利性和安全性,以确保其在教育中的可持续发展。

第四节　我国基础教育法律因应中的其他教育
单行法规范梳理

基础教育的概念是从教育阶段来划分的,从广义上看,基础教育是指学生在

---

① 参见管华:《智能时代的教育立法前瞻》,载《陕西师范大学学报》(哲学社会科学版)2022 年第 4 期,第 112 页。

进入高等教育之前所接受的所有教育，涵盖了幼儿园、小学、初中、普通高中阶段的教育。从基础教育的供给主体来看，主要供给主体是国家，其次的供给主体是家庭和社会。因此，与人工智能在基础教育领域中的应用相关的法律除了《教育法》与《义务教育法》之外，还应包括《中华人民共和国学前教育法》(目前处于草案阶段)、《民办教育促进法》《家庭教育促进法》《教师法》以及与特殊教育和教育考试有关的法律。但从我国的基础教育立法实际来看，我国尚未制定专门的《特殊教育法》和《中华人民共和国考试法》这两个单行法，仅有教育部制定的《国家教育考试违规处理办法》这一部门规章与考试制度直接相关，因此，这里仅就《教师法》《家庭教育促进法》《民办教育促进法》《学前教育法(草案)》这四部法律分别进行规范梳理。

一、《教师法》对人工智能教育应用的应有回应

《教师法》一方面要在人工智能时代背景下要保障教师的主体地位和教学自主权，另一方面还要为提升教师队伍的数字素养与技能提供支持和保障，并设立激励机制调动广大教师充分利用教育人工智能的积极性从而达到赋能教学的目的。

(一) 立法要保障人工智能时代教师的教学权

人工智能技术只能赋能教师教学，而不可能代替教师行使教学权，因此，为了强化教师的教育主体地位，保障教师的教学权能充分行使，《教师法》首先应构建起教师智能教学权主体性的法律保障体系，加强对教师行使智能教学权的条件与能力的保障力度，其中不仅包括了对教师的智能设备保障、有关智能教学的教研项目及其经费的保障，而且要加大举办人工智能教学学术交流和研讨会的力度和频次，大力推广先进的可复制的人工智能教学经验。

其次，《教师法》应该确立保障教师的自主决策权原则，要寻求机器决策和人类决策之间的平衡，促进人工智能可控可信。教育人工智能应尊重教师在教育活动中的主导地位，即教师有权自主决定利用人工智能教育产品进行教学的方式。人工智能在基础教育活动的运用要贯彻必要性和有效性原则，智慧教育并非意味着在教育领域的一切场域和环节都必须借助和利用人工智能技术，如果一刀

切或不顾实际情况全面铺开会产生副作用，导致本该起到赋能作用的人工智能变相成为了师生的负累。在人工智能在基础教育中的运用程度和广度上，要给予教师一定的灵活性和自主选择性，充分尊重教师教学的个体实际。

最后，《教师法》要强化教师的情感育人和价值观育人的职责。在教育问题上，人工智能可以在技术层面为教育活动提供极致的个性化服务，但在价值观培育和情感培育层面，人工智能的能力显然无法企及人类教师，教师应坚持理性自觉，[①] 在人工智能时代坚守人文精神，坚持情感投入，推动思想与灵魂的碰撞，激发人们鲜活的生命力，因过度依赖人工智能而导致的人类主体性自我消解的深层风险才能得到真正的消除。因此，我们要保障师生面对面实体情感交流的主导地位，科学合理分配在不同的教育场景中线上线下互动的具体方式，并强调社会实践在教学环节中的重要性和不可或缺性。但是，教师的具体职业操守具有显著的动态性、灵活性、时代性特质，故《教师法》不宜也无法展开具体规定，应当由教育部出台规范性法律文件予以具体厘定，此类规范可根据问题变化而随时作出修改，具备正式立法所欠缺的高度灵活性。[②]

(二)立法要明确规定教师应履行接受信息教育培训的义务

尽管人工智能不会使学校和教师彻底消亡，但教师的职责、素质和技能势必将经历深刻的转变。当代教师需要在人工智能环境下具备课程规划能力、教与学的设计能力、执行能力以及评估能力。因此，《教师法》要对教师在上岗前和在职期间进行人工智能素养和伦理规范的培训做出一般性规定，明确培训主体及其具体职责，从而提升教师的内在意识能力，更好地激发其主观能动性和创新性，从而才能从容迎接智能教育时代带来的主体地位挑战。

二、完善《家庭教育促进法》

家庭教育在基础教育中占据着不可替代的地位，它对于孩子的成长和发展都

---

① 参见张学博：《人工智能时代的教师行动：立场、特质及品格》，载《教育理论与实践》2024 年第 7 期，第 59~64 页。

② 参见刘旭东：《变革与回应：人工智能教育立法的四维路径》，载《比较教育学报》2024 年第 4 期，第 46 页。

起着至关重要的作用，而人工智能在家庭教育中也被越来越广泛普及与应用，在一定程度上起到辅助教育的作用。在家庭教育中，父母可以引导孩子了解和使用人工智能技术，让他们更好地适应这种技术的发展，不仅如此，通过与父母的交流和指导，孩子可以更好地掌握人工智能技术，了解如何利用这种技术来提高自己的学习效率和学习成绩。此外，家庭教育同样能助力青少年更深入地把握人工智能科技的本质及其应用。因此，《家庭教育促进法》对于促进基础教育领域中人工智能教育的发展起到重要支撑作用，作为教育单行法，虽然《家庭教育促进法》已经规定了家长或监护人具有"预防未成年人沉迷网络"义务，但应进一步规定家长或监护人使用人工智能的基本要求，强化监护人对人工智能教育产品而非仅仅针对网络的监管职责。由于人工智能教育产品种类繁多，表现类型不仅限于智能手机、平板电脑、台式电脑，还有学习机、教育智能机器人、智能手表、VR设备等，家长或监护人要引导未成年人合理安排使用这些产品的用途和时间，对家长限制未成年人使用人工智能产品的时间做出倡导性规定，防止未成年人对人工智能教育产品的沉溺或过于依赖，并保障产品在使用过程中的安全性。

当前，我国基础教育特别是幼儿教育和中小学教育呈现出教育供给主体多元化的形态，不仅包括公立教育，还有民办教育，而人工智能不仅在公办教育进行了广泛的应用，也同样在民办教育中得以普及。人工智能技术在民办教育中的应用可以为民办教育的创新和发展提供新的思路和手段，推动民办教育的转型升级。例如，可以通过智能教学、智能评估等方式，提高民办教育质量和效益，同时也可以降低教育成本，让更多人享受到优质的教育资源。作为调整我国民办教育的专门法律，《民办教育促进法》的完善和实施，也可以为我国民办基础教育的发展提供更好的法律保障和政策支持。基于《民办教育促进法》对基础教育的智能化变革与发展有重要促进作用，《民办教育促进法》应当增加规定："民办教育在各教育阶段要实现人工智能教育资源的普及化。"从而从社会层面来弥补人工智能教育资源的国家供给不足的局面。

此外，由于《学前教育法》尚未正式出台，《学前教育法草案》的相关内容仍然有机会进行调整变动，其中就需要包含建构针对幼儿管理的信息共享平台的内容，以智能化方式实现家校共育。①

第五节　我国基础教育法律因应中的其他法律规范梳理

我国基础教育法制体系不仅包括了教育法律，还包括教育行政法规、教育政府规章与地方性教育立法。它们的功能不仅体现在对上位法的基本制度进行地方化、行业化的细化和落实，还体现在在法律许可的范围内开展教育改革和制度创新的尝试，从而为未来教育法典编纂进行探索和实验。② 因此，面对人工智能时代对我国基础教育带来的影响，系统性的基础教育立法变革不能仅仅针对法律这一效力层级立法来予以改革完善，而是应该从我国整个教育法律规范制度体系入手，全面综合地梳理各个效力层级的法律规范加以研判。

一、行政法规的梳理：完善《教育督导条例》

人工智能应用于教育的理论研究历史较长，而教育实践时间相对较短，人工智能教育实践缺乏规模性实证论证结论，缺乏大量的案例和经验累积，人工智能技术对教育机会、教育内容、教学效果以及教学治理的实际效益存在不确定性，需要进一步监测、评估和研究判断。因此，我国需要尽快建立针对智能化基础教育的评估和质量控制机制。其中包括对人工智能教育软件和系统的评估和审核，以及对教师和学生使用人工智能的监督和管理。落实到我国的教育行政法规层面，现有的《教育督导条例》第三章"督导的实施"部分需要作出相应的完善。

（一）完善现有的学生评价和考核机制

首先，完善学生评价和考核的标准和方式。在人工智能时代，学生的评价和

---

① 参见刘旭东：《变革与回应：人工智能教育立法的四维路径》，载《比较教育学报》2024 年第 4 期，第 43 页。

② 参见李红勃、孙君：《教育法典编纂的观点梳理与立法路径》，载微信公众号"法治政府研究院"：https：//mp. weixin. qq. com/s？_biz = MzIxNzE0MzM0Nw = = &mid = 2650593941&idx = 2&sn = 954d559dff5ab24925249a71aee153cf&chksm = 8ff63bc9b881b2dff7de5c56a80f5190011166f44f5a7a077aa24abcdb3e77876341efb662ff&scene = 27，最后访问日期：2024 年 3 月 25 日。

考核应注重实际应用能力和创新思维的培养，而非单一的知识记忆和应试能力。因此，应当制定符合人工智能教育特点的评价和考核标准，将学生的技术应用能力、创新思维、团队合作等方面的表现纳入评价范围，同时采用多元化的考核方式，如项目制、竞赛制等，以更好地反映学生的综合素质。

其次，利用人工智能技术改进对学生的评价和考核流程。例如通过智能题库、智能阅卷系统等，实现对学生作业、考试等数据的自动分析和评价，提高评价和考核的效率和准确性。同时，也可以利用人工智能技术对学生学习行为和习惯进行分析，为个性化教学提供参考。

再次，建立学生评价和考核的反馈机制。在人工智能教育的背景下，学生的评价和考核结果不仅仅是一个分数或者等级，更是一种反馈机制，可以为学生提供更加详细、具体的学习建议和指导，同时也可以为教师提供更加客观、准确的教学反馈，帮助教师更好地调整教学内容和方法。

最后，强化对评价和考核的监管和管理。由于人工智能技术的应用可能会带来一些新的风险和问题，例如数据泄露、作弊等，因此应当加强对评价和考核的监管和管理，确保评价和考核的过程和结果合法、公正、准确。

(二)完善教师的课堂教学设计体系和教学业绩评价考核机制

首先，教师应利用人工智能技术，采用线上线下相结合的教学模式，实现翻转课堂、个性化教学等创新教学方式，提高教学效果和学生的学习体验。此外，课堂教学设计应充分考虑学生的主体地位，鼓励学生积极参与课堂活动，促进师生、生生之间的交流与合作。课堂教学设计应注重培养学生的创新思维和创新能力，引导学生主动探究问题、解决问题，提高学生的综合素质。其次，教师的教学业绩评价考核应采用多元化的评价方式，包括考试、作品评定、小组讨论、个人报告等多种形式。评价考核机制应引入学生的评价与反馈机制，以促进教师不断提高教学水平。

(三)优化教育评估制度

《教育督导条例》应明确要求对人工智能在教育中的应用进行定期评估和监督，以确保其符合教育目标和学生的发展需求。首先，针对人工智能在教育中的应用效果，要设计合理的评估指标，以便全面评估人工智能在教育中的作用和影响。然后，通过采集学生的学习数据、教师的工作数据以及教育资源的使用数据等，利用人工智能的数据分析能力，进行深入挖掘和分析，了解人工智能在教育中的实际应用效果。再通过对比实验的方式，将人工智能应用于一组学生和教师，并设置对照组，比较两组在教育评估和督导方面的差异，以客观地评估人工智能在教育中的应用效果。此外，还可以通过收集学生、教师和教育管理者的反馈意见，了解人工智能在教育中的应用体验、实际效果以及存在的问题和改进方向。总之，通过对人工智能在教育中的应用进行长期跟踪评估，对人工智能在基础教育中的整体应用效果作出评价。

二、教育部部门规章的梳理

教育部作为国家教育主管部门，应对教育法律进一步贯彻落实，并通过制定部门规章来细化法律的规定，或者对制定法律的条件尚不成熟时要敢于探索，在上位法的指导下制定教育部门规章，从而弥补立法的缺失。在线考试和电子证书是考试形式的一种发展趋势，需要立法予以规范，确保其真实性和合法性，保障考生的权益和利益。在目前我国制定《教育考试法》这一单行法尚不具备成熟条件的情况下，应尽快制定《中华人民共和国教育考试条例》，通过实践检验，再将部门规章上升至专门性的法律。该条例应规定考生参加在线考试需要使用合法授权的电子设备，同时，考生需要遵守考试纪律，不得作弊或协助他人作弊。该条例还应规定电子证书应包含的信息内容，且需要由权威机构颁发，确保其真实性和合法性。条例还需对在线考试和电子证书的法律效力、安全性、保密性以及电子证照的信息共享机制等问题做出明确规定，并提供申诉和维权机制。

第六节　我国基础教育法律因应中的软法治理

如前所述，基础教育领域的立法不仅包括国家立法层面的硬法，还包括党内法规、教育行业的社会组织制定的自治性规范在内的软法，由于这些软法具有一定的局限性，则如何通过相应机制来打破这种局限性，从而提高软法对社会治理的水平，实现软法与硬法协同治理的现代化基础教育法治化新秩序，已经成为基础教育领域研究的重要命题。在软法与硬法协同治理方面，可以借鉴国际上的一些成功经验。例如，欧盟在人工智能教育治理中通过《欧盟人工智能法案》、《通用数据保护条例》(GDPR)和《人工智能伦理指南》相结合，既保证了法律的强制性，又注重伦理和行业规范，形成了良好的治理效果。具体而言，要充分发挥软法在规范人工智能教育方面的作用，需要从以下几个方面着手：

第一，制定综合性政策，构建多元化的治理模式。政府和教育机构应共同制定综合性的政策，结合软法和硬法的优势，构建系统化的人工智能教育治理框架。通过建立多元化的治理模式，实现政府、学校、家庭和社会各方的协同治理。例如，可以通过建立家长委员会、社区教育指导机构等形式，促进各方的沟通和合作，共同推动人工智能教育政策的落实。再比如，应鼓励和引导社会力量参与人工智能教育治理，如非政府组织、教育基金会等，通过多种形式的支持和合作，补充和强化政府的人工智能教育治理能力；鼓励公众、学生和从业人员积极参与人工智能教育的治理，提供多样化的意见和建议，增强政策的科学性和适用性。

第二，完善法律框架，加强软法的协商性立法。首先，制定和完善相关法律法规，使软法具有一定的法律依据。例如，可以通过立法将一些有效的教育指引和政策上升为法律法规，使其具备更强的约束力和执行力。其次，国家应出台针对民间软法的指导大纲，要求民间的软法立法走协商、征询和论证程序，以便让多元相关方，特别是其中的弱势地位者享有参与权和话语权，从而推进软法之治和数字社会治理法治化。

第三，建立有效的监督和矫正机制。建立健全的监督机制，确保软法和硬法的实施能够得到有效监督。例如，可以设立专门的教育督导机构，对各地人工智能教育政策的执行情况进行定期检查和评估。而当民间软法具有不当价值偏好、侵蚀弱势者权益、损害公共秩序而触及国家硬法的底线时，就需要进行国家的依法干预、限制和矫正。比如，国家互联网主管部门先后发布的《互联网用户账号名称管理规定》和《互联网新闻信息服务单位约谈工作规定》，就是在通过国家强制性的规则要求，提醒和倒逼相关互联网主体更好地自律，提升其软法的正当性和合法性。

第四，推进民间软法的司法化衔接。在人工智能教育领域，软法若要转化为更有效的社会秩序，离不开司法化衔接机制的保障。教育数字企业在处理纠纷时不具有终局性，而大量的电子商务和支付纠纷进入诉讼程序也不现实，故有必要整合各方资源，建立有效衔接微信"自治"、支付宝"自治"、第三方网上纠纷解决和法院诉讼的多元网络纠纷解决机制。司法系统应积极探索关于人工智能教育法律纠纷的网络在线审判法庭、网上支付法庭、运用电子督促程序解决纠纷，推动和创新互联网纠纷化解机制。[①]

　　总之，实现基础教育软法与硬法的协同治理，需要综合运用法律、政策、标准、伦理等多方面手段，构建系统化、动态化、前瞻性的治理体系。教育机构、行业协会、政府部门应加强合作与沟通，推动软法与硬法的有机结合，形成相互补充的治理体系。这不仅有助于克服当前的基础教育局限，也能为未来的人工智能发展奠定坚实的基础。

---

① 　马长山著：《迈向数字社会的法律》，法律出版社 2021 年版，第 222～226 页。

结　语

人工智能教育在当今人工智能时代背景下已经是不容回避的世界教育发展趋势，其覆盖面远远不止于基础教育领域，还包括高等教育等范畴，而本书作者仅从基础教育的视域探讨了我国基础教育与人工智能的相互关系、基础教育法对教育智能化改革和创新所起到的作用以及人工智能给我国基础教育法中法律主体和相应权利带来的主要法律风险。在对权利的论述过程中，进行了教育法理论研究方法和民法理论研究方法的交叉运用，以受教育权这个基本权利为主线辐射到受教育者的其他相关权利，如受教育者人格权和复合型权利。在我国教育法法典尚未编纂完成的历史背景下，作者提出了法律因应的基本逻辑进路，并在系统梳理不同立法效力层级的我国基础教育法律、行政法规和部门规章的基础上，提出了具体的完善观点。

对于人工智能在基础教育领域应用产生的民事侵权法律救济问题，由于不属于教育法的调整范畴，本书正文并没有涉及。对于人工智能侵权的救济更多的重心应放在事先防范上，而不是事后救济，而且事前的防范更能有效地阻断侵权行为发生的可能性，节约了社会纠纷解决资源。首先，通过鼓励人工智能技术的不断创新和完善，可以采用更可靠安全的技术手段预防侵权的发生。其次，通过本书阐述的教育法律规范制度体系的完善，使相关行政部门对教育人工智能治理的监管职责更明细化，可以预防监管真空和监管漏洞，积极督促人工智能的相关义务主体履行对人工智能产品的事前审核义务并及时清除侵权内容，从而降低承担人工智能侵权责任的法律风险。从民事侵权的事后救济来看，由于我国的《民法典》已于 2020 年颁布，为了保持其内容的高度凝练性、概括性和稳定性，不宜再在《民法典》中对人工智能引发的侵权责任问题加以修订，而适宜通过立法解释或司法解释来规制人工智能应用于我国基础领域带来的具体法律问题，包括侵权

责任主体的认定、归责原则、如何认定主观上的"明知"或"应知"以及因果关系
的认定等问题。

综上所述，我国需要以教育法制体系的立法完善为核心，配合我国民事法律
的相应完善，才能使我国基础教育中的人工智能教育以及人工智能教育应用走向
真正的法治化轨道。着力提升数字教育效能教学与管理，着力培育学生的创新素
养，促进更加公平、均衡和优质的教育发展，最终实现《中国教育现代化 2035》
中设想的我国基础教育高质量发展的现代化目标。

参 考 文 献

一、中文著作

1. ［德］卡尔·拉伦茨：《法学方法论》，黄家镇译，商务印书馆 2020 年版。

2. ［德］黑格尔：《法哲学原理》，范扬、张企泰译，商务印书馆 1995 年版。

3. 周佑勇、王禄生等著：《智能时代的法律变革》，法律出版社 2020 年版。

4. 阮孝全著：《新时代教育法律纠纷及其应对机制研究》，中国社会科学出版社 2022 年版。

5. ［美］内尔达·H·坎布朗-麦凯布、马莎·M. 麦卡锡、斯蒂芬·B. 托马斯：《教育法学——教师与学生的权利》（第五版），江雪梅、茅锐、王晓玲译，中国人民大学出版社 2010 年版。

6. ［澳］道格拉斯·霍奇森：《受教育人权》，申素平译，教育科学出版社 2012 年版。

7. 马长山著：《迈向数字社会的法律》，法律出版社 2021 年版。

8. ［美］瑞恩·卡洛、迈克尔·弗鲁姆金：《人工智能与法律的对话》，陈吉栋等译，上海人民出版社 2018 年版。

9. ［美］约翰·弗兰克·韦弗：《机器人是人吗？》，刘海安译，上海人民出版社 2018 年版。

10. 马长山主编，陈林林、郭春镇副主编：《数字法治概论》，法律出版社 2022 年版。

11. ［美］凯文·D. 阿什利：《人工智能与法律解析》，邱昭继译，商务印书馆 2020 年版。

12. 任海涛等著：《教育法学导论》，法律出版社 2022 年版。

13. 余雅风、姜国平、罗爽等著:《教育法学研究》,福建教育出版社 2021 年版。

14. 孙霄兵、马雷军著:《教育法理学》,教育科学出版社 2017 年版。

15. 杨颖秀著:《教育法学》,中国人民大学出版社 2014 年版。

16. 汤彪著:《数字化教育:基于大数据和智能化场景应用下的教育转型与实战》,中国工商联合出版社 2021 年版。

17. 王作冰著:《人工智能时代的教育革命》,北京联合出版公司 2017 年版。

18. 刁生富著:《重塑·人工智能与教育的未来》,北京邮电大学出版社 2020 年版。

二、中文论文

1. 王利明:《人工智能时代对民法学的新挑战》,载《东方法学》2018 年第 3 期。

2. 朱力宇、胡晓凡:《联合国教科文组织〈人工智能伦理问题建议书〉的借鉴启示及其中国贡献——以人权保障为视角》,载《人权研究》2022 年第 4 期。

3. 邵长茂:《人工智能立法的基本思路》,载《数字法治》2023 年第 5 期。

4. 金玲:《全球首部人工智能立法:创新和规范之间的艰难平衡》,载《人民论坛》2022 年第 4 期。

5. 刘晓春、夏杰:《美国人工智能立法态势介评》,载《中国对外贸易》2023 年第 10 期。

6. 司伟攀:《欧盟和美国人工智能立法实践分析与镜鉴》,载《全球科技经济瞭望》2023 年第 7 期。

7. 陈峰、李敏:《为数字化转型立法,推动人工智能产业创新规范发展 简评〈上海市促进人工智能产业发展条例〉》,载《上海企业》2022 年第 11 期。

8. 张丽梅、刘耀华:《欧盟人工智能立法对我国的借鉴意义》,载《中国电信业》2023 年第 7 期。

9. 陈亮、张翔:《人工智能立法背景下人工智能的法律定义》,载《云南社会科学》2023 年第 5 期。

10. 吴遵民、法洪萍:《终身教育背景下基础教育的改革现状与发展路径》,

载《人民教育》2021年第12期。

11. 侯怀银：《从终身教育视野审视基础教育的地位和作用》，载《教育科学研究》2023年第7期。

12. 孙俊三、孙松竹：《家庭教育是基础教育，也是终身教育》，载《湖南师范大学教育科学学报》2016年第5期。

13. 嵩天、吴英策、刘媛：《智慧教育赋能多样化综合学习体系——2022世界慕课与在线教育大会分论坛三综述》，载《中国教育信息化》2023年第1期。

14. 互联网教育国家工程实验室：《2020全球智慧教育大会：聚焦人工智能与未来教育》，载《现代教育技术》2020年第9期。

15. 互联网教育国家工程实验室：《推动科技与教育系统性融合，构建智慧教育新生态——2022全球智慧教育大会在京开幕》，载《现代教育技术》2022年第9期。

16. 本刊编辑部：《数字化转型背景下的智慧教育发展评价——世界数字教育大会智慧教育发展评价平行论坛综述》，载《中国教育信息化》2023年第4期。

17. 本刊编辑部：《数字化赋能基础教育高质量发展——世界数字教育大会基础教育平行论坛综述》，载《中国教育信息化》2023年第5期。

18. "2023全球智慧教育大会"会务组：《2023全球智慧教育大会在京开幕》，载《现代教育技术》2023年第9期。

19. 张金帅、卢锋、申灵灵：《人工智能与教育深度融合的推进与监管——〈人工智能与教育政策制定者指南〉解读》，载《软件导刊》2023年第5期。

20. 曾海军、张钰、苗苗：《确保人工智能服务共同利益，促进教育系统变革——〈人工智能与教育：政策制定者指南〉解读》，载《中国电化教育》2022年第8期。

21. 刘欣悦、王建梁：《人工智能服务教育可持续发展目标——〈人工智能与教育：政策制定者指南〉解读》，载《世界教育信息》2023年第1期。

22. 苗逢春：《教育人工智能伦理的解析与治理——〈人工智能伦理问题建议书〉的教育解读》，载《中国电化教育》2022年第6期。

23. 管华：《智能时代的教育立法前瞻》，载《陕西师范大学学报》（哲学社会科学版）2022年第4期。

24. 任海涛、吴俊杰：《教育法典对学生参与权的体系化保护》，载《教育发展研究》2023 年第 6 期。

25. 徐振铭：《论我国教育法典的分则体例》，载《衡阳师范学院学报》(社会科学) 2022 年第 8 期。

26. 叶强：《美国教育法典的构成特点与启示》，载《湖南师范大学教育科学学报》2022 年第 1 期。

27. 童云峰、欧阳本祺：《我国教育法法典化之提倡》，载《国家教育行政学院学报》2021 年第 3 期。

28. 任海涛：《教育法典总则编的体系构造》，载《东方法学》2021 年第 6 期。

29. 任海涛：《教育法典分则：理念、体系、内容》，载《华东师范大学学报》(教育科学版) 2022 年第 5 期。

30. 王大泉：《教育法典编纂的现实意义与实现路径》，载《华东师范大学学报》(教育科学版) 2022 年第 5 期。

31. 晋涛：《论教育法典的生成路径》，载《华东师范大学学报》(教育科学版) 2022 年第 5 期。

32. 鲁幽、马雷军：《我国教育法法典化的路径、体例和内容——2021 年中国教育科学论坛教育法法典化分论坛综述》，载《湖南师范大学教育科学学报》2021 年第 6 期。

33. 马雷军：《论中国教育法典的编纂定位》，载《甘肃社会科学》2023 年第 4 期。

34. 王琦：《我国教育法法典化的证成与构想》，载《高教探索》2022 年第 1 期。

35. 赵磊磊、蒋馨培、赵可云：《困境与路径：人工智能时代学校教育竞争力发展研究》，载《杭州师范大学学报》(社会科学版) 2022 年第 5 期。

36. 凌鹊、刘景华：《欧盟"人工智能战略"中的教育使命与策略——基于欧盟 2018-2021 年系列报告解析》，载《比较教育学报》2022 年第 5 期。

37. 姚松、侯丁瑶：《人工智能时代学校管理的革新与再塑》，载《宁波大学学报》(教育科学版) 2023 年第 4 期。

38. 刘金松：《人工智能时代学生主体性的相关问题探讨》，载《现代教育技术》2021 年第 1 期。

39. 袁利平、陈川南：《美国教育人工智能战略新走向——基于〈2019 年国家人工智能研发战略计划〉的解读》，载《外国教育研究》2020 年第 3 期。

40. 李泽林、伊娟：《人工智能时代的学校教学生态重构》，载《课程、教材、教法》2019 年第 8 期。

41. 王艳霞：《人工智能时代学校管理变化研究》，载《信息与电脑》2019 年第 19 期。

42. 杨晓莹、黄郑亮：《人工智能背景下学校教育现代化的可能与路径》，载《福建教育学院学报》2020 年第 7 期。

43. 李洪修：《人工智能背景下学校教育现代化的可能与实现》，载《社会科学战线》2020 年第 1 期。

44. 冯大鸣、刘胜男：《指向人工智能与教育深度融合的学校领导变革》，载《中国教育学刊》2020 年第 10 期。

45. 杨小微：《人工智能助推学校现代化的意义与可能路径》，载《华中师范大学学报》(人文社会科学版)2021 年第 2 期。

46. 袁磊、廖志红、刘朋：《人工智能融入学校教育的发展趋势探索》，载《数字通信世界》2021 年第 12 期。

47. 刘建、李帛芊：《人工智能助力学校治理现代化：价值、内容与策略》，载《中国教育学刊》2021 年第 4 期。

48. 王禧婷：《人工智能时代的学校教学时间：形态重构、价值澄清与教学应对》，载《教育学报》2022 年第 4 期。

49. 焦建利：《ChatGPT 助推学校教育数字化转型——人工智能时代学什么与怎么教》，载《中国远程教育》2023 年第 4 期。

50. 管杰：《人工智能技术赋能学校发展的实践》，载《中国现代教育装备》2023 年第 5 期。

51. 苗逢春：《从"国际人工智能与教育会议"审视面向数字人文主义的人工智能与教育》，载《现代教育技术》2022 年第 2 期。

52. 王利明：《论数据权益：以"权利束"为视角》，载《政治与法律》2022 年第 7 期。

53. 李勇坚：《个人数据权利体系的理论建构》，载《中国社会科学院研究生院学报》2019 年第 5 期。

54. 林宇航、刘艳、黄道主：《教育大数据的使用与学生隐私保护的冲突及其应对》，载《网络安全技术与应用》2023 年第 10 期。

55. 高爽：《教育大数据赋能义务教育公平发展——胡森教育机会公平论的视角》，载《通信与信息技术》2023 年第 3 期。

56. 王利明：《数据的民法保护》，载《数字法治》2023 年第 1 期。

57. 王齐齐、曹利民：《论隐私、个人信息和数据的三重民法保护》，载《政法学刊》2021 年第 5 期。

58. 郑飞、李思言：《大数据时代的权利演进与竞合：从隐私权、个人信息权到个人数据权》，载《上海政法学院学报》2021 年第 5 期。

59. 周斯佳：《个人数据权与个人信息权关系的厘清》，载《华东政法大学学报》2020 年第 2 期。

60. 冯源：《〈民法总则〉中新兴权利客体"个人信息"与"数据"的区分》，载《华中科技大学学报》(社会科学版)2018 年第 3 期。

61. 张涛：《个人信息保护中独立监管机构的组织法构造》，载《河北法学》2022 年第 7 期。

62. 王春辉：《GDPR 个人数据权与〈网络安全法〉个人信息权之比较》，载《中国信息安全》2018 年第 7 期。

63. 王者鹏、王肃之：《论未成年学生个人信息制度保护的层次化》，载《教育科学研究》2020 年 10 月。

64. 侯浩翔：《人工智能时代学生数据隐私保护的动因与策略》，载《现代教育技术》2019 年第 6 期。

65. 钟佳悦、郝淑华：《学生隐私权与学校教育管理之间的碰撞及解决》，载《辽宁教育行政学院学报》2021 年第 6 期。

66. 龚权：《智慧教育发展应重视学生隐私权保护》，载《中国电信业》2023 年 2 月。

67. 高利红：《百年中国教育立法的演进——以教育主权和受教育权的双重变奏为主线》，载《新文科教育研究》2022 年第 1 期。

68. 龚向和：《论新时代公平优质受教育权》，载《教育研究》2021 年第 8 期。

69. 彭宇文：《教育法地位再探——兼论教育法学学科建设》，载《教育研究》2020 年第 4 期。

70. 王利明：《人工智能时代对民法学的新挑战》，载《东方法学》2018 年第 3 期。

71. 蔡慧英、董海霞、陈旭、顾小清：《如何建设未来学校：基于智能教育治理场景的前瞻与审思》，载《华东师范大学学报》(教育科学版)2022 年第 9 期。

72. 赵磊磊、张黎、代蕊华：《教育人工智能伦理：基本向度与风险消解》，载《现代远距离教育》2021 年第 5 期。

73. 姜李丹、薛澜：《我国新一代人工智能治理的时代挑战与范式变革》，载《公共管理学报》2022 年第 2 期。

74. 叶雯、刘岳：《中国式现代化视域下智慧赋能教育治理的路径研究》，载《北京农业职业学院学报》2023 年第 1 期。

75. 顾小清、李世瑾：《人工智能促进未来教育发展：本质内涵与应然路向》，载《华东师范大学学报》(教育科学版)2022 年第 9 期。

76. 王毅、吴玉霞：《国内外"人工智能+教育"研究热点、异同比较及发展启示》，载《教育文化论坛》2023 年第 1 期。

77. 孟文婷、廖天鸿、王之圣、施宇熹、翟雪松、李媛：《人工智能促进教育数字化转型的国际经验及启示——2022 年国际人工智能教育大会述评》，载《远程教育杂志》2023 年第 1 期。

78. 侯浩翔、钟婉娟：《人工智能视阈下教育治理的技术功用与困境突破》，载《电化教育研究》2019 年第 4 期。

79. 赵磊磊、姜蓓佳、李凯：《教育人工智能伦理的困境及治理路径》，载《当代教育科学》2020 年第 5 期。

80. 邓文勇、黄尧：《人工智能教育与数字经济的协同联动逻辑及推进路径》，载《中国远程教育》2020 年第 5 期。

81. 田贤鹏：《隐私保护与开放共享：人工智能时代的教育数据治理变革》，载《电化教育研究》2020 年第 5 期。

82. 段世飞、娜迪拉·阿不拉江：《联合国教科文组织参与全球教育治理的战略分析与策略选择》，载《现代教育管理》2020年第11期。

83. 陈磊、刘夏、高雪春：《人工智能视域下教育治理的现实挑战与路径选择》，载《中国教育科学》2020年第6期。

84. 卢迪、段世飞、胡科、李福华、陈熠舟：《人工智能教育的全球治理：框架、挑战与变革》，载《远程教育杂志》2020年第6期。

85. 尹铁燕、代金平：《人工智能伦理的哲学意蕴、现实问题与治理进路》，载《昆明理工大学学报》(社会科学版)2021年第6期。

86. 张臻：《智能时代的教育数据治理变革：挑战与路径》，载《中国教育信息化》2022年第1期。

87. 李世瑾、王成龙、顾小清：《人工智能教育治理：逻辑机理与实践进路》，载《华东师范大学学报》(教育科学版)2022年第9期。

88. 冯雨奂：《ChatGPT在教育领域的应用价值、潜在伦理风险与治理路径》，载《思想理论教育》2023年第4期。

89. 周洪宇、李宇阳：《ChatGPT对教育生态的冲击及应对策略》，载《新疆师范大学学报》(哲学社会科学版)2023年第4期。

90. 倪琴、刘志、郝煜佳、贺樑：《智能教育场景下的算法歧视：潜在风险、成因剖析与治理策略》，载《中国电化教育》2022年第12期。

91. 赵磊磊、吴小凡：《"智能+教育"场域下数据治理的挑战与应然取向》，载《河北师范大学学报》(教育科学版)2022年第6期。

92. 张雅丽、周雄俊、田再来、李明蔚：《人工智能教育应用风险与治理》，载《中国现代教育装备》2023年第4期。

93. 周洪宇、李宇阳：《生成式人工智能技术ChatGPT与教育治理现代化——兼论数字化时代的教育治理转型》，载《华东师范大学学报》(教育科学版)2023年第7期。

94. 马红正：《人工智能视域下在线教育治理机制与路径研究》，载《继续教育研究》2023年第7期。

95. 尹锋林、李玲娟：《算法私人治理的三个维度：主体、内容与方式》，载《理论月刊》2021年第3期。

96. 白钧溢、于伟：《超越"共识"：教育人工智能伦理原则构建的发展方向》，载《中国电化教育》2023年第6期。

97. 王佑镁、王旦、柳晨晨：《从科技向善到人的向善：教育人工智能伦理规范核心原则》，载《开放教育研究》2022年第5期。

98. 钱小龙、张奕潇、宋子昀、李强：《教育人工智能系统的伦理原则与困境突破》，载《江南大学学报》（人文社会科学版）2021年第6期。

99. 邓国民、李梅：《教育人工智能伦理问题与伦理原则探讨》，载《电化教育研究》2020年第6期。

100. 杜静、黄荣怀、李政璇、周伟、田阳：《智能教育时代下人工智能伦理的内涵与建构原则》，载《电化教育研究》2019年第7期。

101. 关成华、陈超凡、安欣：《智能时代的教育创新趋势与未来教育启示》，载《中国电化教育》2021年第7期。

102. 秦惠民、覃云云：《学习贯彻新修订教育法 努力开创教育事业新局面——〈教育法〉修订学习研讨会观点综述》，载《中国人民大学教育学刊》2021年第3期。

103. 谭家超：《受教育权的功能体系与法典化进路》，载《新文科教育研究》2022年第1期。

104. 龚向和、李安琪：《教育法法典化的国际实践与启示》，载《湖南师范大学教育科学学报》2022年第2期。

105. 秦惠民、王俊：《比较与借鉴：我国教育法法典化的基本功能与基本路径》，载《华东师范大学学报》（教育科学版）2022年第5期。

106. 贾积有：《人工智能与教育的辩证关系》，载《上海师范大学学报》（哲学社会科学版）2018年第3期。

107. 孙田琳子：《人工智能教育中"人—技术"关系博弈与建构——从反向驯化到技术调解》，载《开放教育研究》2021年第6期。

108.《人工智能时代"他—我"师生关系的建构——在教育性对话中深化责任、关怀和人格感召》，载《中国教育学刊》2021年第7期。

109. 朱光辉：《人工智能在基础教育中的创新应用》，载《物联网技术》2020年第3期。

110. 秦建军、杨芳：《美国人工智能基础教育国家导则编制及启示》，载《中小学信息技术教育》2019 年第 9 期。

111. 冯筠、邢嘉琪、赵艾琦、邓瑶、孙霞、雷守学：《人工智能在基础教育教学应用综述》，载《计算机技术与发展》2021 年第 2 期。

112. 胡钦太、张彦、刘丽清：《人工智能赋能基础教育课程改革研究：内涵、机制与实践》，载《国家教育行政学院学报》2021 年第 9 期。

113. 刘浩、刘笑笑、辛涛：《人工智能赋能基础教育监测的应用与挑战》，载《北京师范大学学报》(社会科学版)2022 年第 2 期。

114. 毕海滨、于晓雅、弋佳琪：《人工智能赋能基础教育的展望》，载《新课程教学》2023 年第 1 期。

115. 高丽：《人工智能时代我国基础教育的现实挑战及路径选择》，载《当代教育科学》2020 年第 6 期。

116. 贾积有、颜泽忠、张志永、翟曼月、张君、张必兰、张静蓉、孟青泉、乐惠骁、何云帆：《人工智能赋能基础教育的路径与实践》，载《数字教育》2020 年第 1 期。

117. 马璐、张洁：《国内外人工智能在基础教育中应用的研究综述》，载《现代教育技术》2019 年第 2 期。

118. 邱雪莲、齐振国、李京澳：《人工智能在基础教育领域的发展路径探究》，载《数字教育》2018 年第 5 期。

119. 梁艳茹：《人工智能时代的基础教育目标定位》，载《当代教育科学》2019 年第 1 期。

120. 沈苑、汪琼：《人工智能在教育中应用的伦理考量——从教育视角解读欧盟〈可信赖的人工智能伦理准则〉》，载《北京大学教育评论》2019 年第 4 期。

121. 王树涛、陈瑶瑶：《美国教育人工智能的战略、应用与发展策略》，载《当代教育与文化》2020 年第 5 期。

122. 蒋鑫、朱红艳、洪明：《美国"教育中的人工智能"研究：回溯与评析》，载《中国远程教育》2020 年第 2 期。

123. 孙霄兵、刘兰兰：《论以受教育权为核心制定教育法典》，载《华东师范大学学报》(教育科学版)2022 年第 5 期。

124. 刘旭东：《我国教育法典编纂的"不完全法典化进路"分析》，载《复旦教育论坛》2022 年第 5 期。

125. 魏文松：《我国教育法法典化的核心问题》，载《理论月刊》2022 年第 9 期。

126. 马雷军：《论我国教育法的法典化》，载《教育研究》2020 年第 6 期。

127. 任海涛：《论教育法体系化是法典化的前提基础》，载《湖南师范大学教育科学学报》2020 年第 6 期。

128. 孙霄兵、刘兰兰：《〈民法典〉背景下我国教育法的法典化》，载《复旦教育论坛》2021 年第 1 期。

129. 朱家豪：《人工智能时代受教育权的国家义务》，载《湘江青年法学》2018 年第 1 期。

130. 叶齐炼：《完善我国教育法律体系的思考》，载《中国高教研究》2019 年第 2 期。

131. 谭维智：《人工智能教育应用的算法风险》，载《开放教育研究》2019 年第 6 期。

132. 田陆萍：《人工智能教育如何在义务教育阶段落地》，载《中小学数字化教学》2021 年第 2 期。

133. 李晓岩、张家年、王丹：《人工智能教育应用伦理研究论纲》，载《开放教育研究》2021 年第 3 期。

134. 李世瑾、胡艺龄、顾小清：《如何走出人工智能教育风险的困局：现象、成因及应对》，载《电化教育研究》2021 年第 7 期。

135. 沈苑、汪琼：《人工智能教育应用的偏见风险分析与治理》，载《电化教育研究》2021 年第 8 期。

136. 张立国、刘晓琳、常家硕：《人工智能教育伦理问题及其规约》，载《电化教育研究》2021 年第 8 期。

137. 张志华、季凯：《应用伦理学视阈下人工智能教育的反思与应对》，载《南京邮电大学学报》（社会科学版）2021 年第 5 期。

138. 高山冰、杨丹：《人工智能教育应用的伦理风险及其应对研究》，载《高教探索》2022 年第 1 期。

139. 王元臣、刘亚欣、李志河：《中小学人工智能教育的困境及对策研究》，载《教学与管理》2022 年第 9 期。

140. 周洁、蔡燃、宋伟、刘磊：《中小学人工智能教育的开展困境与实施路径探究》，载《计算机教育》2022 年第 7 期。

141. 冯永刚、赵丹丹：《人工智能教育的算法风险与善治》，载《国家教育行政学院学报》2022 年第 7 期。

142. 张进宝、李凯一：《中国人工智能教育研究现状的反思》，载《电化教育研究》2022 年第 8 期。

143. 曹辉、徐留红：《从技术逻辑到人文导向：人工智能教育人文性的缺失及补正》，载《徐州工程学院学报》（社会科学版）2022 年第 5 期。

144. 陈祥梅、宁本涛：《人工智能教育焦虑：成因与化解》，载《当代教育科学》2022 年第 9 期。

145. 刘梦君、蒋新宇、石斯瑾、江南、吴笛：《人工智能教育融合安全警示：来自机器学习算法功能的原生风险分析》，载《江南大学学报》（人文社会科学版）2022 年第 5 期。

146. 丁世强、马池珠、魏拥军、杜晓敏、王志乐：《中小学人工智能教育区域推进的困境与突破》，载《现代教育技术》2022 年第 11 期。

147. 崔梦雪、熊樟林：《智慧教育对受教育权的冲击与应对》，载《湖南师范大学教育科学学报》2023 年第 6 期。

148. 张耀源、龚向和：《受教育权价值变迁及其在数字时代的价值定位》，载《国家教育行政学院学报》2023 年第 3 期。

149. 宁立标、万坚：《数字贫困视角下平等受教育权的国家义务范式探究》，载《世界教育信息》2022 年第 6 期。

150. 龚向和：《中国受教育权发展的体系化、公平化和优质化》，载《人权》2021 年第 5 期。

151. 宋瑞：《青少年受教育权面临在线教育的挑战——基于法定教育目的视角》，载《上海法学研究》2020 年第 12 卷。

152. 劳凯声：《受教育权新论》，载《教育研究》2021 年第 8 期。

153. 申素平：《教育立法与受教育权的体系化保障》，载《教育研究》2021 年第 8 期。

154. 魏文松：《新时代公平优质受教育权：法理意蕴、规范基础与价值取向》，载《新疆社会科学》2020 年第 4 期。

155. 胡锦华、夏锦文：《我国教育法典立法模式的理论研判》，载《南京师大学报》(社会科学版)2023 年第 4 期。

三、网址文章

1. 王楠：《发展智慧学习，重塑教育未来——2021 全球智慧教育大会在京召开》，载光明网：https：//jyj. gmw. cn/2021-08/20/content_35095427. htm，最后访问日期：2024 年 3 月 26 日。

2. 李青等：《教育类 App 隐私保护评价指标构建和保护现状研究》，载网易网：https：//www. 163. com/dy/article/HH7L7LPH0516QHFP. html，最后访问日期：2024 年 3 月 26 日。

3. 杨立新：《人工智能产品责任的功能及规则调整》，载网易网：https：//www. 163. com/dy/article/IGHV8ATK0530W1MT. html，最后访问日期：2024 年 3 月 26 日。

4.《人工智能算法，开发者责任的归责原则》，载百家号：https：//baijiahao. baidu. com/s？id = 1742686255379863067&wfr = spider&for = pc，最后访问日期：2024 年 3 月 26 日。

5. 王建梁：《全球中小学人工智能教育：发展现状与未来趋势》，载微信公众号：https：//mp. weixin. qq. com/s？_biz = MzIzOTE2MDI5MQ = = &mid = 2650293540&idx = 1&sn = cdd30b5607113cc58f2efb91042e2893&chksm = f122bba8c65532be3ca94fa928f3bd33dddf02f23a59a99c15ffd52aa3c70c9c553a42e6222d&scene = 27，最后访问日期：2024 年 3 月 26 日。

6.《1983～2023，中国信息技术课的四十年》，载人民日报 App：https：//mp. pdnews. cn/Pc/ArtInfoApi/article？id = 33974847，最后访问日期：2024 年 3 月 26 日。

7.《全球首份基础教育人工智能课程报告发布》，载百家号：https：//baijiahao. baidu. com/s？id = 1735030961015890875&wfr = spider&for = pc，最后访问日期：2024 年 3 月 26 日。

8.《联合国教科文组织中小学人工智能课程蓝图解读》，载微信公众号：https：//mp. weixin. qq. com/s？_biz = MjM5MDExNTE2Nw = = &mid = 2655396940&idx = 1&sn = ed074ab25b9dfd90782304bc2652459d&chksm = bdfb307c8a8cb96ac3ca146720e738b6e2d1d157909aca88a7535ac67851db03974c07387fea&scene = 27，最后访问日期：2024 年 3 月 26 日。

9.《构建智慧教育生态 让全民享有终身学习机会——2023 全球智慧教育大会综述》，载微信公众号：https：//mp. weixin. qq. com/s？_biz = MzIzNjU3MDY4NA = = &mid = 2247571049&idx = 1&sn = 238c64ca066979564437499b440181bb&chksm = e8d6473adfa1ce2cb0ce86753c63be730c9192382e7c515738eaa308f4654781b2cc2d20dbe9&scene = 27，最后访问日期：2024 年 3 月 26 日。

10.《中国国家教育管理信息系统建设实践与展望》，载厦门华夏学院网站：https：//xxzx. hxxy. edu. cn/info/1009/1017. htm，最后访问日期：2024 年 3 月 26 日。

11. 李红勃、孙君：《教育法典编纂的观点梳理与立法路径》，载微信公众号：https：//mp. weixin. qq. com/s？_biz = MzIxNzE0MzM0Nw = = &mid = 2650593941&idx = 2&sn = 954d559dff5ab24925937a71aee153cf&chksm = 8ff63bc9b881b2dff7de5c56a80f5190011166f44f5a7a077aa24abcdb3e77876341efb662fe&scene = 27，最后访问日期：2024 年 3 月 30 日。

12. 李红勃、张玉芳：《关于教育考试制度编入教育法典的若干思考》，载微信公众号：https：//mp. weixin. qq. com/s？_biz = MzIyNTQ2NjE2NA = = &mid = 2247511116&idx = 1&sn = fc8c37c25964d11c5d2bf2e7ee5daa99&chksm = e87dae17df0a2701354fb2526d3ddaa429d956c95b247e1ed1bad4df5b852b1d9669ccb4ab98&scene = 27，最后访问日期：2024 年 3 月 30 日。

13. 马长山：《数字人权的"中国图景"》，载百家号：https：//baijiahao. baidu. com/s？id = 1780140713761168469&wfr = spider&for = pc，最后访问日期：2024 年 3 月 30 日。

14. 程啸：《论大数据时代的个人数据权利》，载 360doc 个人图书馆：http：//www. 360doc. com/content/20/1014/12/6943848_940394736. shtml，最后访问日期：2024 年 3 月 30 日。

15. 高志宏：《隐私、个人信息、数据三元分治的法理逻辑与优化路径》，载中国理论法学研究信息网：https：//www. legal-theory. org/？mod = info&act = view&id = 26482，最后访问日期：2024 年 3 月 30 日。

16. 王利明：《数据共享与个人信息保护》，载深圳市蓝海大湾区法律服务研究院网站：http：//www. lhisz. cn/nd. jsp？id = 166，最后访问日期：2024 年 3 月 30 日。

17. 刘练军：《个人信息与个人数据辨析》，载微信公众号：https：//mp. weixin. qq. com/s？_biz = MzA5Mzc 0OTQxNA = = &mid = 2756134252&idx = 2&sn = 6b7710102eda3f241d597007dfc1d505&chksm = b1eacca5869d45b3d1e31b57adb9351fe 094821a67a0693c3c350b6fb33523b302d62827a8ca&scene = 27，最后访问日期：2024 年 3 月 30 日。

18. 余若凡、管华：《教育人权立法保障的成就与展望——兼评教育法律一揽子修订》，载微信公众号：https：//mp. weixin. qq. com/s？_biz = MzUxNDMxMjcxNA = = &mid = 2247484114&idx = 1&sn = caceaff5bd940091e57212710516d06b&chksm = f9469db7ce 3114a16abab7827dc99705b08964e18605609ad42897775a2f094f152c16e959ed&scene = 27，最后访问日期：2024 年 3 月 30 日。

19. 申素平：《重申受教育人权：意义、内涵与国家义务》，载微信公众号：https：//mp. weixin. qq. com/s？_biz = MzI2OTk4Njg4MA = = &mid = 2247485319&idx = 1&sn = d09d07a642d7846645f26cf06d96d576&chksm = ead6baa8dda133be51b20e37c2078 a1682718905e9814e9a7b18c8eabf6600d3b8b6be46a563&scene = 27，最后访问日期：2024 年 3 月 30 日。

20.《当童年步入数字时代，儿童数字权利现在说为时不晚》，载 360doc 个人图书馆：http：//www. 360doc. com/content/22/0904/18/727026_1046542809. shtml，最后访问日期：2024 年 3 月 30 日。

21.《〈儿童权利宣言〉发布 30 年，是时候谈谈儿童数字权利》，载百家号：https：//baijiahao. baidu. com/s？id = 1641919327298203818&wfr = spider&for = pc，最后访问日期：2024 年 3 月 30 日。

22. 孔祥稳：《个人信息保护的行政执法机制研究》，载中国政法大学法治政府研究院网站：http：//fzzfyjy. cupl. edu. cn/info/1021/13434. htm，最后访问日期：2024 年 3 月 30 日。

23. 蒋红珍：《〈个人信息保护法〉中的行政监管》，载搜狐网：https：//www. sohu. com/a/498201080_121123752，最后访问日期：2024 年 3 月 30 日。

24. 吴锦煜：《我国个人信息保护行政监管的现状分析》，载成都市律师协会网站：https：//www. cdslsxh. org/389/7271/1334360，最后访问日期：2024 年 3 月 30 日。

25. 张涛：《个人信息保护中独立监管机构的组织法构造》，载微信公众号：https：//mp. weixin. qq. com/s? _biz = MzIxNzE0MzM0Nw = = &mid = 2650603553&idx = 2&sn = a5e053488487e9fed5e30b4e35a86864&chksm = 8ff7e17db880686b3e566e89a8dd8326d6e4e5e533c530e8d6251eeefa52d3d4c3f864703283&scene = 27，最后访问日期：2024 年 3 月 30 日。